Romanistische
Arbeitshefte 33

Herausgegeben von
Gustav Ineichen und Bernd Kielhöfer

Wolfgang Pöckl / Franz Rainer

Einführung in die romanische Sprachwissenschaft

Max Niemeyer Verlag
Tübingen 1990

Zu diesem Band ist eine Tonbandkassette mit Sprachproben erhältlich (ISBN 3-484-50308-4).

CIP-Titelaufnahme der Deutschen Bibliothek

Pöckl, Wolfgang:
Einführung in die romanische Sprachwissenschaft / Wolfgang Pöckl ; Franz Rainer. – Tübingen : Niemeyer
(Romanistische Arbeitshefte ; 33)
NE: Rainer, Franz:; GT
[Hauptwerk]. - 1990

ISBN 3-484-54033-8 ISSN 0344-676-x

Printed in Germany.
Druck: Allgäuer Zeitungsverlag, Kempten

Inhaltsverzeichnis

Wir danken unseren Sprechern und Übersetzern:

Dumitru Viezuianu (Rumänisch)
Chiara Gerini (Italienisch)
Cosimo Bitta (Sardisch)
Margarethe Lardschneider (Ladinisch)
Christian Ollivier (Französisch)
Robert Lafont (Okzitanisch)
Ramón Torra (Katalanisch)
Pilar Cabañas (Spanisch)
Eduarda Alvelos (Portugiesisch)
Geraldo de Freitas (Portugiesisch-Brasilianisch)
Bernardino van Baars sowie einer anonymen Sprecherin (Papiamentu)

(Die Sardisch-, Okzitanisch- und Papiamentuaufnahmen mußten auf dem Korrespondenzweg beschafft werden und haben deshalb leider nicht Studioqualität).

Für kritische Lektüre danken wir den Herren Professoren Hans Goebl und Mario Wandruszka. Philippe Maurer sind wir für die Papiamentu-Kontaktadresse zu aufrichtigem Dank verpflichtet, Herrn Peter Gutschner für die Erstellung der Druckvorlage.

1. Erste Unterrichtseinheit

1.1 Einführung in die *Einführung*

1.1.1 Benutzerprofil

Obwohl in jüngster Zeit zahlreiche Beiträge zur Geschichte des Fachs Romanistik veröffentlicht worden sind, hat sich unseres Wissens niemand mit der Frage befaßt, wie sich die Großmeister der Disziplin den erstsemestrigen Romanisten vorgestellt haben: welche Kenntnisse sie voraussetzten, wofür sie seine Aufmerksamkeit reklamierten, welche Lernziele sie für unabdingbar hielten, welche Ratschläge sie zu geben wußten. Wenn man im Vertrauen auf deren Lehrerfahrung und pädagogische Feinfühligkeit annimmt, daß ihre als Einführungen gedachten Bücher tatsächlich einmal den Bedürfnissen der Anfänger entsprochen haben, so müssen wir ohne alle Sentimentalität konstatieren, daß die Schule heute den durchschnittlichen Maturanten/Abiturienten nicht auf jener Stufe des Wissens entläßt, auf der ihn diese Werke in Empfang nehmen möchten.

Mit Selbstverständlichkeit wurde im allgemeinen eine gründliche Ausbildung in den klassischen Sprachen angenommen; zumindest für das Lateinische wurde auf entwickelte Lesefertigkeit gebaut. Mittlerweile stehen wir aber vor einer neuen Situation. Ein beträchtlicher Prozentsatz der Studenten hat bei Studienbeginn keine Lateinkenntnisse. Auch kann nicht vorausgesetzt werden, daß jeder Student der Romanistik Französisch beherrscht, noch daß er sich mit der Absicht trägt, es je zu lernen. Die Aufsplitterung in einzelne Studienzweige hat dazu geführt, daß es "reine" Italianisten, Hispanisten usw. gibt. Längst bilden diese zusammengenommen die Mehrheit gegenüber den Französischstudenten. Daraus ergibt sich als erste Konsequenz, daß in dieser Einführung in die romanische Sprachwissenschaft paradoxerweise nur Vorkenntnisse aus Deutsch und ... Englisch vorausgesetzt werden können. Auf das Deutsche, die Muttersprache der meisten Leser, wird vor allem überall dort zurückgegriffen, wo es auf das Sprachgefühl ankommt.

Die noch vor nicht allzu langer Zeit als Errungenschaft gepriesene zunehmende Vertreibung der Grammatik aus dem Klassenzimmer zugunsten von betont "kommunikativem Sprachunterricht" sowie die Tatsache, daß sich die Studenten der Romanistik immer weniger aus Absolventen von humanistischen oder neusprachlichen Gymnasien, dafür aber immer häufiger aus solchen von Handelsakademien und anderen berufsorientierten Schultypen rekrutieren, führten weiters dazu, daß die grammatische Mitgift nicht mehr die früherer Jahre ist. Daraus ergibt sich als zweite Konsequenz, daß über die lat. Namen der Wortarten hinaus kaum mit einschlägigem Vorwissen gerechnet werden kann.

1.1.2. Vom Sinn einer gesamtromanischen Perspektive

Für die Verfasser von Einführungen vergangener Tage stand es außer Zweifel, daß der Romanist sich einen soliden Überblick über das gesamte Fachgebiet zu verschaffen habe. Solange sich rom. Sprachwissenschaft auf die Beschreibung der Aufsplitterung des Lateins in die verschiedenen rom. Sprachen und Dialekte beschränkte, mußte der gesamtrom. Ansatz als selbstverständlich erscheinen und schien keiner besonderen Legitimation zu bedürfen.

Unterdessen hat sich das Bild von den Aufgaben der Sprachwissenschaft geändert. Einerseits verlagerte sich der Schwerpunkt des Fachs im Laufe der ersten Hälfte unseres Jahrhunderts von der ausschließlich historischen Betrachtungsweise zu einem zunehmenden Studium von Sprachstrukturen, was wiederum zu einer stärkeren Betonung der einzelsprachlichen Perspektive führte. Andererseits wurde diese Perspektive auch durch den aus der Verzweigung der Sprachwissenschaft in viele Subdisziplinen erwachsenden Spezialisierungsdruck gefördert. Auf institutioneller Ebene spiegelt sich diese Veränderung darin wider, daß die einzelnen romanistischen Studienzweige immer mehr voneinander isoliert betrieben werden. Gesamtrom. Lehrveranstaltungen oder Lehrveranstaltungen, die zumindest mehr als eine rom. Sprache betreffen, werden zusehends seltener.

Vor diesem Hintergrund bedarf eine gesamtrom. Perspektive einer neuen Rechtfertigung. Es kann natürlich nicht darum gehen, ein veraltetes Studienmodell kritiklos wiederaufleben zu lassen. Das sieht man auch schon daran, daß historisch und strukturell ausgerichtete Sprachwissenschaft in diesem Heft in gleicher Gewichtung vorkommen - ganz im Sinne der heute wieder zum gegenseitigen Nutzen friedlichen Koexistenz der beiden noch vor nicht allzu langer Zeit unversöhnlich rivalisierenden Betrachtungsweisen. Unser Hauptargument ist der allgemeinbildende Aspekt einer gesamtrom. Perspektive: der Student der Romanistik sollte vor bzw. neben der unvermeidlichen Spezialisierung einen kurzen Blick über den Zaun des eigenen Studienzweigs auf die faszinierende Vielfalt der Romania werfen, wobei er am Beispiel anderer rom. Sprachen auch viel lernen wird, was auf sein eigenes Studienfach übertragbar ist. Da es sich im ersten Semester ohnehin immer nur um eine Einführung in die Grundzüge der Sprachwissenschaft handeln kann, sei es nun in frz., it. oder in einem anderen Gewande, kann eine gesamtrom. Einführung auch zur Vermeidung von Redundanz im Lehrangebot beitragen.

1.1.3 Zum Aufbau des Arbeitsheftes

Anders als manche ältere Einführungen versteht sich die vorliegende nicht als Anleitung zum wissenschaftlichen Arbeiten im engeren Wortsinn, da dies wegen der Berufsabsichten der überwiegenden Mehrzahl unserer Studenten unangemessen und wegen der Komplexität der modernen Sprachwissenschaft zu ambitioniert wäre. Vielmehr geht es uns nur darum, auf die Lektüre einfacherer Fachliteratur vorzubereiten, was als Voraussetzung für die sinnvolle Teilnahme an weiterführenden Lehrveranstaltungen zu gelten hat.

Nicht wenige Einführungen scheinen den Studenten nach dem Ebenbild ihrer Autoren formen zu wollen. Statt dessen haben wir uns bemüht, uns gegenüber den verschiedenen Lehrmeinungen möglichst neutral zu verhalten und uns auf ein sprachwissenschaftlich-romanistisches Grundwissen zu konzentrieren, das in neueren Fachtexten verschiedenster Observanz als bekannt vorausgesetzt zu werden pflegt. Es versteht sich von selbst, daß in Anbetracht der Stoffülle und des beschränkten Raums manches vereinfacht dargestellt werden mußte.

Bei der Abfassung der Arbeit wurde auf eine progressive Einführung des Fachvokabulars bzw. -wissens besonders geachtet, damit einzelne Abschnitte auch als Vorbereitung auf die Lehrveranstaltung durchgearbeitet werden können, wodurch diese selbst bei Bedarf teilweise für die Besprechung der Aufgaben und für die Vertiefung des Stoffes freigehalten werden kann.

Wie dem Inhaltsverzeichnis zu entnehmen ist, besteht das Arbeitsheft aus dreizehn Unterrichtseinheiten mit je drei Abschnitten. Der erste greift jeweils arbeitstechnische oder elementare methodologische Probleme auf, der zweite bespricht eine Teildisziplin der Sprachwissenschaft, während der dritte die einzelnen rom. Sprachen - zunächst global, dann individuell - vorstellt. Die Sprachskizzen werden jeweils um ein linguistisches Thema ergänzt, dessen Erörterung sich bei der betreffenden Sprache anbietet. Auf den durch die dazugehörige Kassette vermittelten akustischen Eindruck sollte nach Möglichkeit nicht verzichtet werden.

Die Literaturangaben empfehlen dem interessierten Leser weiterführende Literatur, die uns übrigens selbst vielfach als Inspirationsquelle gedient hat. Die Aufgaben sind wesentlicher Bestandteil unseres Konzepts: sie dienen zur Festigung des Stoffs und Erweiterung des Horizonts, der Anregung zum eigenständigen Denken und der Gewöhnung an das Lesen von einfachen Fachtexten sowie natürlich als Grundlage für das wissenschaftliche Gespräch inner- und außerhalb der Lehrveranstaltung.

1.1.4 Aufgaben:

1. Vergleichen Sie ein romanistisches Lehrveranstaltungsverzeichnis der Jahrhundertwende mit einem aus den fünfziger Jahren und ihrem aktuellen. Welche Unterschiede in den Inhalten stellen Sie fest? [Hinweise zum Auffinden solcher Verzeichnisse gibt der Lehrveranstaltungsleiter.]

2. Lesen Sie Wode (1988:292-318) und beantworten Sie folgende Fragen: (a) Welche Merkmale der Persönlichkeitsstruktur fördern das Erlernen einer Fremdsprache? (b) Überlegen sie für sich, ob Sie eher ein aktiver Lerner, ein Sammler oder ein Verarbeiter sind? (c) Zu wieviel Prozent trägt nach Jakobovits die Sprachbegabung zum Lernerfolg bei? (d) Gibt es einen Zusammenhang zwischen Sprachbegabung und Intelligenz? (e) Welchen Einfluß hat Motivation auf den Sprachlernerfolg? Überlegen Sie für sich, wie es um Ihre Motivation bestellt ist. (f) Hat auch der Lernerfolg einen Einfluß auf die Motivation? (g) Wie wirkt sich Ethnozentrismus auf den Sprachlernerfolg aus? (h) Wie schätzt Wode Lennebergs Theorie ein, es gebe ein "kritisches Alter" für den Erwerb von Sprache, nämlich die Zeit bis zur Pubertät? (i) Auf welche Faktoren führt Wode die Tatsache zurück, daß sich Kinder beim Sprachenlernen meist leichter tun als Erwachsene? (j) Welche Vorteile und welche Nachteile hat es, eine Sprache erst mit 18 zu lernen? (k) Haben Sie im Klassenzimmer schon ähnliche Erfahrungen gemacht wie Alberto?

Anm. zu den Aufgaben: Gehen Sie immer genau auf die jeweilige Frage ein, d. h.: Behandeln Sie alle relevanten Aspekte, aber auch nur diese. Bei Lektüre-Aufgaben empfiehlt es sich im allgemeinen, zuerst den Text als ganzen zu lesen und erst im Anschluß daran die Antworten zu formulieren. Schreiben Sie Zusammenfassungen bitte immer in ganzen Sätzen und in korrektem Deutsch.

1.2 Geschichte der romanischen Sprachwissenschaft

1.2.1 Phase 1: Vorgeschichte

Als früheste Zeugen der Beschäftigung mit "romanistischen" Gegenstandsbereichen gelten zwei Traktate über die altokzitanische (auch: altprovenzalische) Dichtersprache. Sie wurden in der ersten Hälfte des 13. Jhdts. aus - berechtigter - Sorge über den Niedergang der gepflegten Literatursprache der Troubadours (prov.: Trobadors) geschrieben. Obwohl sie sich streckenweise sehr deutlich an das Vorbild der lat. Schulgrammatik anlehnten, ging es ihnen nicht um eine systematische Erfassung des Sprachgebrauchs, also nicht um eine Grammatik im modernen Sinn, sondern eher um Dichtungslehre. Die erste eigentliche Grammatik einer rom. Sprache verfaßte der Andalusier Antonio de Nebrija. Seine *Gramática castellana* (1492) entstand mit dem Ziel, dem Spanischen den Weg zur Weltsprache zu ebnen. Das erste namhafte "romanistische" Werk mit historischem Blickwinkel war Dantes Abhandlung *De vulgari eloquentia* (1303/4; dt. *Über das Dichten in der Muttersprache*). Auf der Suche nach einer geeigneten it. Dichtersprache schnitt Dante auch das Thema des gemeinsamen Ursprungs und der Verwandtschaft der ihm bekannten rom. Sprachen an.

Um als Wissenschaft anerkannt zu werden, braucht ein Fach nach heutigem Verständnis eine methodische Grundlage, die sie über bloße Gelehrsamkeit hinaushebt, und eine Form institutioneller Verankerung, z.B. an einer Universität. Diese Kriterien erfüllte die Romanistik erst im Laufe der ersten Hälfte des 19. Jhdt.s, denn der reine Sprachunterricht, den es auch in den Jahrhunderten zuvor an dt. Universitäten gab, galt nicht als eigener Studiengang und entbehrte auch wissenschaftlicher Grundlagen.

1.2.2. Phase 2: Begründung der Romanistik

Die Ehre, die Romanistik auf ein wissenschaftliches Fundament gestellt zu haben, gebührt dem ab 1823 in Bonn Germanistik und Romanistik lehrenden Professor Friedrich Diez. Unter dem Einfluß der romantischen Begeisterung für das Mittelalter vertiefte er sich zunächst in die alte rom. Lyrik (*Leben und Werke der Troubadours* (1829)), bevor er sich, angeregt durch Jakob Grimms *Deutsche Grammatik*, sprachwissenschaftlichen Arbeiten zuwandte. In den Jahren 1836-43 erschien die *Grammatik der romanischen Sprachen*, 1853 ein *Etymologisches Wörterbuch der romanischen Sprachen*.

Wir sind heute gewohnt, Literatur- und Sprachwissenschaft als getrennte Fächer anzusehen. Für Diez bildeten beide dadurch eine relativ organische Einheit, daß die damals vorherrschende Beschäftigung mit alten Texten sprachgeschichtliche Kenntnisse voraussetzte, die ihrerseits nur wieder auf der Grundlage alter Texte zu gewinnen waren. Die kombinierte Anwendung von Literatur- und Sprachwissenschaft auf Texte nennt man **Philologie**. Diese Bezeichnung findet sich noch heute im Namen von Zeitschriften oder Instituten bzw. Seminaren, wo er aber meist als Überbegriff für die beiden Fachrichtungen verwendet wird, ohne daß ihre gegenseitige Integration mitverstanden würde.

Mit *Grammatik* meinten Grimm und Diez nicht eine Anleitung zum richtigen Gebrauch von Sprachen, sondern die vergleichende Beschreibung verwandter Sprachen unter historischem Gesichtspunkt. Heute nennt man ein Werk dieser Art daher auch **Historische Grammatik**. Grundidee und wissenschaftlicher Ansatzpunkt war die Erkenntnis, daß der systematische Vergleich von Formen die Feststellung sprachlicher Verwandtschaft bzw. eines gemeinsamen Ursprungs erlaubt. Die **historisch-vergleichende Methode**, die Diez von Grimm (und Grimm von Franz Bopp) entlehnt hatte, ruht auf der Überzeugung, daß sich Sprachwandel nicht willkürlich, sondern ziemlich regelhaft vollzieht. Hauptanliegen des Wissenschaftlers muß es also sein, die "Regeln" zu entdecken und zu beschreiben, nach denen die Veränderungen vor sich gehen. Dabei ist die Forderung nach Regelhaftigkeit das eigentlich Neue und Wesentliche, während oberflächliche Ähnlichkeit zweitrangig ist: so kann man zeigen, daß dt. *haben* mit lat. *capere* 'fangen' verwandt ist, und nicht mit lat. *habere* 'haben', wie man spontan annehmen würde.

Der Romanist hat bei dieser Aufgabe gegenüber seinen germanistischen oder slawistischen Kollegen den wesentlichen Vorteil, daß die Ausgangssprache, nämlich das Latein, relativ gut bekannt ist, während das "Urgermanische" bzw. "Urslawische" nur durch Vergleich **rekonstruiert** werden können.

1.2.3 Phase 3: Junggrammatische Sprachwissenschaft

Die zweite Hälfte des 19. Jhdt.s war geprägt von einer mächtigen Aufwertung der Naturwissenschaften, was sich auf geistesgeschichtlicher Ebene in der Strömung des Positivismus niederschlug. Vor diesem Hintergrund ist der Versuch einiger junger historisch-vergleichender Sprachwissenschaftler in den achtziger Jahren des 19. Jhdt.s zu verstehen, die Sprachwissenschaft dadurch in den Rang einer "exakten" Wissenschaft zu erheben, daß man den im Sprachwandel feststellbaren Regelmäßigkeiten, speziell jenen lautlicher Natur, den Status von Naturgesetzen verlieh, mit denen sie angeblich die Eigenschaft der Ausnahmslosigkeit gemeinsam hätten (s. 4.2). Diese Sprachwissenschaftler wurden von ihren Gegnern spöttisch **Junggrammatiker** getauft, ein Name, den die Betroffenen selbstbewußt aufgriffen.

Dem junggrammatischen Ansatz, der in der historischen Sprachwissenschaft bis weit ins 20. Jhdt. hinein tonangebend war, verdanken wir große Materialsammlungen und -systematisierungen. Der bedeutendste Vertreter dieser Richtung in der Romanistik war Wilhelm Meyer-Lübke. Seine Hauptwerke sind eine *Grammatik der romanischen Sprachen* (1890-1902) und ein *Romanisches etymologisches Wörterbuch* (3. Aufl. 1930-5; abgekürzt: *REW*).

Gegen die junggrammatischen Anschauungen wurden von verschiedenen Seiten und aus verschiedenen Gründen Einwände erhoben. Der bedeutendste zeitgenössische Kritiker war zweifellos Hugo Schuchardt, der besonders hervorhob, daß Sprachen das Ergebnis unablässiger Sprachmischung seien. Zwei andere antijunggrammatische Strömungen werden in 1.2.4 und 1.2.5 besprochen.

1.2.4 Phase 4: Idealistische Sprachwissenschaft

Wilhelm von Humboldt, der große Kulturphilosoph der Goethezeit, sah im Sprechen einen Spiegel des menschlichen Geistes. Der Wortführer der dt. idealistischen Sprachwissenschaft, Karl Vossler, knüpfte an diesen Gedanken an und wollte im polemischen Gegensatz zu den junggrammatischen "Lautschiebern" der Sprachwissenschaft ihre "geistige" Dimension zurückgewinnen. Er betonte die Rolle des kreativen Individuums für den Sprachwandel und glaubte an eine innige Wechselwirkung zwischen grammatischem Bau und Entwicklung einer Sprache einerseits und der Wesensart ihrer Sprecher andererseits. So brachte er etwa die Ausbildung eines Teilungsartikels im Französischen mit dem rechnerischen Geist der Franzosen der frühbürgerlichen Epoche (ab dem 13.Jhdt.) in Verbindung.

Während die junggrammatisch-positivistische Sprachwissenschaft bei unbedeutenderen Vertretern leicht zur geistlosen Faktenhuberei verkommen konnte, verlockte die idealistische Gegenströmung zu haltlosen Spekulationen über den Nationalcharakter. Es ist somit nicht verwunderlich, daß diese Strömung mit dem Ende des Zweiten Weltkriegs ausgeklungen ist.

1.2.5 Phase 5: Strukturalistische Sprachwissenschaft

Solange *Sprachwissenschaft* soviel bedeutete wie *historische Sprachwissenschaft*, also bis in die ersten Jahrzehnte des 20. Jhdt.s, hatte die Romanistik neben der Indogermanistik eine gewisse Vordenkerrolle. Seitdem jedoch werden die großen methodischen Neuerungen weitgehend von außen, nämlich von der Allgemeinen Sprachwissenschaft (des nicht deutschsprachigen Raums), an die Disziplin herangetragen und fachintern angepaßt oder weiterentwickelt.

Als einschneidendstes Ereignis in der Geschichte der Sprachwissenschaft in unserem Jahrhundert erwies sich rückblickend die postume Veröffentlichung des *Cours de linguistique générale* (1916; dt. *Grundfragen der allgemeinen Sprachwissenschaft*) des Genfer Indogermanisten Ferdinand de Saussure. Gegen die junggrammatische Reduktion von Sprachwissenschaft auf Sprachgeschichte setzte Saussure die Forderung, Sprache auch als ein der Verständigung dienendes System zu studieren. Bei dieser Perspektive stand nicht mehr im Vordergrund, wie sich einzelne sprachliche Phänomene historisch entwickelt haben, sondern wie sie zu einem bestimmten Zeitpunkt zusammenwirken. Der **diachronen** (d.h. historischen) Sprachbetrachtung stellte er eine **synchrone** entgegen, die eine Sprache als System von Beziehungen zwischen sprachlichen Elementen zu erfassen versucht.

Die sich letztlich auf de Saussure berufenden sprachwissenschaftlichen Schulen faßt man unter dem Sammelnamen **Strukturalismus** zusammen. Um diese neuen Richtungen von der herkömmlichen historischen Sprachwissenschaft auch terminologisch abzusetzen, wurden und werden sie im dt. Sprachraum oft mit dem Überbegriff **Linguistik** bedacht. Nachdem heute das zwischen den beiden Lagern bisweilen sehr heftige Konkurrenzdenken einem harmonischeren Zusammenleben Platz gemacht hat, werden auch die beiden Begriffe *Linguistik* und *Sprachwissenschaft* weitgehend gleichbedeutend verwendet.

1.2.6 Phase 6: Die Situation heute

Die strukturalistische Sprachwissenschaft hatte ihre Blütezeit von den dreißiger bis Ende der sechziger Jahre, obwohl sie natürlich auch heute noch Anhänger hat. Die zweite bedeutende Umorientierung in der Allgemeinen Sprachwissenschaft des 20. Jhdt.s erfolgte seit dem Ende der fünfziger Jahre durch den Amerikaner Noam Chomsky. Seine Sprachauffassung und die seiner zahlreichen Anhänger faßt man unter dem Etikett **Generative (Transformations-) Grammatik** zusammen. Hauptmerkmale dieser Richtung sind das Bemühen um Explizitheit, die zentrale Rolle, die der Satzstruktur eingeräumt wird, sowie - besonders in letzter Zeit - der Versuch, sehr abstrakte, angeborene Eigenschaften natürlicher Sprachen zu entdecken. In der Romanistik hat die Generative Grammatik wesentlich schwächer Fuß fassen können als der Strukturalismus.

Die Zeit seit den sechziger Jahren ist in der Romanistik wie auch in der Allgemeinen Sprachwissenschaft durch ein verstärktes Interesse für die gesellschaftliche Dimension von Sprache gekennzeichnet. Die damit befaßte Teildisziplin heißt **Sozio-**

linguistik. In den siebziger Jahren haben sich weitere Subdisziplinen etabliert (z.B. Textlinguistik und Pragmatik; vgl. 12.2). Diese zunehmende Diversifizierung der Linguistik hatte zur Folge, daß die wegen der Vorherrschaft der historischen Sprachwissenschaft bis weit in unser Jahrhundert hinein relativ homogene rom. Sprachwissenschaft in eine Menge von Unterdisziplinen aufgespalten wurde, deren gemeinsamer Nenner nur mehr darin liegt, daß ihr Untersuchungsobjekt rom. Sprachen oder rom. Dialekte sind.

1.2.7 Literatur: Albrecht (1988), Arens (²1969), Christmann (1974), *LRL* Bd. 1 (erscheint), Tamás (1983).

1.2.8 Aufgaben:

1. Welches sind die Entsprechungen von *sprachlich, sprachwissenschaftlich* und *linguistisch* in Ihrer rom. Sprache?

2. Lesen Sie den Abschnitt über Nebrijas Grammatik in Kindlers Literaturlexikon und beantworten Sie folgende Fragen: (a) Welchen Zweck verfolgte Nebrija mit seinem Werk? (b) Wie sah er das Verhältnis von Kastilisch (Spanisch) und Latein?

3. Lesen Sie in Gauger/Österreicher/Windisch (1981) den Abschnitt über Dante (S.40-42) und skizzieren Sie Dantes Vorstellung einer it. Dichtersprache.

4. Ermitteln Sie, seit wann es an Ihrer Universität ein romanistisches Institut/Seminar gibt, welche Bezeichnungen es im Laufe der Zeit führte und ob es schon vor dessen Einrichtung Fremdsprachenunterricht gab. [Literatur, falls vorhanden, ist vom Lehrveranstaltungsleiter anzugeben.]

5. Lesen Sie Vidos, B.E. *Handbuch der romanischen Sprachwissenschaft*. München 1968, S.37f. Wie wird die Entstehung des frz. Teilungsartikels hier begründet?

1.3 Die Ausgliederung der romanischen Sprachen

1.3.1 Latein: Vom Stadtdialekt zur Weltsprache

Der politische Aufstieg Roms zur größten Militärmacht des Altertums veränderte innerhalb weniger Jahrhunderte auch die Sprachlandschaft Europas entscheidend. Vor 2500 Jahren war Latein kaum mehr als ein Stadtdialekt. Um Christi Geburt gehörten dann zwar schon viele Gebiete Mittel- und Südwesteuropas zum Römischen Reich, aber die in Europa am weitesten verbreitete Sprache bzw. Sprachfamilie war das Keltische, das heute nur mehr eine Randexistenz auf den Britischen Inseln und in Frankreich (Bretagne) führt. Durch die Eroberungen Roms wurde das Lateinische auf die Inseln des westlichen Mittelmeers (Sizilien 241, Sardinien und Korsika 238 v. Chr.), auf die Iberische Halbinsel (gegen Ende des 3. Jhdt.s v. Chr.), nach Gallien (50 v. Chr.), England (43 n. Chr.) sowie Mittel- und Südosteuropa (Dakien 107 n. Chr.) gebracht. In vielen Gebieten hat sich das Latein nach einer Phase der Zweisprachigkeit durchgesetzt und bis heute erhalten: die rom. Sprachen sind ja nichts anderes als das von Generation zu Generation weitergegebene gesprochene Latein. Gebiete mit seit der römischen Eroberung nie unterbrochener Romanität faßt man als **Romania continua** zusammen. Im Gegensatz dazu steht die **Romania submersa**, die untergegangene Romania, in der das Latein von anderen Sprachen verdrängt wurde (z.B. Nordafrika, Rheinland, Britannien) [vgl. Karte 1]. Die in der Neuzeit in der Folge der Entdeckungsfahrten eingerichteten Kolonien, in denen sich rom. Sprachen festgesetzt haben, nennt man **Romania nova**, neue Romania.

1.3.2 Substrat

Die bodenständigen Sprachen, die durch die Sprache der Eroberer überlagert und ausgeschaltet werden, verschwinden in den seltensten Fällen spurlos. Sprachwechsel und Zweisprachigkeit ziehen regelmäßig auch Veränderungen der dominierenden Sprache durch solche als **Substrat** bezeichnete Sprachen nach sich. Einer der Gründe, warum sich das Latein auseinanderentwickelt hat, ein Prozeß, den man **Ausgliederung** oder **Differenzierung** nennt, liegt in der Tatsache, daß das Latein auf verschiedene Substratsprachen traf.

Eine der heute üblichen Grobgliederungen der europäischen Romania beruht auf Namen wichtiger Substratsprach(grupp)en.

Zur **Iberoromania** zählt man Portugiesisch, Spanisch und Katalanisch. Lange glaubte man an eine einheitliche Substratsprache Iberisch, in der man den direkten Vorläufer des Baskischen sah. Heute weiß man, daß die Verhältnisse sehr viel komplizierter waren. Iberisch und Baskisch (zwei nicht-indoeuropäische Sprachen) sowie das Keltiberische (eine keltische, also indoeuropäische Sprache) teilten sich im wesentlichen die Halbinsel vor der Romanisierung. Im Westen siedelte der keltische Stamm der Lusitanier: daher auch der Name **Lusitanistik** für *Portugiesische Philologie.*

In der **Galloromania** spricht man Französisch und Okzitanisch. Im antiken Gallien sprach man vorwiegend keltische Dialekte.

Das Lateinische war eine italische Sprache wie Oskisch (Süditalien) und Umbrisch (Mittelitalien), zwei Substratsprachen, die für einzelne Besonderheiten it. Dialekte verantwortlich gemacht werden. Zur **Italoromania** zählt man die Mehrzahl der rom. Dialekte, die sich auf dem Territorium des heutigen Italien aus dem Latein entwickelt haben, auch solche wie das Sizilianische oder die oberit. Dialekte, die kein italisches Substrat haben.

Die Räter, über deren ethnische Identität es keine sicheren Auskünfte gibt, finden sich in der Bezeichnung **Rätoromania** wieder, die heute drei kleine geographisch voneinander getrennte Sprachgebiete zusammenfaßt.

Der **Dakoromania** gehört das Rumänische an. Der Name leitet sich von den Dakern ab, allerdings herrscht über das gewiß nicht einheitliche Substrat auf dem Balkan und im Karpatenraum große Unsicherheit.

1.3.3 Superstrat

Wo sich das Lateinische, zuerst als Verwaltungs- und Verkehrssprache, schließlich als Muttersprache, durchsetzte, verlief die weitere Entwicklung nicht immer ungestört. Besonders in der Zeit der Völkerwanderung, die in den rom. Sprachen signifikanterweise *Barbareneinfall* heißt, wurde römisches Territorium von anderssprachigen Völkerschaften bedroht und erobert. Das Prestige des Lateins als Kultursprache führte jedoch dazu, daß die Eroberer, anstatt ihre eigene Sprache durchzusetzen, oft die lat. Sprache annahmen. Die aufgegebene Sprache eines Erobervolkes heißt **Superstrat**. Dessen Wirkung auf die "siegreiche" Sprache des unterworfenen Volkes stellt einen weiteren Faktor für die Differenzierung des Lateins dar.

Als wichtigste Superstrate in der Romania sind das Fränkische in der nördlichen Galloromania ab dem 3. Jhdt., das Arabische auf der Iberischen Halbinsel und in Sizilien ab dem 8. Jhdt. und das Slawische in der Dakoromania ab dem 6. Jhdt. zu nennen.

1.3.4 Adstrat

Handels- und Kulturbeziehungen ziehen ebenfalls sprachliche Beeinflussungen nach sich, wobei sich das Gefälle von der prestigehöheren zur weniger angesehenen oder ausgebildeten Sprache deutlich an der Zahl der Entlehnungen ablesen zu lassen pflegt. Diese Art von Sprachkontakt verläuft ohne Sprachwechsel: **Adstrat-** und Empfängersprache können in ihrem angestammten Verbreitungsgebiet als eigenständige Sprachen erhalten bleiben.

Im Spätmittelalter und in der Zeit des Humanismus spielte für alle rom. Sprachen - die Balkanromania ausgenommen - das Latein als Kulturadstrat eine bedeutende Rolle, vor allem bei der Entwicklung eines fachsprachlichen Wortschatzes. Im 17. und 18. Jhdt. war Französisch aufgrund seines Status als Diplomaten- und Konversationssprache europaweit wichtigstes Adstrat. In unserer Zeit kommt dieser Titel eindeutig dem Angloamerikanischen zu.

1.3.5 Ost- und Westromania

Sprachwandel, eine natürliche Erscheinung aller lebenden Sprachen, kann sich auch ohne Anstoß "von außen", wie wir ihn in den vorangegangenen Abschnitten kennengelernt haben, vollziehen.

Während viele Veränderungen das gesprochene Latein des gesamten Römischen Reichs gleichermaßen erfaßten, spalteten zwei andere relativ alte Fälle "internen" Sprachwandels das Imperium in zwei Blöcke, da sie sich jeweils nur in einem Teil desselben vollzogen.

Wahrscheinlich um das 3. Jhdt. n. Chr. wurden nördlich und westlich der Linie La Spezia-Rimini lat. *p, t, k* zwischen Vokalen (bzw. nach einem Vokal und vor einem *l* oder *r*) zu *b, d, g*. Bsp.:

lat.	pg.	sp.	it.	rum.
capra(m) 'Ziege'	*cabra*	*cabra*	*capra*	*capră*
rota(m) 'Rad'	*roda*	*rueda*	*ruota*	*roată*
focu(m) 'Feuer'	*fogo*	*fuego*	*fuoco*	*foc*

Anm.: Der Ausgangspunkt für die rom. Substantive ist im allgemeinen nicht der Nominativ der entsprechenden lat. Substantiva, sondern der sog. **casus obliquus**, worunter man einen Fall des Vulgärlateins versteht, in dem mehrere Fälle des klassischen Lateins zusammengeflossen sind. In unseren Beispielen hat der Obliquus die Form eines Akkusativs ohne -m (daher die Klammern).

Den rom. Sprachraum nördlich und westlich der Linie La Spezia-Rimini nennt man **Westromania**, den südlich und östlich davon gelegenen **Ostromania**.

Nur in der Ostromania vollzog sich der zweite angesprochene Lautwandel. Schon in ältester lat. Zeit bestand die Tendenz, auslautendes *-s* vor konsonantischem Anlaut des Folgeworts nicht zu sprechen, wie uns Inschriften zeigen. Diese Entwicklung wurde in klassischer Zeit rückgängig gemacht, jedoch nur in den gebildeteren Schichten der Bevölkerung. Die heutigen ostrom. Schriftsprachen Italienisch und Rumänisch zeigen die Folgen dieses Schwunds.

lat.	pg.	sp.	it.	rum.
dormis 'du schläfst'	*dormes*	*duermes*	*dormi*	*durmi*
magis 'mehr, aber'	*mais*	*más, mas*	*ma*	*mai*

Eine Lautentwicklung, die ursprünglich an eine soziale Schicht gebunden war, bildet sich heute also geographisch ab. Den Grund dafür sieht man in der soziologischen Verschiedenheit der Träger der Romanität in der Ost- und in der Westromania: in Dakien waren vorwiegend Soldaten an der Verbreitung der lat. Sprache beteiligt, während die Romanisierung der Ibero- und Galloromania von städtischen Zentren mit kulturellem Leben ausging.

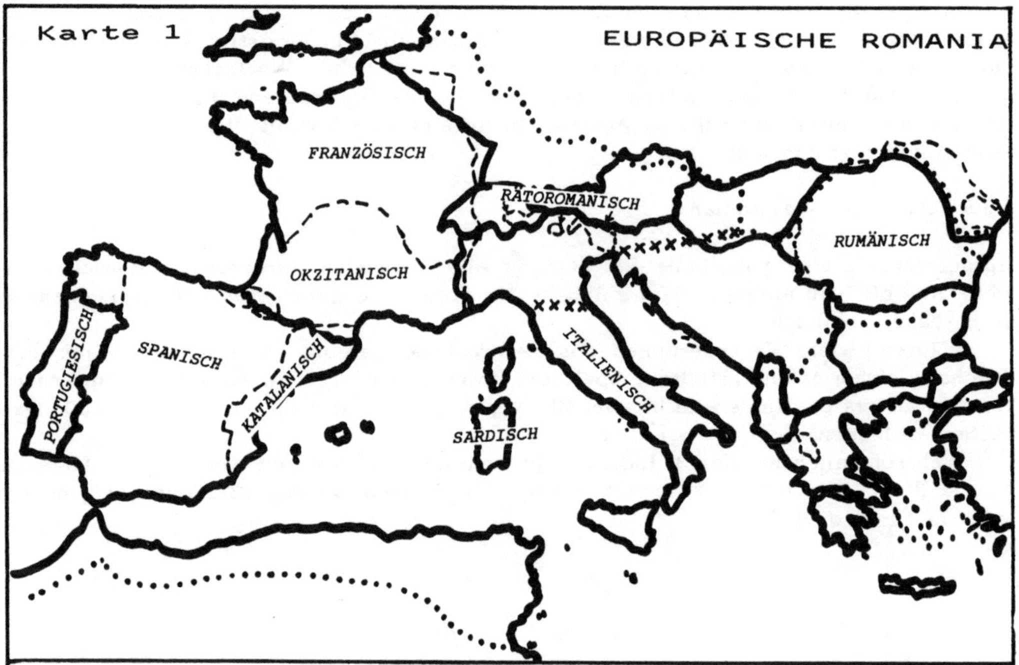

Karte 1 EUROPÄISCHE ROMANIA

LEGENDE: ▬ Staatsgrenzen – – – Sprachgrenzen

•••• Verbreitung des Lateins
xxx Grenze Ost-/Westromania } im 3.Jhdt.n.Chr. [nach W.v.Wartburg (1950)]

1.3.6 Literatur: Wartburg (1950), Kontzi (1982).

1.3.7 Aufgaben:

1. Wo befindet sich das größte zusammenhängende Gebiet der Romania nova und welche Sprachen werden dort gesprochen?

2. Folgende dt. Wörter sind Entlehnungen aus frühem lat. Adstrat: *Mauer, Fenster, Ziegel, Kalk, Mörtel, Keller, Pflaster, Straße, Wein, Essig, Kelter, Presse, Trichter.* Was haben die Germanen am Niederrhein von den Römern gelernt?

3. Welches Phänomen dokumentieren die beiden Inschriftfragmente *omnibu princeps* (klass. lat. *omnibus princeps*) und *optimus omnium*?

4. Von den folgenden Dreiergruppen ist die erste Form jeweils lateinisch, die beiden anderen italienisch bzw. spanisch. Ordnen Sie die Formen den betreffenden Sprachen zu: *sapere/sapere/saber, securu(m)/seguro/sicuro, cantas/canti/cantas, catena(m) /cadena/ catena, acutu(m)/agudo/acuto, mutare/mudar/mutare.*

2. Zweite Unterrichtseinheit

2.1. Typen wissenschaftlicher Publikationen

Im (geistes-)wissenschaftlichen Informationsaustausch spielt das Gedruckte auch im Zeitalter der audiovisuellen Medien weiterhin die zentrale Rolle. Die wichtigsten Typen wissenschaftlicher Publikationen sind hier zusammengestellt.

2.1.1. Die Monographie

Die geläufigste, aber nicht unbedingt häufigste Form der Verbreitung wissenschaftlicher Erkenntnisse ist die selbständige Publikation eines Autors oder Autorenteams zu einem im Buchtitel angegebenen Thema. Bsp.:

Söll, Ludwig *Die Bezeichnungen für den Wald in den romanischen Sprachen.* München:Hueber 1967
Lüdi, Georges/Bernard Py *Zweisprachig durch Migration.* Tübingen:Niemeyer 1984

Anm.: **Dissertationen** (Doktorarbeiten) müssen nicht in allen Ländern von einem Verlag herausgebracht werden. Es liegt aber in jedem Fall an der Universitätsbibliothek des Entstehungsortes ein maschinegeschriebenes Exemplar auf, das über die in jeder Universität eingerichtete Fernleihstelle wie jede andere Publikation angefordert werden kann.

2.1.2 Der Sammelband

Kleinere Arbeiten, die unter einem bestimmten Aspekt zusammengehören, können in einem Buch vereint werden. Man spricht dann von einem **Sammelband**. Von diesem Typ gibt es mehrere, zum Teil mit eigenen Namen versehene Unterarten. Häufig sind Sammelbände mit vorher meist separat publizierten Arbeiten eines Forschers und Sammelbände zu aktuellen Themen.

Festschriften werden zu bestimmten Anlässen wie runden Geburtstagen verdienter Gelehrter herausgegeben und enthalten gewöhnlich Beiträge von Kollegen und Schülern des Jubilars hauptsächlich zu Themen, die zu dessen bevorzugten Forschungsgebieten gehören. Gewöhnlich beinhaltet eine Festschrift auch eine Würdigung und ein Verzeichnis der Veröffentlichungen des Geehrten. Bsp.:

Fakten und Theorien. Beiträge zur romanischen und allgemeinen Sprachwissenschaft. Festschrift für Helmut Stimm zum 65. Geburtstag. Hg. von Sieglinde Heinz und Ulrich Wandruszka. Tübingen:Narr 1982

Kongreßakten oder **-berichte** enthalten bei einer wissenschaftlichen Tagung vorgetragene Referate (mit oder ohne Dokumentation der Diskussion). Bsp.:

Parallela. Akten des 2. österreichisch-italienischen Linguistentreffens, Rom 1982. Hg. von Maurizio Dardano/Wolfgang U. Dressler/Gudrun Held. Tübingen:Narr 1983

2.1.3 Zeitschriften

Zeitschriften stehen der wissenschaftlichen Auseinandersetzung in besonderer Weise offen. Sie erscheinen meist periodisch, wobei der Erscheinungsrhythmus allerdings sehr stark variieren kann. Manche Zeitschriften haben nur eine Nummer pro Jahr, andere erscheinen monatlich, vierteljährlich usw. Meist ist aus dem Namen der Zeitschrift der Zuständigkeitsbereich klar ersichtlich.

Zeitschriften enthalten **Aufsätze**. So heißen wissenschaftliche Arbeiten geringeren Umfangs, die neue Forschungsergebnisse zur Diskussion stellen. Bsp.:

Bossong, Georg "Historische Sprachwissenschaft und empirische Universalienforschung", in: *Romanistisches Jahrbuch* 33 (1982), S.17-52

Besonders kurze Texte dieser Art nennt man auch **Miszellen**. Ihnen wird in manchen Zeitschriften ein eigener Platz reserviert.

Neu erschienene Bücher, in letzter Zeit immer öfter auch einzelne Zeitschriftennummern, werden in **Rezensionen** (auch *Besprechungen*) von Fachkollegen kritisch auf ihren wissenschaftlichen Wert hin geprüft. Verschiedene Rezensenten können dabei natürlich zu durchaus unterschiedlichen Bewertungen gelangen.

Aus gegebenem Anlaß können Zeitschriften auch ***Nachrufe*** auf bedeutende Vertreter bzw. Vertreterinnen des Fachs enthalten.

Manche Zeitschriften richten darüber hinaus noch spezielle Serviceabteilungen ein, die Ankündigungen von Tagungen/Kongressen, Mitteilungen an Mitglieder wissenschaftlicher Gesellschaften, Publikationsverzeichnisse, Adressen u.ä. enthalten.

2.1.4 Forschungsberichte

Forschungsberichte können sowohl als Monographie als auch in Form eines Aufsatzes oder einer Sammelrezension erscheinen. Sie geben einen Überblick über die Forschungen zu einem bestimmten Gegenstand innerhalb eines bestimmten Zeitraums, informieren über neue Erkenntnisse sowie im besonderen über aktuelle Diskussionsschwerpunkte und Bereiche mit Forschungsdefiziten (sog. *Desiderata*, Sg. *Desideratum*). Bsp.:

Kuhn, Alwin *Romanische Philologie, Erster Teil: Die romanischen Sprachen*. Bern: Francke 1951 (= Wissenschaftliche Forschungsberichte, Bd.8)

Wunderli, Peter "Das Forschungsprojekt "Intonation im Französischen"", in: *Zeitschrift für Romanische Philologie* 94 (1978), S.93-118

2.1.5 Aufgaben:

1. Charakterisieren Sie zwei allgemein romanistische und zwei auf Ihre rom. Sprache spezialisierte Zeitschriften unter folgenden Gesichtspunkten: (a) abgedecktes Fachgebiet; (b) eventuell: besondere Zielgruppe (z.B. Sprachlehrer); (c) Publikationssprachen; (d) Erscheinungsrhythmus; (e) Publikationstypen; (f) eventuell: Serviceabteilung.

2. Vergleichen Sie die drei Rezensionen zu Gauger/Österreicher/Windisch (1981) in *Kratylos* 27 (1982), S.118-22 (F.Abel), *Romanistisches Jahrbuch* 34 (1983), S.184-6 (K. Hunnius) und *Vox Romanica* 43 (1984), S.280-2 (G.Lüdi) unter folgenden Gesichtspunkten: (a) An welchen Leserkreis richtet sich die *Einführung* nach Ansicht der Rezensenten? (b) Wie wird der Aufbau des Werks beurteilt? (c) In welcher Weise wird an der Auswahl der Themen/Forscherpersönlichkeiten Kritik geübt? (d) Werden Verbesserungsvorschläge gemacht? (e) Gibt es Unterschiede in der Gesamteinschätzung?

3. Bestimmen Sie den Publikationstyp der 40 in *Parallela* (vgl. 2.1.2), S.23-25 angegebenen Publikationen. Numerieren Sie sie von 1 bis 40.

2.2 Phonetik

2.2.1 Das internationale phonetische Alphabet

So wie die Physiker ein Urmeter brauchten, um ihre Messungen aufeinander beziehen zu können, erwies sich im ausgehenden 19. Jhdt. auch für die Spachwissenschaftler ein gemeinsames "Lautmaß" als notwendig. Um eine übereinzelsprachliche Vergleichbarkeit zu gewährleisten, wurde von einer internationalen Vereinigung, der *Association Phonétique Internationale,* ein System von Symbolen erarbeitet, mit dem alle in menschlichen Sprachen vorkommenden Laute erfaßt werden können sollten, was natürlich immer wieder eine Anpassung an den neuesten Kenntnisstand erforderlich macht. Das **Internationale Phonetische Alphabet** (abgekürzt *IPA* oder *API*) benützt vorwiegend lat. und gr. Buchstaben sowie einige Zusatzzeichen, z.B. den Doppelpunkt (:) nach einem Vokal zur Angabe der Vokallänge. Die Wiedergabe einer Lautfolge durch Zeichen eines phonetischen Alphabets nennt man **phonetische Transkription**. Diese steht immer zwischen eckigen Klammern. Sie kann in Abhängigkeit vom angestrebten Zweck mehr oder weniger genau sein; technisch spricht man von **breiter** und **enger** Transkription. Schema 2 und 3 sowie Tabelle 1 und 2 beschränken sich auf jene Zeichen der API-Transkription, die für die rom. Standardsprachen Portugiesisch, Spanisch, Französisch, Italienisch und Rumänisch sowie für das Deutsche von Bedeutung sind. Es sei hier auch darauf hingewiesen, daß neben der API-Transkription noch viele andere Transkriptionssysteme existieren, vor allem in dialektologischen Arbeiten.

2.2.2 Artikulatorische Phonetik

Sprachlaute kann man von verschiedenen Gesichtspunkten aus beschreiben. Die **akustische Phonetik** z.B. betrachtet sie als Schallwellen. Hier wollen wir sie hingegen unter dem Gesichtspunkt ihrer Hervorbringung beschreiben, ein Gebiet, dem sich die **artikulatorische Phonetik** widmet.

2.2.2.1 Der Sprechtrakt

Entwicklungsgeschichtlich betrachtet haben die **Artikulationsorgane** erst sekundär die Funktion von Sprechwerkzeugen übernommen. Schema 1 zeigt, welche Stellen des Sprechtrakts für die Lauterzeugung besondere Bedeutung haben. In der Phonetik heißen diese Stellen **Artikulationsorte**. Die Bezeichnungen dafür sind üblicherweise deutsch, die den einzelnen Artikulationsorten zugeordneten Adjektive jedoch sind lat. Fremdwörter.

1	Nasenraum	**nasal**
2	Mundraum	**oral**
3	Rachenraum	**pharyngal**
4	Lippen	**labial**
5	Zähne	**dental**
6	Alveolen[1]	**alveolar**
7	harter Gaumen	**palatal**
8	Gaumensegel[2]	**velar**
9	Zäpfchen	**uvular**
10	Zungenspitze	**apikal**
11	Zungenrücken	**dorsal**
12	Stimmbänder[3]	**glottal**
13	Kehlkopf	**laryngal**

Anm.: 1. auch *Zahndamm* 2. auch *weicher Gaumen* 3. auch *Stimmritzen* u.a.

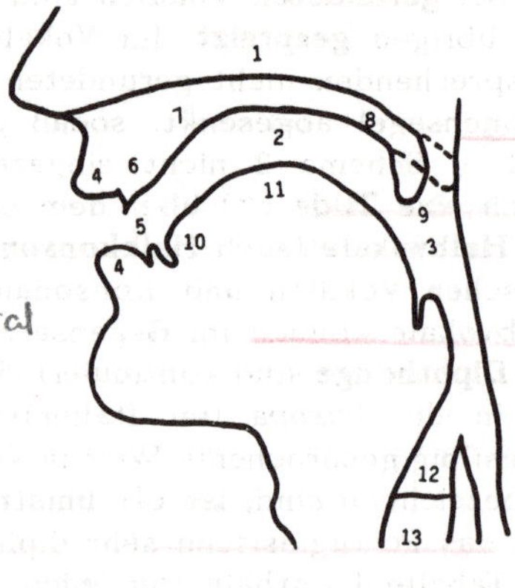

Schema 1: Sprechtrakt
[nach Stammerjohann (1975:41)]

2.2.2.2 Die Vokale

Bei der Beschreibung und Klassifikation der Vokale spielen die im vorhergehenden Abschnitt eingeführten Fachausdrücke für Artikulationsorte eine untergeordnete Rolle. Dies hängt damit zusammen, daß **Vokale** Laute sind, bei deren Bildung die Luft ohne Behinderung durch den Mundraum (und Nasenraum) ausströmen kann, während die angeführten Artikulationsorte gerade jene Stellen des Sprechtrakts sind, an denen es bei der Bildung von Konsonanten zu Behinderungen für den Luftstrom und somit zu Geräuschbildungen kommt. Für die Beschreibung der Vokale sind hingegen andere artikulatorische Eigenschaften von Bedeutung. Man pflegt die Vokale durch das sog. **Vokaldreieck** (vgl. Schema 2) darzustellen, das als Querschnitt durch den Mundraum zu sehen ist. Die Position auf der "Abszisse" zeigt an, ob ein Vokal **vorne**, **zentral** oder **hinten** gebildet wird, jene auf der "Ordinate" hingegen den **Öffnungsgrad**. Dazu kommen noch zwei Eigenschaften, die in einer zweidimensionalen Darstellung nicht adäquat dargestellt werden können: die **Rundung** und die **Nasalität**.

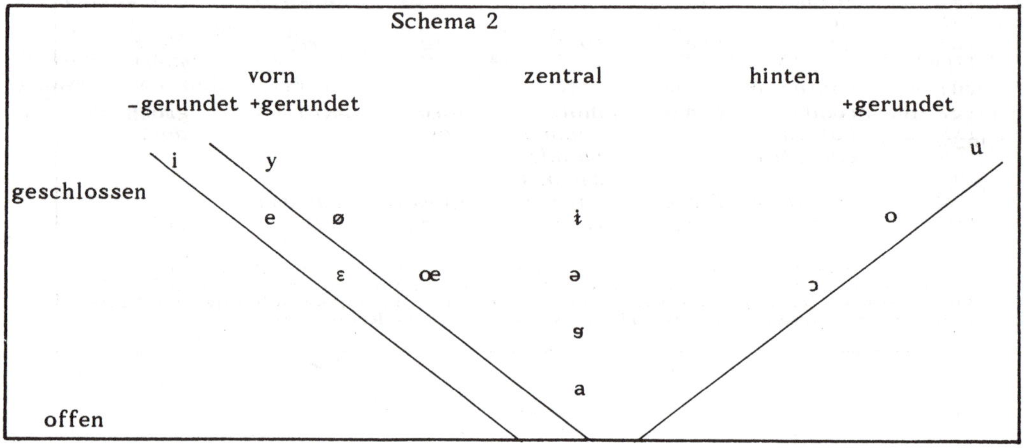

Bei **gerundeten** Vokalen sind die Lippen, wie der Name schon sagt, gerundet, bei den übrigen **gespreizt**. Im Vokaldreieck sind die grundeten Vokale rechts neben den entsprechenden nicht-gerundeten Vokalen eingezeichnet. Bei den **Nasalvokalen** ist das Gaumensegel abgesenkt, sodaß die Luft auch durch die Nase entweichen kann. Sie sind in Schema 2 nicht eingezeichnet. In der API-Transkription wird Nasalierung durch eine **Tilde** (~) über dem entsprechenden **Oralvokal** symbolisiert.

Halbvokale (auch **Halbkonsonanten** oder **Gleitlaute** genannt) stehen artikulatorisch zwischen Vokalen und Konsonanten. Bsp.: [j] frz. *hier*, [w] frz. *oui*, [ɥ] frz. *huit*. Halbvokale können im Gegensatz zu Vollvokalen keinen Silbengipfel bilden.

Diphthonge sind kontinuierlich artikulierte Vokalverbindungen, etwa die Verbindung *Eu* in dt. *Europa* (im Italienischen hingegen wird dieselbe Buchstabenverbindung zweisilbig gesprochen!). Welche Verbindungen in welcher Sprache als "echte" Diphthonge zu bezeichnen sind, ist oft umstritten. Unter den rom. Sprachen sind das Rumänische und das Portugiesische sehr diphthongreich.

Tabelle 1 enthält für jeden Vokal des Deutschen und der hier berücksichtigten fünf rom. Sprachen je ein Beispiel (vorzugsweise aus den Texten der Sprachproben), sofern der Vokal in der betreffenden Sprache existiert.

Tabelle 1

Vokal	Pg.	Sp.	Frz.	It.	Rum.	Dt.
[i]	*emigrar*	*hijo*	*ils*	*città*	*şi*	*schielt*
[I]						*schilt*
[ĩ]	*fim*					
[y]			*une*			*Wüste*
[Y]						*wüßte*
[e]	*mesma*	*era*	*établir*	*invece*	*neam*	*Leben*
[ẽ]	*somente*					
[ø]			*feu*			*höchst*
[ɛ]	*terra*		*terre*	*terra*		*echt*
[ɛ̃]			*dessein*			
[oe]			*leur*			*Mörtel*
[õe]			*un*			
[a]	*cidade*	*lugar*	*place*	*cambio*	*ţară*	*alt*
[ã]			*langue*			
[ɨ]	*Senhor*				*în*	
[ə]	*utilizar*		*le*		*limbă*	*ihnen*
[ɐ]	*atinja*					
[ɐ̃]	*sã*					
[u]	*do*	*una*	*tout*	*bitume*	*turn*	*flucht*
[U]						*Flucht*
[ũ]	*confundir*					
[o]	*todo*	*como*	*mots*	*loro*	*opri*	*groß*
[ɔ]	*homem*		*comme*	*cosa*		*dort*
[ɔ̃]	*encontrar*		*monde*			
[ɥ]			*cuisons*			
[w]	*construir*	*fuego*	*soyons*	*questo*	*oamenii*	
[j]	*oriente*	*oriente*	*Orient*	*oriente*	*iată*	*Lilie*

Anm.: Im Spanischen und Rumänischen, wo die Merkmale [offen] und [geschlossen] keine bedeutungsunterscheidende Funktion haben, wurde die geschlossene Variante als Vertreter eingetragen. Bei entsprechender Lautumgebung kann jedoch relativ offene Aussprache die Regel sein.

2.2.2.3 Die Konsonanten

Für eine adäquate Klassifikation der Konsonanten nach artikulatorischen Gesichtspunkten benötigen wir neben den Artikulationsorten auch noch Angaben zur **Artikulationsart**, womit die Wirkung bzw. Behandlung des Luftstroms beim Sprechen gemeint ist. Hier müssen wir uns wieder mit einigen Fachausdrücken vertraut machen. Nach der Artikulationsart unterscheiden wir (a) **Verschlußlaute** (auch: **Okklusive**, **Plosive**, **Mutae**, Sg. **Muta**): der Luftstrom wird kurz gestaut und dann "explosionsartig" gelöst; (b) **Reibelaute** (auch: **Frikative**, **Spiranten**): der Luftstrom wird durch eine Enge geführt; (c) **Affrikaten**: Verschlußlaute mit folgenden Reibelauten; (d) **Nasale**: im Gegensatz zu den Nasalvokalen werden die Konsonanten unter vollständigem Verschluß des Mundraums gebildet; (e) **Liquiden**: Oberbegriff für **Laterale** (Konsonanten, bei denen die Luft seitlich ausströmt) und **Vibranten** (Konsonanten, die durch eine Vibration von Zungenspitze oder Zäpfchen entstehen).

In Schema 3 finden Sie eine Klassifikation der wichtigsten rom. Konsonanten nach artikulatorischen Gesichtspunkten.

Schema 3

	Bilabiale		Labiodentale		Dentale		Alveolare		Palatale		Velare		Uvulare		Glottale	
	sth	stl	sth	stl	sth	stl	sth	stl	sth	stl	sth	stl	sth	stl	sth	stl
Verschlußlaute	b	p			d	t					g	k				ʔ
Reibelaute	ß		v	f	δ z	θ s			ʒ j	ʃ ç	γ	χ				h
Affrikaten				pf	dz	ts			dʒ	tʃ						
Nasale	m		ɱ				n		ɲ		ŋ					
Liquide: Laterale							l		ʎ		ɫ					
Vibranten							r rr						R			

Die Bezeichnung der Konsonanten erfolgt durch eine Kombination eines Substantivs für die Artikulationsart und eines oder mehrerer Adjektive für den/die Artikulationsort(e). So ist [p] z.B. ein stimmloser **bilabialer**, d.h. mithilfe beider Lippen gebildeter Verschlußlaut, [v] ein stimmhafter **labio-dentaler**, d.h. mithilfe von Unterlippe und oberen Schneidezähnen gebildeter Reibelaut usw.

Tabelle 2 enthält für jeden Konsonanten des Deutschen und der fünf berücksichtigten rom. Sprachen je ein Beispiel.

Tabelle 2

Kons.	Pg.	Sp.	Frz.	It.	Rum.	Dt.
[b]	*betume*	*betún*	*bitume*	*bitume*	*limbă*	*bis*
[p]	*palavra*	*palabra*	*peuple*	*prima*	*pămînt*	*Pech*
[d]	*do*	*de*	*de*	*dire*	*Domnul*	*der*
[t]	*terra*	*tierra*	*terre*	*terra*	*tot*	*Turm*
[g]	*lingua*	*lengua*	*langue*	*lingua*	*gînd*	*ganz*
[k]	*coisa*	*con*	*confondre*	*fuoco*	*care*	*kein*
[ʔ]						*aber*
[β]	*habitante*	*pueblo*				
[v]	*havia*		*voir*	*vedere*	*vreme*	*Welt*
[f]	*fogu*	*fuego*	*feu*	*fuoco*	*foc*	*Volk*
[ð]	*toda*	*toda*				
[z]	*coisa*		*faisons*	*paese*	*zidi*	*sagen*
[θ]		*mezcla*				
[s]	*Senhor*	*sobre*	*servir*	*Signore*	*smoală*	*uns*
[ʒ]	*linguagem*		*langage*		*ajunge*	
[ʃ]	*apenas*		*bouche*	*scendiamo*	*şi*	*Stein*
[ç]						*Pech*
[ɣ]	*fogo*	*fuego*				
[x]		*hijo*				*sprach*
[h]					*haidem*	*haben*
[pf]						*Kopf*
[dz]				*zero*		
[ts]				*zio*	*faţă*	*Spitze*
[dʒ]				*regione*	*filologie*	
[tʃ]		*mucho*		*città*	*cer*	*Matsch*
[m]	*mesma*	*misma*	*monde*	*mattone*	*mai*	*Mörtel*
[ɱ]		*influjo*		*invece*		*Anfang*
[n]	*única*	*nada*	*nom*	*nome*	*neam*	*nicht*
[ɲ]	*Senhor*	*compañero*	*Seigneur*	*campagna*		
[ŋ]	*brincar*	*ninguno*		*lingua*		*Ding*
[l]	*lingua*	*lengua*	*langue*	*lingua*	*limbă*	*Land*
[ʎ]		*llamar*		*gli*		
[r]	*pedra*	*piedra*		*regione*	*oraş*	*rot*
[rr]	*terra*	*tierra*				
[R]	*terra*		*terre*			*Brief*

2.2.3 Literatur: Vieregge (1989).

2.2.4 Aufgaben:

1. Lesen Sie Wode (1988:4.1, S.60–63) und beantworten Sie folgende Fragen: (a) Was schließt Liberman aus der rekonstruierten Ausprägung des Rachenraumes beim Neandertaler? (b) Wie sieht der Rachenraum von Neugeborenen und wie der von einjährigen Kindern aus? (c) Wann hat sich nach Liberman menschliche Sprache entwickelt?

2. Lernen Sie den in diesem Abschnitt eingeführten phonetischen Fachwortschatz sowie die API-Symbole und vollziehen sie "introspektiv" die artikulatorischen Eigenschaften der einzelnen Laute nach.

3. Transkribieren Sie die folgenden deutschen Wörter nach der Norm der Hochlautung: *Kamm, kam, Öse, Zwirn, wünscht, Sieb, geben, Hecht, Knochen, Mörser, bucht, Bucht, Topf, Tod, Wälder, dich, Dach, gilt, spielt, Lappalie.*

Anm.: Transkribieren im allgemeinen, aber speziell von Sprachen oder Dialekten, deren Lautsystem man nicht kennt, ist eine äußerst komplexe Fertigkeit, die nur durch genaues Studium der Phonetik und durch unablässiges Üben erworben werden kann. Um den Lehrveranstaltungsteilnehmern Gelegenheit dazu zu bieten, haben wir den letzten Teil der Texte der Sprachskizzen jeweils untranskribiert gelassen.

2.3 Die Herausbildung romanischer Hochsprachen

2.3.1 Der Verlust der Mitte

Mit dem Zusammenbruch des Weströmischen Reiches (476) verloren die römischen Provinzen endgültig ihre Metropole, die stets auch einen Faktor sprachlicher Vereinheitlichung dargestellt hatte. Dieser Verlust des vereinheitlichenden Zentrums förderte die sprachliche Differenzierung, die durch die Ausbildung kleinerer politischer Einheiten und die bedeutenden Bevölkerungsumschichtungen im Zuge der Völkerwanderung wesentlich verstärkt wurde. So zerfiel das Sprechlatein in zahlreiche Dialekte, deren gegenseitige Verständlichkeit - so dürfen wir annehmen - schon bald zu schwinden begann.

Als Schriftsprache aber wurde auf rom. Territorium bis ins Hochmittelalter ausschließlich Latein verwendet. Auch die weniger gebildeten Sprecher verloren wegen seines Gebrauchs als Kultsprache nie ganz den Kontakt mit dem Lateinischen. Allerdings war dieses Latein hinsichtlich der Aussprache, des Wortschatzes und sogar der Grammatik den jeweiligen lokalen lat./rom. Dialekten angepaßt worden, sodaß auch auf der schriftsprachlichen Ebene eine gewisse Dialektisierung eingetreten war. Wenn im 7. Jhdt. selbst ein für seine Zeit sehr gebildeter Chronist die Kasus durcheinanderbrachte (Bsp.: *a Francorum ceterasque gentes*), wie wird dann wohl der einfache Mönch oder Landpfarrer Latein gesprochen und geschrieben haben!

2.3.2 Die "Karolingische Renaissance"

In diese historisch gewachsene Situation griff in der Galloromania Karl der Große (768-814) durch eine Bildungsreform ein, die die Abkehr von diesem "Kompromißlatein" und eine Besinnung auf das klassische Latein der Antike forderte. Es ist kein Zufall, daß eine solche Maßnahme zuerst im Frankenreich getroffen wurde: die Entfernung der Volkssprache vom "reinen" Latein war dort aufgrund der Sprachentwicklung am größten. Mit der Rückkehr zum klassischen Latein verschärfte sich die Kluft zwischen der Kanzlei- und Kultsprache einerseits und der rom. Alltagssprache andererseits weiter. Latein konnte nun nicht mehr als gehobene Variante der eigenen Umgangssprache empfunden werden, sondern war eine Fremdsprache geworden.

Als natürliche Folge dieser Situation registrieren wir in der (nördlichen) Galloromania die größte Dichte früher volkssprachlicher Texte. In anderen rom. Gebieten dauerte es noch Jahrhunderte, bis sich ein ähnliches Sprachbewußtsein herausbildete.

2.3.3 Die ersten romanischen Texte

Die frühesten volkssprachlichen Zeugnisse sind überwiegend Gebrauchstexte: (Privat-) Verträge, Predigtvorlagen, **Glossen** (d.h. Erklärungen von nicht mehr verstandenen Wörtern in lat. Handschriften des Mittelalters oder in eigenen Glossaren), **Interlinearversionen** (d.h. Wort-für-Wort-Übersetzungen). Sie sind im allgemeinen, wenn nicht zufällig, so wohl eher wegen ihrer Nützlichkeit als wegen ihres Ansehens erhalten geblieben. Selbst volkssprachliche Literatur des Hochmittelalters erfreute sich offensichtlich eines relativ geringen Prestiges: so ist der *Cantar de mio Cid* (um 1140), das einzige überlieferte span. Heldenepos, nur in einer Abschrift vom Anfang des 14. Jhdt.s auf uns gekommen, wobei noch dazu das erste und zwei innere Blätter fehlen.

Die philologischen Kommentare zu den ältesten rom. Texten versuchen, den Entstehungsraum bzw. die Herkunft des Autors möglichst genau einzugrenzen. Dies ist jedoch meist schwierig, da wir nur in den seltensten Fällen Autographen besitzen und beim Abschreiben leicht Änderungen vorgekommen sein können, wenn z.B. der Dialekt eines Kopisten von dem des Autors abwich. Auch passierte es oft, daß ein Schreiber rom. Wörter an die lat. Ursprungswörter anglich.

2.3.4 Der lange Weg zur Standardsprache moderner Prägung

Den wahrscheinlich wichtigsten Faktor für die Entstehung von überregionalen volkssprachlichen Sprachformen stellte die Literatur dar. Die Dichtung des Hochmittelalters basierte fast überall auf regional begrenzten Sprachformen. Auch wenn wir von "altfrz." Literatur sprechen, dürfen wir dabei nicht an eine einheitliche altfrz. Sprache denken, vielmehr sind die Werke, die unter diesem Etikett zusammengefaßt werden, in verschiedenen nordfrz. Dialekten verfaßt. Eine gewisse Ausnahme bildete in dieser Hinsicht die Dichtersprache des altokz. Minnesangs (Ende 11. Jhdt. bis 13. Jhdt.), die uns von Anfang an als gefestigte überdialektale Sprachform entgegentritt. Diese wurde auch von Trobadors verwendet, deren Muttersprache nicht das Okzitanische, sondern z.B. das Katalanische war. Auch die altokz. Kanzleisprache war kaum weniger einheitlich. Eine überregionale Ausgleichssprache dieser Art nennt man **Koiné**.

Tabelle 3

Jhdt.	Pg.	Span.	Kat.	Frz.	Okz.	It.
9.				842 *STRASSBURGER EIDE*		*INDOVINELLO*
10.		*GLOSAS EMILIANENSES*		*EULALIASEQUENZ*		*VERONESE*
11.		*HARGAS*		*ALEXIUSLIED*	*TRO-*	
12.		*CANTAR DE MIO CID*		*ROLANDSLIED*	*BA-*	
				CHRETIEN DE TROYES	*DORS*	
13.	LYRIK	ALFONS X.	*HOMILIES D'ORGANYA*			SIZIL. DICHTER-
14.	CHRONIKEN		R. LLULL			SCHULE, DANTE

Anm.: Das älteste rum. Dokument stammt von 1521. Für das Sardische gibt es aus dem Mittelalter nur Urkunden, für das Rätoromanische eine Interlinearversion, Lieder und Rechnungsbücher. Aus dem 16. Jhdt. haben wir für beide Sprachen religiöse Texte.

Die Herausbildung der meisten rom. Schriftsprachen fällt ins Spätmittelalter (vgl. Tabelle 3). Mit Ausnahme des Okzitanischen und des Italienischen, bei dem kulturelle Faktoren einen maßgeblichen Einfluß hatten, spielten bei diesem Prozeß politische Faktoren gewöhnlich die bedeutendste Rolle: der Dialekt des Machtzentrums wurde im allgemeinen zur Grundlage der Schriftsprache.

In einer zweiten Konsolidierungsphase, die für die meisten rom. Sprachen mit dem Humanismus zusammenfiel, wurde der überregionale Sprachgebrauch durch Grammatiken und Wörterbücher mehr oder weniger erfolgreich und "endgültig" fixiert. Der wichtigste Anstoß dazu ging vom Buchdruck aus.

2.3.5 *Sprache* und *Dialekt*

In den bisherigen Abschnitten haben wir die Begriffe ***Sprache*** und ***Dialekt*** in etwa so verwendet, wie dies in der Alltagssprache geschieht. Eine genaue Definition dieser beiden Begriffe ist eine heikle Angelegenheit, weil es sich um vage alltagssprachliche Begriffe handelt, die zudem stark emotional besetzt sind. Für viele Sprecher ist ein

Dialekt eine minderwertige Sprachform, und dies erklärt, warum die Diskussion um den Status einer bestimmten Sprachform fast nie leidenschaftslos abläuft.

Aus der Sicht des Sprachwissenschaftlers sind, um unfruchtbare Auseinandersetzungen zu vermeiden, jedenfalls zwei Arten von Kriterien zu unterscheiden: innersprachliche und außersprachliche.

Aus innersprachlicher Sicht ist die Bezeichnung von zwei Sprachformen als *Sprachen* umso gerechtfertigter, je größer der **Abstand** zwischen beiden ist, d.h. je weniger sie lexikalisch und grammatikalisch gemeinsam haben. Aufgrund dieses Kriteriums wird z.B. das Sardische im allgemeinen als eigene Sprache und nicht als Dialekt des Italienischen klassifiziert. Das Kriterium des Abstands allein reicht jedoch nicht immer aus: so wollen manche das Valenzianische als eigene Sprache vom Katalanischen absetzen, obwohl kaum ein sprachlicher Unterschied besteht, andererseits spricht man aber auch von den Dialekten des Chinesischen, obwohl diese untereinander genauso verschieden sind wie die rom. Sprachen.

Solche Unterschiede erklären sich durch die wesentliche Rolle außersprachlicher Faktoren bei der Bewertung des Status einer Sprachform.

Ein solcher Faktor ist der Grad des **Ausbaus** der Sprachform: in je mehr **Domänen**, d.h. Bereichen, eine Sprachform Verwendung findet, desto eher bezeichnet man sie als *Sprache*. Solche Domänen sind Literatur, Verwaltung, Schule, Medien, Wissenschaft, Kult u.a. Voll ausgebaute Standardsprachen sind meist in all diesen Domänen vertreten, während Dialekte typischerweise auf den familiären Bereich und vielleicht die Mundartdichtung beschränkt sind. Auch die Verwendung in diesen Domänen ist jedoch keine notwendige Bedingung für die Zuerkennung des Prädikats *Sprache*: so spricht man auch von den *Sprachen* der Amazonasindianer, offensichtlich unter alleiniger Zugrundelegung des innersprachlichen Kriteriums.

Schließlich ist es auch klar, daß bei der Verwendung von *Sprache* und *Dialekt* häufig politische und ideologische Motive eine Rolle spielen. Wer (sich) politisch absetzen will, der setzt (sich) auch sprachlich ab. So haben Autonomiebewegungen die Tendenz, die eigene Sprachform als *Sprache* zu bezeichnen, um sich von der Zentralgewalt abzusetzen, während zentralistische Regierungen dazu tendieren, alle Sprachformen außer der Staatssprache zu Dialekten herabzudefinieren. Gerade in den rom. Ländern spielen heute solche Auseinandersetzungen eine große Rolle, da in vielen von ihnen neben der Staatssprache mehrere Minderheitensprachen existieren, die sich in ihrer Existenz bedroht sehen. Auf einige davon wird im Laufe dieser Einführung noch eingegangen werden. Im nächsten Abschnitt soll nur exemplarisch die Situation des Galizischen dargestellt werden.

2.3.6 Eine Fallstudie: Galizisch (*gallego*)

Im Mittelalter (etwa 1200-1350) war das Galizische Schriftsprache ("Galizisch-Portugiesisch") und bildete die Grundlage für das sich ausgliedernde Portugiesisch, das sich innerhalb seiner politischen Grenzen zur voll ausgebauten Kultursprache entfaltete. Die Sprache der Region Galizien, die aus innersprachlicher Sicht zum Portugiesischen gehört, konnte sich auf Dauer gegen das übermächtige Kastilische, das sich im Verlauf der Reconquista zur Staatssprache Spanisch entwickelt hatte, nicht halten und blieb bis in die jüngste Zeit hinein auf den mündlichen Gebrauch beschränkt.

Versuche zur Wiederbelebung hatten wenig Durchschlagskraft. Rosalía de Castro erzielte 1863 mit ihren *Cantares Gallegos*, dem ersten auf Galizisch gedruckten Buch, einen literarischen Achtungserfolg. Die um die Jahrhundertwende von einer Regionalbewegung ausgehenden Bestrebungen zur Aufwertung des Galizischen scheiterten jedoch an mangelnder Begeisterung der betroffenen Bevölkerung. Unter Franco, der selbst galizischer Herkunft war, wurde das Galizische wie alle anderen span. Minderheitensprachen verboten.

Die Demokratisierung Spaniens, das seit 1975 eine konstitutionelle Monarchie ist, eröffnete die Möglichkeit zu neuen Initiativen. Allerdings war das Galizische in einer wenig günstigen Ausgangslage, vor allem wegen des mangelnden Prestiges. Es wurde von der Landbevölkerung und den einkommensschwächeren Schichten gesprochen (aber nicht geschrieben), und auch das nur im privaten Bereich, während die Oberschicht und die Zuwanderer sich des Kastilischen bedienten, dem bis dahin auch alle öffentlichen Domänen vorbehalten waren.

Der von nationalistisch-autonomistischer Seite eingeleitete Aufruf zu neuem sprachlichen Selbstbewußtsein hatte nur begrenzten Erfolg. Das heute gültige Sprachengesetz erkennt zwar Galizisch als Landes- und Amtssprache an, doch erweist sich die Loyalität der Sprecher zu ihrer Sprache als mäßig ausgeprägt. Die im Zuge einer nicht sehr effizient organisierten Sprachplanungsaktion durchgeführte **Standardisierung**, d.h. die Festlegung einer Norm für Aussprache, Schrift, Wortschatz und Grammatik, verunsicherte die Sprecher erneut, da sie ihre eigene Sprachform im neuen Standardgalizischen nicht unmittelbar wiedererkannten und sie nun erst recht für sozial entwertet hielten.

Die äußeren Bedingungen für einen Vollausbau des Galizischen wären aber nicht ungünstig. Es gibt relativ großzügige gesetzliche Bestimmungen, ein eigenes Radio- und ein überwiegend galizisches Fernsehprogramm, eine Wochenzeitschrift. 90 % der Schüler können heute Galizisch lesen und schreiben. Auch leidet das Galizische durch die Nähe von Portugal nicht an sprachlicher Isolation, wenngleich der sprachliche "Anschluß" an Portugal heftig umstritten ist.

Die Zukunft des Galizischen wird also vor allem davon abhängen, wie konsequent die Sprecher an der Ausweitung ihrer Sprache auf alle Domänen interessiert sind und mitwirken.

2.3.7 Sprecherzahlen

In Schema 4 findet der Leser einige Angaben zur Zahl der Sprecher für die einzelnen rom. Sprachen. Die Angaben sind wegen der unterschiedlichen Definition von *Sprecher* in der verwendeten Literatur nur als Richtwerte zu betrachten. Offensichtlich ist, daß die Romania nova den bedeutendsten Anteil stellt und sich dieser Anteil in Zukunft noch wesentlich vergrößern wird.

2.3.8 Literatur: Haarmann (1975), Rossillon (1983).

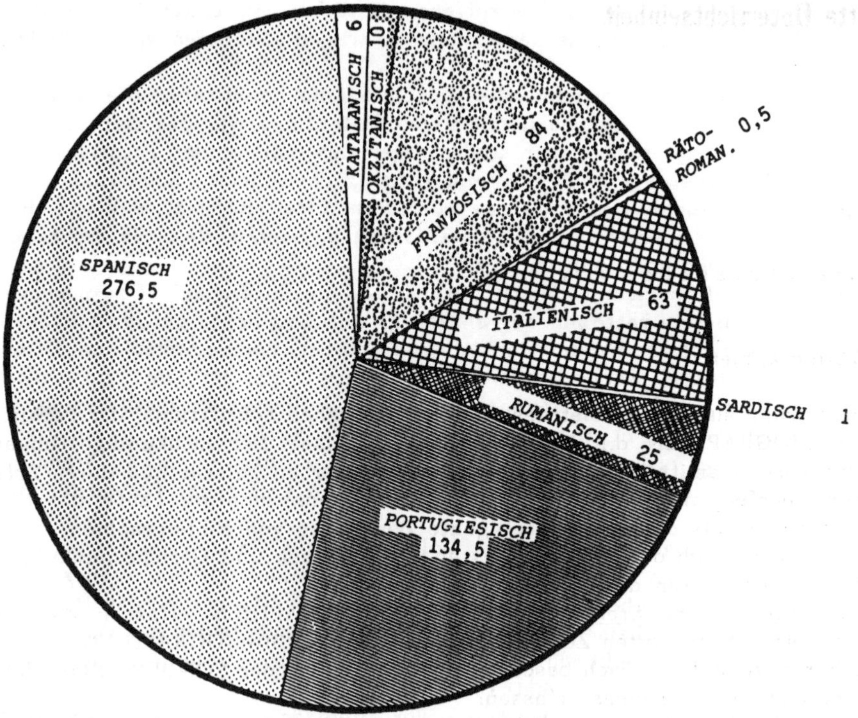

SCHEMA 4: SPRECHERZAHLEN
(Angaben in Millionen)

2.3.9 Aufgaben:

1. Die genaue Zahl der rom. Sprachen ist angesichts der Probleme bei der Definition von *Sprache* und *Dialekt* nicht endgültig feststellbar. Eine Sprache, die sich erst in jüngster Zeit ausgegliedert hat (aber längst noch nicht allgemein als Sprache anerkannt wird), ist das **Korsische**. Lesen Sie Goebl, Hans "Korsisch, Italienisch und Französisch auf Korsika", in: *LRL* IV, S.829-35 und beantworten Sie folgende Fragen: (a) Seit wann kann Korsika als romanisiert gelten? (b) Welcher it. Dialekt prägte das Korsische am stärksten? Warum? (c) Wann ging die Herrschaft auf Korsika an Frankreich über? (d) Was versteht man unter *francorsu*? Warum entstand es? (e) Seit wann wird korsisch geschrieben? Von wem? (f) Welche Rolle hatte die Zeitschrift *U Muntese* für das Korsische? (g) Seit wann ist Korsisch Schulfach? (h) Charakterisieren Sie die typische Form der Zweisprachigkeit der heutigen Korsen. (i) In welchen Domänen wird vorwiegend französisch gesprochen/geschrieben, in welchen korsisch?

2. Sprachen können auch aussterben (in der wissenschaftlichen Literatur spricht man von **Sprachtod**). Eine rom. Sprache, deren Verschwinden im 19. Jhdt. beobachtet (und zum Teil sprachwissenschaftlich dokumentiert) werden konnte, ist das **Dalmat(in)ische.** Lesen Sie Elwert, W. Theodor "Wo, wann, warum, wie Sprachen "sterben"", in: *Balkan-Archiv* (Neue Folge) 10 (1985), S.119-67 und beantworten Sie folgende Fragen: (a)Warum setzt Elwert das Verbum zwischen Anführungszeichen? (b) Welche zwei Arten von Sprachtod unterscheidet Elwert? (c) Warum werden Sprachen aufgegeben? (d) Unter welcher Voraussetzung kann eine Sprache nur aufgegeben werden? (e) Warum zieht sich Sprachwechsel im allgemeinen über mehrere Generationen hin? (f) Welche Faktoren können Sprachwechsel fördern? (g) Führt Sprachmischung notgedrungen zu Sprachtod? (h) Ist Latein eine tote Sprache? (i) Warum ist das Griechische von Cargese ausgestorben? (j) In welcher Weise können untergegangene Sprachen fortleben? (k) Wie erklären sich folgende Formen des dt. Dialekts von Bernaduz: *henas* 'Hennen', der *jor* 'das Jahr', krank *kommen* 'krank werden'? Wie nennt man solche Erscheinungen? (l) Wie beurteilt Elwert den Normverlust als Anlaß zur Aufgabe einer Sprache? (m) Was versteht man unter *relexification*? Wozu dient sie? Welche Einstellung zur eigenen Sprache kann sie beim Sprecher bewirken? (n) Welche gefährdeten oder schon ausgestorbenen rom. Sprachen/Dialekte werden im Verlauf des Artikels genannt? (o) Welche Sprachkontakte/-konflikte werden erwähnt, wo eine rom. Sprache eine andere Sprache "bedroht"? (p) Welche Einstellung vertritt Elwert gegenüber "sterbenden" Sprachen? Teilen Sie seine Auffassung?

3. Dritte Unterrichtseinheit

3.1 Literatursuche

3.1.1 Bibliographien

Der Orientierung auf dem Gebiet des wissenschaftlichen Schrifttums, der Fachliteratur, dienen BIBLIOGRAPHIEN, d.h. Publikationsverzeichnisse. Der sachkundige Umgang mit diesen Informationsmitteln muß vom ersten Semester an gelernt und durch Erfahrung zunehmend perfektioniert werden. Durch nichts kann man im Laufe des Studiums mehr Zeit sparen als durch die intelligente Benützung von Bibliographien.

Diese können nach den verschiedensten Bedürfnissen und Gesichtspunkten erstellt sein. Die wesentlichsten dieser Gesichtspunkte sind:

(a) die thematische Breite: ALLGEMEINBIBLIOGRAPHIEN erfassen das gesamte Schrifttum eines bestimmten Zeitraums, während FACHBIBLIOGRAPHIEN sich, wie der Name schon sagt, auf ein Fach beschränken, und TEIL- oder SONDERBIBLIOGRAPHIEN nur Teilbereiche eines Faches erfassen;

(b) die berücksichtigten Publikationstypen, Sprachräume etc.: UMFASSENDE BIBLIOGRAPHIEN machen hier keine Einschränkungen, während AUSWAHLBIBLIOGRAPHIEN z.B. nur Dissertationen, nur Schweizer Publikationen usw. erfassen können;

(c) die Erscheinungsweise: PERIODISCHE BIBLIOGRAPHIEN erscheinen in regelmäßigen Abständen, während RETROSPEKTIVE oder ABGESCHLOSSENE BIBLIOGRAPHIEN das innerhalb eines bestimmten Zeitraums erschienene Schrifttum auflisten. Die wichtigsten periodischen Bibliographien für die rom. Sprachwissenschaft werden in Rheinbach (1985) sowie in Hillen/Rheinbach (^{2}1989a:2.1) und (1989b:2.1.3) vorgestellt [Das Bändchen zum Spanischen ist angekündigt und muß deshalb nach Erscheinen vom Lehrveranstaltungsleiter nachgetragen werden.].

(d) die Publikationsform: SELBSTÄNDIGE BIBLIOGRAPHIEN erscheinen als Bücher oder Hefte, während UNSELBSTÄNDIGE BIBLIOGRAPHIEN nur Teile von Publikationen bilden;

(e) der Aufbau: Bibliographien können nach Sachgebieten, chronologisch oder alphabetisch geordnet sein. Auch eine Kombination dieser Kriterien ist möglich;

(f) die Zusatzinformation: während die meisten Bibliographien nur bibliographische Angaben bieten, enthalten RÄSONIERENDE oder KOMMENTIERTE BIBLIOGRAPHIEN kurze inhaltliche Charakterisierungen der aufgeführten Titel. Für Italianisten sei besonders auf die beiden folgenden kommentierten Bibliographien hingewiesen: Gambarara, Daniele/Paolo Ramat (Hrsg.) *Dieci anni di linguistica italiana* (1965-1975). Rom:Bulzoni 1977; Cortelazzo, Michele/Alberto Mioni (Hrsg.) *Altri dieci anni di linguistica italiana* (1976-1986). Rom:Bulzoni (erscheint).

Aus Gründen der Platzersparnis wird in Bibliographien sehr viel abgekürzt und mit Siglen gearbeitet. Daher ist es wichtig, einen Überblick über die verwendeten Kürzel, die internen Querverweise, die verschiedenen Register (z.B. Verfasser-, Rezensenten-

oder Stichwortverzeichnis) und gegebenenfalls den Systemschlüssel zu gewinnen. Die Form der bibliographischen Angaben ist nicht in allen Bibliographien identisch, doch das Grundmuster deckt sich mit jener der Angaben in Abschnitt 2.1.

3.1.2 Bibliothekseinrichtungen

Wie Sie aus den Aufgaben zu 2.1 schon wissen, führt der Weg von der bibliographischen Angabe zur Literatur selbst gewöhnlich über Kataloge. Der alphabetische Katalog verzeichnet die Namen von Verfassern und Herausgebern der in der betreffenden Bibliothek vorhandenen Bücher. Autoren unselbständiger Literatur sind normalerweise nicht oder doch nicht systematisch aufgenommen! Über vorhandene Zeitschriften unterrichtet meist ein separates Verzeichnis. Da Bibliographien erfahrungsgemäß keineswegs vollständig sind, kann man über den in vielen wissenschaftlichen Bibliotheken geführten Sachkatalog weitere selbständige Literatur ausfindig machen, indem man sich, je nach dessen Anlage, unter einem bestimmten Schlagwort oder unter dem betreffenden Sachgebiet informiert. Zur Auffindung des gesuchten Titels benötigt man die auf der Karteikarte im Katalog bzw. auf Mikrofiche verzeichnete Signatur. In Freihandbibliotheken hat der Leser unmittelbaren Zugang zu den Beständen und muß daher das den Signaturen zugrundeliegende Ordnungsprinzip kennen. In Bibliotheken ohne direkten Zugriff des Benützers werden Bücher durch Ausfüllen eines Leihscheins oder durch Eingabe der Signatur über ein Terminal entlehnt.

Für Proseminar- und Seminararbeiten wird man in der Regel mit der am Ort vorhandenen Literatur das Auslagen finden können. Für umfangreichere Arbeiten sollte man jedoch, wenn nötig, auch die Fernleihe in Anspruch nehmen. Für bibliographisch schwerer zu erschließende Themen, etwa interdisziplinärer Natur, ist auch an die - allerdings kostspielige und daher in der Regel genehmigungspflichtige - Möglichkeit der EDV-Recherche zu denken, bei der große Datenbanken nach Literatur abgefragt werden.

3.1.3 Aufgaben:

1. Fertigen Sie einen Plan Ihrer Institutsbibliothek an und markieren Sie die für Sie besonders wichtigen Standorte.

2. Welches sind nach Hillen/Rheinbach (1989a) bzw. (1989b) die wichtigsten periodischen Bibliographien für Ihre rom. Sprache? Welche sind in Ihrer Institutsbibliothek vorhanden? Welche in der Universitätsbibliothek?

3. Welche Bereiche der Sprach- und Literaturwissenschaft deckt die *Romanische Bibliographie* ab? Welcher umfassende Teilbereich ist ausgespart? Warum?

4. Charakterisieren Sie folgende Bibliographien nach den in 3.1.1 angeführten Gesichtspunkten:

(a) *The Year's Work in Modern Language Studies* 48 (1986)
(b) Hall, Robert A. jr. *Bibliografia della linguistica italiana.* 2.Aufl. Florenz:Sansoni 1958
(c) Dietrich, Wolf *Bibliografia da Lingua Portuguêsa do Brasil.* Tübingen:Narr 1980
(d) Williams, Harry F. *An Index of Medieval Studies Published in Festschriften 1865-1946.* With Special Reference to Romanic Material. Berkeley-Los Angeles:Univ. of California Press 1951
(e) Heckenbach, Wolfgang/Frank G. Hirschmann *Weltsprache Französisch.* Kommentierte Bibliographie zur Frankophonie. Tübingen:Narr 1981
(f) Società di linguistica italiana *Catalogo dell'editoria linguistica italiana.* A cura di Lorenzo Còveri. Rom:Bulzoni 1981
(g) Kramer, Johannes "Rumänische Zeitschriftenschau", in: *Zeitschrift für romanische Philologie* 99 (1983), S.99-153
(h) Hausmann, Franz Josef *Linguistik und Fremdsprachenunterricht.* Tübingen:Narr 1975
(i) Ineichen, Gustav *Bibliographische Einführung in die französische Sprachwissenschaft.* Berlin:Schmidt 1974

5. Lesen Sie in Hillen/Rheinbach (1989a) bzw. (1989b) den Abschnitt 2.2 "Modellbeispiele für die Literaturrecherche". Welche bibliographischen Hilfsmittel empfehlen die Autoren in welcher Reihenfolge anzuwenden?

6. Bibliographieren Sie nach der in Hillen/Rheinbach (s. Aufgabe 5) dargelegten Vorgangsweise das folgende Thema: [vom Lehrveranstaltungsleiter anzugeben].

7. Bekämpfen Sie die Schwellenangst und leihen Sie sich aus der Universitätsbibliothek ein beliebiges Buch aus.

3.2 Kontrastive Phonetik

3.2.1 Vom ausländischen Akzent

In 2.2 haben wir alle Laute kennengelernt, die für die Beschreibung der größeren rom. Sprachen und des Deutschen von Bedeutung sind. Ein guter Teil davon eignet allen fünf bzw. sechs Sprachen, andere wiederum haben eine beschränktere Verbreitung. Das Erlernen jener Laute, die die eigene Muttersprache nicht kennt, gehört zu den ersten Hindernissen beim Fremdsprachenerwerb. Zu den erfahrungsgemäß schwer zu nehmenden Hürden gehören für Deutschsprachige das engl. *th,* für Franzosen unser *ich*-Laut, für Italiener unsere gerundeten Vokale *ü* und *ö*, für Spanier die Unterscheidung von kurzen und langen Vokalen. Aber selbst jene Laute, die in der Fremdsprache und in der Muttersprache existieren, sind meist nicht genau identisch, wie einem die Verwendung ein und desselben Symbols glauben machen könnte. So hat etwa das *i* von dt. *Hit* einen "helleren" Klang als das engl. Vorbild *hit.* Der genaue phonetische Wert eines jeden API-Symbols kann also von Sprache zu Sprache verschieden sein.

Gelingt es einem Ausländer nicht, sich das Lautsystem der Fremdsprache "perfekt" anzueignen, so sagt man, er habe einen **Akzent**. Bei den in der Muttersprache nicht existierenden Lauten weicht, wer die Hürde nicht nehmen kann, meist auf diejenigen Laute der Muttersprache aus, die den fremdsprachlichen am nächsten kommen. So sagt der Deutsche *sink* oder *fink* statt *think*, der Franzose *isch* statt *ich*, der Italiener *Gethe* statt *Goethe*, und das Deutsch eines Spaniers klingt oft wie monotones Geratter, weil er alle Vokale kurz spricht. Aussprachemängel dieses Typs sind so auffällig, daß sie dem Sprecher meist bewußt sind. Ihre Nicht-Überwindung ist mangelhaftem Training, psychischen Hemmungen, in seltenen Fällen auch physiologischen Faktoren zuzuschreiben. Abweichungen in der Feinphonetik hingegen werden dem Sprecher oft gar nicht bewußt und bleiben somit unkorrigiert. Als Muttersprachler hat man für diese Abweichungen, und mögen sie noch so geringfügig sein, ein feines Ohr, das den Fremden unbarmherzig als solchen identifiziert, auch wenn der phonetisch nicht Geschulte im allgemeinen nicht in der Lage ist anzugeben, worin der "Akzent" besteht.

Für den Sprachstudenten ergibt sich aus dem Gesagten die unabdingbare Notwendigkeit, gleich zu Anfang des Studiums einen einschlägigen Phonetikkurs zu besuchen, sofern dies nicht ohnehin im Studienplan vorgesehen ist. Die folgenden Hinweise zu einigen Hauptunterschieden zwischen dem Deutschen und den rom. Sprachen vermögen einen solchen Kurs keineswegs zu ersetzen.

3.2.2 Deutsch vs. Romanisch: Einige Unterschiede

Sprachen unterscheiden sich nicht nur hinsichtlich des Lautinventars und der Feinphonetik der einzelnen Laute, sondern auch in bezug auf die **Phonotaktik**, d.h. die zulässigen Lautverbindungen, und die **Prosodie**, d.h. **Akzent** (hier in der Bedeutung von 'Betonung'!) und **Intonation** (Sprechmelodie).

Was das Lautinventar betrifft, so kann aus kontrastiver Sicht vor allem auf die Wichtigkeit der Unterscheidung von stimmhaften und stimmlosen Konsonanten in den rom. Sprachen nicht genug hingewiesen werden. Die Ursache für die Schwierigkeiten, die Deutschsprachige in diesem Bereich haben, liegt auf der Hand: Manche der stimmhaften Konsonanten existieren im Deutschen überhaupt nicht, und die, die existieren, werden meist nicht so stimmhaft artikuliert wie in den rom. Sprachen, vor allem an bestimmten Stellen eines Wortes (s.u.). In Tabelle 4 sind die wichtigsten Konsonantenpaare angeführt, die sich nur in der Stimmhaftigkeit unterscheiden. Die Beispiele sind, wo nicht anders angegeben, französisch.

Tabelle 4

	Anlaut	Inlaut	Auslaut
[p]	*pas* [pa]	*pépé* [pepe]	*pompe* [pɔ̃p]
[b]	*bas* [ba]	*bébé* [bebe]	*bombe* [bɔ̃b]
[t]	*thé* [te]	*gratin* [gratɛ̃]	*honte* [ɔ̃t]
[d]	*dé* [de]	*gradin* [gradɛ̃]	*onde* [ɔ̃d]
[k]	*quai* [ke]	*caca* [kaka]	*bac* [bak]
[g]	*gai* [ge]	*gaga* [gaga]	*bague* [bag]
[s]	*sel* [sɛl]	*baisser* [bese]	*fesse* [fɛs]
[z]	*zèle* [zɛl]	*baiser* [beze]	*fez* [fɛz]
[ʃ]	*chaque* [ʃak]	*rocher* [rɔʃe]	*hanche* [ãʃ]
[ʒ]	*Jacques* [ʒak]	*Roger* [rɔʒe]	*ange* [ãʒ]
[f]	*fer* [fɛr]	*buffet* [byfɛ]	*vif* [vif]
[v]	*ver* [vɛr]	*buvait* [byvɛ]	*vive* [viv]
[ts]	it. *zio* [tsio]	it. *senza* [sɛntsa]	*fritz* [frits]
[dz]	it. *zulù* [dzulu]	it. *pranzo* [prandzo]	
[tʃ]	it. *Cina* [tʃina]	it. *cacio* [katʃo]	*match* [matʃ]
[dz]	it. *Gina* [dʒina]	it. *agio* [adʒo]	*badge* [badʒ]

Ein weiterer Grund dafür, daß uns die Aussprache der meisten rom. Sprachen "weicher" vorkommt als die deutsche, liegt darin, daß im Deutschen, und ganz besonders in den norddt. Varianten, stimmlose Verschlußlaute **aspiriert**, d.h. mit nachfolgendem Hauchlaut (transkribiert als hochgestelltes *h*) gesprochen werden. *Tal* wird als [tʰa:l] ausgesprochen, *Kilo* als [kʰi:lo]. Den rom. Sprachen ist diese **Aspiration** fremd.

Eine andere Eigenheit des Deutschen, die man unbedingt unterdrücken muß, wenn man eine rom. Sprache spricht, ist der sog. **Knacklaut** (auch **Glottisschlag** u.ä.; transkribiert als [ˀ]). Darunter versteht man einen Kehlkopfverschluß, der sich im Deutschen automatisch am Beginn vokalisch anlautender Silben einstellt. Er ist mit daran schuld, daß das Deutsche auf rom. Ohren einen "abgehackten" Eindruck macht. Die Wichtigkeit der Unterdrückung von Aspiration und Knacklaut kann man gut durch einen Vergleich der Aussprache von dt. *Theater* mit it.sp. *teatro* bzw. frz. *théâtre* veranschaulichen.

Sprachen unterscheiden sich aber, wie gesagt, nicht nur im Lautinventar, sondern auch hinsichtlich der möglichen Lautverbindungen. So haben z.B. sowohl das Deutsche als auch die rom. Sprachen die Laute *k* und *n*, aber nur das Deutsche erlaubt Wörter, die mit *kn-* beginnen. Dies ist der Grund, warum z.B. bei der Entlehnung von *Landsknecht* die Konsonantenverbindung *kn* durch einen Vokal "aufgebrochen" wurde: it. *lanzichenecco,* frz. *lansquenet.*

Eine phonotaktische Eigenheit des Deutschen, die sich beim Erlernen rom. Sprachen störend bemerkbar macht, ist die sog. **Auslautverhärtung**. Damit ist gemeint, daß am Wortauslaut nur stimmlose Konsonanten vorkommen; vgl. *Rad* [ra:t] vs. *Rades* [ra:dəs], *gib* [gi:p] vs. *geben* [ge:bən] usw. Aufgrund dieser Eigenschaft ihrer Muttersprache haben Deutschsprachige die Tendenz, auch in der Fremdsprache alle Endkonsonanten stimmlos zu sprechen. Dies ist besonders im Französischen zu vermeiden, da dort die Unterscheidung von stimmhaften und stimmlosen Konsonanten im Auslaut häufig sogar grammatikalische Funktion hat, nämlich Femininum und Maskulinum zu unterscheiden: *sportif* (m.) vs. *sportive* (f.) (gesprochen [spɔrtiv]) usw.

Im süddt. Raum gibt es zudem eine Art Anlautverhärtung: *b-, d-* und *s-* werden immer stimmlos gesprochen. So klingt der Anlaut von *Berg* fast wie der von *Pater,* der von *Dorf* fast wie der von *Turm.* Daher müssen Sprecher dieser Regionen besonders darauf achten, frz. *bon* 'gut' nicht wie *pont* 'Brücke' zu sprechen, it. *bello* 'schön' nicht wie den dt. Hundenamen *Bello* (gesprochen [pɛlo]) usw. Dasselbe gilt natürlich auch für jene stimmhaften Konsonanten, die im Deutschen nicht einmal im Inlaut eine Entsprechung haben, z.B. das [ʒ] von frz. *rage* 'Wut'.

Das Produkt einer Übertragung (technisch: eines **Transfers**) dieses Typs aus einer Sprache, meist der Muttersprache, in eine andere nennt man **Interferenz**. Interferenzen sind natürlich nicht auf den phonetischen Bereich beschränkt, sondern ergeben sich auf allen Ebenen einer Sprache.

3.2.3 Literatur: Klein (1963), Lichem (1969), Navarro Tomás/Haensch/Lechner (1970).

3.2.4 Aufgaben:

1. Üben Sie die Aussprache der Wörter von Tabelle 4. Bei den stimmhaften Konsonanten müssen Sie, wenn Sie einen Finger auf den Kehlkopf oder die Schädeldecke legen, ein deutliches Vibrieren spüren.

2. Suchen Sie weitere Kontrastbeispiele für die Opposition stimmhaft/stimmlos aus Ihrer rom. Sprache und üben Sie den Unterschied.

3. Sprechen Sie die folgenden dt. Wörter mit und ohne Aspiration, um sich deren Existenz bewußt zu machen: *Tat, kühl, Pate, Teich, Kinn, Peter.*

4. Sprechen Sie die folgenden dt. Wörter mit und ohne Knacklaut, um sich dessen Existenz bewußt zu machen: *aber, ist, Esel, Ufer.*

5. Wir haben gesagt, dt. *Hit* klinge "heller" als engl. *hit.* Versuchen Sie, diese "akustische" Beschreibung anhand des Vokaldreiecks artikulatorisch umzuformulieren.

3.3 Sprachskizze 1: Latein

3.3.1 Klassisches vs. Vulgärlatein

Wenn wir sagen, daß die rom. Sprachen vom Latein abstammen, gilt es im Auge zu behalten, daß damit nicht die einem äußerst elitären Kunstideal verpflichtete Sprache unserer lat. Schulautoren gemeint ist. Auch das Latein war vor zweitausend Jahren eine lebende, in ständigem Wandel begriffene Sprache mit verschiedenen geographischen und sozialen Ausprägungen: der Bauer sprach anders als der Städter, die Sklavin anders als die Aristokratin, und selbst Cicero drückte sich in seinen Briefen an Freunde anders aus als in seinen geschliffenen Reden. All jene Formen des Lateins, die nicht dem literarischen Idealtyp entsprechen, faßt man unter dem Sammelnamen **Vulgärlatein** (zu lat. *vulgus* 'Volk') zusammen, und dieses Vulgärlatein ist es, das als Ausgangspunkt für die Ausbildung der rom. Sprachen anzusehen ist. Dies ist nicht weiter verwunderlich, wenn man bedenkt, daß mit dem Zusammenbruch des Weströmischen Reiches das Bildungswesen und damit die Pflege der Hochsprache weitgehend zum Erliegen kamen, wodurch nur die Umgangssprache direkt tradiert werden konnte.

Über das Vulgärlatein sind wir relativ gut unterrichtet. Grammatiker tadeln "falsche" Formen und ernten damit bei den Zeitgenossen offensichtlich weniger Aufmerksamkeit und Dankbarkeit als bei heutigen Sprachforschern. Theaterdichter, Satiriker, allen voran aber der Romanautor Petronius, lassen mit Absicht umgangssprachliche Formen einfließen. Viele "Fehler" von Fachschriftstellern sind auf eine mangelhafte grammatisch-rhetorische Ausbildung zurückzuführen. Der große Architekt Vitruv etwa schreibt entschuldigend: *Non potest esse architectus grammaticus* 'Ein Architekt kann kein Grammatiker sein'. Als wahre Fundgrube erweisen sich schließlich auch Grabinschriften, Fluchtafeln (d.h. an die Adresse von Rachegottheiten gerichtete Verwünschungen von Feinden oder Konkurrenten) oder Graffiti (Wandinschriften bzw. -kritzeleien), speziell die von Pompei.

Die in solchen Quellen überlieferten, vom klassischen Latein abweichenden Formen dürfen natürlich nicht immer für bare Münze genommen werden, sondern bedürfen der philologischen Interpretation. So begegnet man häufig **Hyperkorrektismen**, d.h. unkorrekten Formen, die einer verunglückten Anpassung an eine nicht voll beherrschte hochsprachliche Norm entspringen, etwa wenn der Verfasser der folgenden Inschrift in dem Wissen, daß in der Umgangssprache oft ein *n* vor einem *s* ausgelassen wird (vgl. lat. *mensa* 'Tisch' > vlt. *mesa*, so noch spanisch), das *n* fälschlich auch im Adjektiv *formosus* 'schön' einsetzt: *Omnia formonsis cupio donare puellis* 'Alles will ich den schönen Mädchen schenken'.

3.3.2 Der Turmbau zu Babel: Lateinisch

Der folgende lat. Text, die Episode vom Turmbau zu Babel aus dem Alten Testament (Genesis 11, 1-9), stammt aus der um 400 entstandenen Bibelübersetzung des heiligen Hieronymus, der sog. *Vulgata*. Trotz dieses Namens haben wir es hier mit eher literarischem, nicht mit Vulgärlatein zu tun. Der lat. Text wird von einer dt. Interlinearversion und einer regulären Übersetzung (Zürich: Verlag der Zürcher Bibel 1971) begleitet. Die **Kasus** (d.h. Fälle) der Substantiva und Adjektiva werden durch ihre Anfangsbuchstaben angezeigt (s. 3.3.4).

Erat autem terra labii unius, et sermonum eorundem.
Es-war aber Erde-N Lippe-G eine-G und Redeweisen-G gleiche-G
Cumque proficiscerentur de oriente, invenerunt campum in terra
Als-und sie-brachen-auf von Orient-Ab sie-fanden Feld-Ak in Land-Ab
Sennaar, et habitaverunt in eo. Dixitque alter ad proximum
Sinear und sie-wohnten in ihm Sagte-und einer-N zu Nächster-Ak
suum: Venite, faciamus lateres, et coquamus eos
sein-Ak Kommt machen-wir Ziegel-Ak und brennen-wir sie
igni. Habueruntque lateres pro saxis, et bitumen pro
Feuer-Ab Sie-hatten-und Ziegel-Ak statt Steine-Ab und Teer-Ak statt

caemento: et dixerunt: Venite, faciamus nobis civitatem et
Mörtel-Ab und sie-sagten Kommt machen-wir uns Stadt-Ak und
turrim, cuius culmen pertingat ad caelum: et celebremus
Turm-Ak dessen Spitze-N reicht zu Himmel-Ak und feiern-wir
nomen nostrum antequam dividamur in universas terras.
Name-Ak unser-Ak bevor wir-werden-zerstreut über alle-Ak Länder-Ak
Descendit autem Dominus ut videret civitatem et turrim,
Stieg-herab aber Herr-N damit er-sähe Stadt-Ak und Turm-Ak
quam aedificabant filii Adam, et dixit: Ecce, unus est
die sie-bauten Söhne-N Adam-G und er-sagte: Seht, eins-N ist
populus, et unum labium omnibus: coeperuntque hoc
Volk-N und eine-N Lippe-N allen sie-haben-begonnen-und das
facere, nec desistent a cogitationibus suis,
machen und-nicht sie-werden aufhören mit Vorhaben-Ab ihre-Ab
donec eas opere compleant. Venite igitur, descen-
bis diese Werk-Ab sie-werden-vollenden. Kommt also steigen-
damus, et confundamus ibi linguam eorum, ut non
wir-hinab und verwirren-wir dort Sprache-Ak ihre damit nicht
audiat unusquisque vocem proximi sui. Atque ita divisit
höre irgendeiner Stimme-Ak Nächster-G sein-G Und so verteilte
eos Dominus ex illo loco in universas terras, et
sie Herr-N von jener-Ab Ort-Ab über alle-Ak Länder-Ak und
cessaverunt aedificare civitatem. Et idcirco vocatum est
sie-hörten-auf bauen Stadt-Ak Und daher genannt-N wurde
nomen eius Babel, quia ibi confusum est labium universae
Name-N sein Babel da dort verwirrt-N wurde Lippe-N ganze-G
terrae: et inde dispersit eos Dominus super faciem
Erde-G und von-dort zerstreute sie Herr-N über Oberfläche-Ak
cunctarum regionum.
alle-G Gegenden-G

Es hatte aber alle Welt einerlei Sprache und einerlei Worte. Als sie nun im Osten aufbrachen, fanden sie eine Ebene im Lande Sinear, und sie ließen sich dort nieder. Und sie sprachen untereinander: Wohlan, laßt uns Ziegel streichen und hart brennen! Und es diente ihnen der Ziegel als Stein, und der Asphalt diente ihnen als Mörtel. Und sie sprachen: Wohlan, laßt uns eine Stadt bauen und einen Turm, dessen Spitze bis in den Himmel reicht; so wollen wir uns ein Denkmal schaffen, damit wir uns nicht über die ganze Erde zerstreuen. Da fuhr der Herr hernieder, um die Stadt zu besehen und den Turm, den die Menschenkinder gebaut hatten. Und der Herr sprach: Siehe, sie sind ein Volk und haben alle eine Sprache. Und dies ist erst der Anfang ihres Tuns; nunmehr wird ihnen nichts mehr unmöglich sein, was immer sie sich vornehmen. Wohlan, laßt uns hinabfahren und daselbst ihre Sprache verwirren, daß keiner mehr des andern Sprache verstehe. Also zerstreute sie der Herr von dort über die ganze Erde, und sie ließen ab, die Stadt zu bauen. Daher heißt ihr Name Babel, weil der Herr daselbst die Sprache aller Welt verwirrt und sie von dort über die ganze Erde zerstreut hat.

3.3.3 Zur Aussprache des Lateins

Das Latein ist uns nur in schriftlichen Dokumenten überliefert. In den einzelnen Sprachgemeinschaften mit lat. Bildungshintergrund haben sich unterschiedliche Aussprachetraditionen herausgebildet, die alle von der tatsächlichen Aussprache des Lateins im Altertum mehr oder weniger weit entfernt sind. Lat. *unus* etwa, das annähernd so ausgesprochen wurde wie in der heutigen dt. Aussprache, lautet in Frankreich [ynys] (mit Endbetonung) und in England gar [junəs].

Es ist der Sprachforschung jedoch gelungen, die tatsächliche Aussprache des Lateins weitgehend zu rekonstruieren.

Der bedeutendste Unterschied zwischen der deutschen und der wirklichen Aussprache des Lateins betrifft die Länge der Vokale, die **Vokalquantität**. Den fünf lat. Buchstaben *a, e, i, o* und *u* entsprechen nämlich zehn verschiedene Laute, da jeder Vokal lang oder kurz sein kann. Z.B. heißt *malus* mit kurzem *a* (wie in *hat*) 'böse', *malus* mit langem *a* (wie in *bat*) hingegen 'Apfelbaum'. In sprachwissenschaftlichen Texten wird Länge oft durch einen Balken (*ā*, usw.) gekennzeichnet, Kürze durch einen Halbkreis (*ă*, usw.) oder gar nicht. Die Berücksichtigung der Vokalquantität, auf die im Lateinunterricht gewöhnlich nicht viel Wert gelegt wird, ist für das Studium der lat. Sprache, speziell der Metrik und Sprachgeschichte, von größter Bedeutung.

Im Vulgärlatein wurde dieses Vokalsystem radikal umgestaltet (man spricht auch von **Quantitätenkollaps**): aus den fünf langen und fünf kurzen Vokalen des klassischen Lateins wurde in weiten Gebieten des Römischen Reiches ein System von sieben Vokalen, die sich nicht mehr durch die Länge, sondern nur mehr durch den Öffnungsgrad unterschieden:

Klassisches Latein: ī ĭ ē ĕ ā ă ŏ ō ŭ ū

[i] [e] [ɛ] [a] [ɔ] [o] [u]

Die Vokalverbindungen *au* und *ae* sind im klassischen Latein als Diphthonge zu lesen. *Au* wurde im Vulgärlatein weiter Gebiete zum **Monophthong** ('ein Laut') *o*, *ae* zu [ɛ]: klt. *aurum* 'Gold' > vlt. *oru*, klt. *caelum* 'Himmel' > vlt. [kɛlu].

Die Konsonanten können im Lateinischen ebenfalls lang oder kurz sein. Dabei wird Quantität durch Doppelschreibung gekennzeichnet. Während im Deutschen die Doppelschreibung von Konsonanten nur zur Anzeige der Kürze des vorhergehenden Vokals dient (das *l* von *Wall* ist nicht länger als das von *Wal*!), sind lat. Doppelkonsonanten tatsächlich doppelt zu sprechen; lat. *illo* z.B. ist zu sprechen wie it. *bello*.

Der Buchstabe *c* ist als [k] zu lesen: *Cicero* hieß *Kikero*, nicht *Tsitsero*! Dies zeigt sich z.B. noch in dt. *Keller*, das eine sehr frühe Entlehnung von lat. *cellarium* darstellt.

Auslautendes *-m* wurde auch in der Hochsprache nicht gesprochen, wie wir u.a. aus der Metrik wissen, wo auf *-m* auslautende Wörter behandelt werden wie solche, die auf Vokal enden. Ein *s* ist immer stimmlos, das *r* ein Zungenspitzen-*r*.

Der Akzent fällt im Lateinischen in mehrsilbigen Wörtern auf die vorletzte Silbe, wenn diese "schwer" ist, hingegen auf die drittletzte, wenn die vorletzte "leicht" ist. **Leicht** ist eine **Silbe**, wenn sie auf kurzen Vokal endet (z.B. *pu* in *populus*), **schwer**, wenn sie auf Langvokal oder Konsonant endet (z.B. *tu* in *bitumen* oder *men* in *caementum*). Auf der drittletzten Silbe betonte Wörter verloren im Vulgärlatein häufig den Vokal der vorletzten Silbe: *cálidus* 'warm' etwa wurde zu *caldus*. Eine Vokaltilgung dieses Typs heißt **Synkope** (Betonung auf der ersten Silbe, im Gegensatz zum musikalischen Fachausdruck).

3.3.4 Zur Grammatik des Lateins

Zu den charakteristischen Zügen des Lateins, besonders im Vergleich zu den rom. Sprachen (mit Ausnahme des Rumänischen), gehört, daß Substantive und Adjektive in Abhängigkeit von ihrer Rolle im Satz verschiedene Endungen erhalten müssen. In unserem Text etwa erscheint das Wort für 'Erde' in den drei Formen *terra, terrae* und *terras*.

Die lat. Substantiv- und Adjektivendungen drücken zugleich die grammatikalischen Kategorien **Numerus** (d.h. Zahl) und Kasus aus. Die Kategorie Numerus zerfällt im Lateinischen in **Singular** und **Plural**, bei der Kategorie Kasus werden traditionell sechs Fälle unterschieden: **Nominativ**, **Genitiv**, **Dativ** und **Akkusativ** spielen im wesentlichen dieselben Rollen wie der deutsche erste, zweite, dritte und vierte Fall. Der **Vokativ** ist der Kasus der Anrede (z.B. *domine* 'Herr!', Nominativ *dominus*). Der **Ablativ** schließlich hat meist die Funktion, die im Deutschen die Präpositionen *mit* und *durch* erfüllen (z.B. *igni* 'mit, durch Feuer', Nominativ *ignis*). *Terra* und *dominus* haben nach dieser Analyse z.B. folgende zwölf Numerus/Kasus-Formen:

	Singular	Plural	Singular	Plural
N	*terra*	*terrae*	*dominus*	*dominī*
G	*terrae*	*terrārum*	*dominī*	*dominōrum*
D	*terrae*	*terrīs*	*dominō*	*dominīs*
Ak	*terram*	*terrās*	*dominum*	*dominōs*
V	*terra*	*terrae*	*domine*	*dominī*
Ab	*terrā*	*terrīs*	*dominō*	*dominīs*

Die Gesamtheit der Numerus/Kasus-Formen eines Wortes nennt man **Deklination.**

3.3.5 Literatur: Allen (1965), Herman (1967), Marouzeau (1969).

3.3.6 Aufgaben:

1. Fassen Sie das Kapitel (a) "Geschichte des Lateins" (b) "Das Leben des Lateins" [nur für Lateinkundige] in Marouzeau (1969) zusammen.

2. Was kann man aus folgender Passage eines Gedichts von Catull und der Tatsache, daß lat. [h] im Romanischen keine Fortsetzung findet, über die Aussprache von *h* zu Catulls Zeit schließen? Warum?: *"Chommoda" pflegte Arrius zu sagen, wenn er "commoda" sagen wollte, und "hinsidias" statt "insidias", und ganz wundersam hoffte er gesprochen zu haben, wenn er mit aller Kraft "hinsidias" gesagt hatte.*

3. Ermitteln Sie mithilfe eines guten lat. Wörterbuchs die Quantität der hervorgehobenen Vokale folgender Wörter unseres Textes: *prox**i**mus, bit**u**men, p**o**p**u**lus, f**a**c**e**re, **i**g**i**tur, d**o**m**i**nus.* Bestimmen Sie dann nach der in 3.3.3 angegebenen Regel den Akzent der folgenden Wörter unseres Texts (die Silbentrennung ist wie im Deutschen): *eorundum, proficiscerentur, proximum, bitumen, caemento, universas, populus, facere, desistent, igitur, dominus.*

4. In der sog. *Appendix Probi* aus dem 3.-4. Jhdt. n. Chr. stellt ein anonymer Grammatiker korrekte und aus seiner Sicht tadelnswerte Formen gegenüber. Geben Sie an, um welche vlt. Entwicklung es sich in den folgenden Beispielen handelt: (a) *speculum non speclum* 'Spiegel'; (b) *olim non oli* 'einst'; (c) *auris non oricla* 'Ohr' (*-icla* ist eine Verkleinerungsendung); (d) *occasio non occansio* 'Gelegenheit'.

5. Die *Appendix Probi* (s. Aufgabe 4) enthält u.a. folgende Vorschriften, in denen synkopierte vlt. Formen getadelt werden: *speculum non speclum* 'Spiegel', *vetulus non veclus* 'alt', *oculus non oclus* 'Auge', *viridis non virdis* 'grün'. Schlagen Sie in einem dt.-it. Wörterbuch die entsprechenden it. Wörter nach und entscheiden Sie, ob sie die klassischen oder die vlt. Formen fortsetzen.

6. Bestimmte Präpositionen **regieren** (d.h. verlangen; Subst.: **Rektion**) im Lateinischen bestimmte Kasus. Ermitteln Sie anhand unseres Textes, welche Kasus lat. *in* regiert. Hängt die Wahl des Kasus mit der Bedeutung zusammen? Gibt es eine Parallele zum dt. *in*?

7. Das Lateinische kennt keinen **Artikel**. Bestimmtheit und Unbestimmtheit sind daher nur unter Berücksichtigung des Kontexts feststellbar. In unserem Text z.B. ist *civitatem* sowohl unbestimmt als auch bestimmt. Wie sind nach Lausberg (1962:§743) die Artikel der rom. Sprachen entstanden?

8. Schlagen Sie in einem sprachwissenschaftlichen Lexikon nach, was man unter **analytischem** und **synthetischem** Sprachbau versteht und suchen Sie in der Übersetzung des Turmbaus in Ihre rom. Sprache Beispiele, die den Wandel vom synthetischen zum analytischen Sprachtyp belegen.

9. Informieren Sie sich in Lausberg (1972) darüber, wie sich das Futur und die **Komparation** (d.h. Steigerung) vom Lateinischen zum Romanischen entwickelt haben und charakterisieren Sie deren Entwicklung mit den Begriffen *synthetisch* und *analytisch.*

10. Stellen Sie mithilfe einer Grammatik fest, welche synthetischen Komparative in Ihrer rom. Sprache "überlebt" haben. Warum gerade diese?

4. Vierte Unterrichtseinheit

4.1. Die Fachsprache der Linguistik

4.1.1 Ursachen für den Terminologie-"Dschungel"

Der Wechsel vom Gymnasium zur Universität bedeutet für viele Studenten auch den Eintritt in eine neue sprachliche Welt. Das Neue besteht dabei nicht so sehr im höheren Komplexitätsgrad der Satzgefüge als vielmehr in der ungewohnten Art, sich "fachlich" auszudrücken und, damit verbunden, im gehäuften Gebrauch von "Fremdwörtern". Dabei sind zwei Typen von Fremdwörtern zu unterscheiden.

Einerseits enthält der universitäre Rede- und natürlich in noch größerem Ausmaß der Schreibstil ein allgemein bildungssprachliches Vokabular, das dem Großteil der Bevölkerung ungeläufig ist, etwa *relevant, arbiträr, pragmatisch, substituieren* usw. Ein spezieller Fall dieses allgemein bildungssprachlichen Vokabulars sind lat. Floskeln wie *conditio sine qua non, sui generis, cum grano salis, ceteris paribus, mutatis mutandis,* um nur einige der geläufigsten zu nennen. Die meisten dieser Fremdwörter könnten mehr oder weniger problemlos durch dt. Entsprechungen ersetzt werden, doch haben sie sich inzwischen so fest in unserer Bildungssprache eingenistet, daß dem angehenden Akademiker nichts anderes übrig bleiben wird, als sich mit ihnen vertraut zu machen, auch wenn er für seinen persönlichen Gebrauch bei den heimischen Entsprechungen bleiben will.

Das größte Problem dürfte jedoch der Fachwortschatz im engeren Sinne sein. Auch fachsprachliche Ausdrücke können der Gemeinsprache entlehnt sein, wie z.B. der sprachwissenschaftliche Fachausdruck *Wort*; doch ist in solchen Fällen darauf zu achten, daß die Bedeutung in Alltags- und Fachsprache nicht unbedingt identisch sein muß. Im allgemeinen ist der Fachwortschatz jedoch aus gr. und lat. Wörtern oder Bausteinen zusammengesetzt, was für den nicht klassisch Vorgebildeten Verständnisprobleme mit sich bringt. Der große Vorteil dieses gr.-lat. Fachwortschatzes ist seine Internationalität: wer die Bedeutung von *Adjektiv* kennt, kennt auch die von *adjective, adjectif, adjetivo, aggettivo* usw., während der Aktionsradius von *Beiwort* an den Grenzen des dt. Sprachgebietes ein jähes Ende findet. Die Gründe für die hohe Zahl von Fachausdrücken, die in jeder Disziplin gängig sind, sind recht unterschiedlich. Einerseits ist es einfach so, daß Wissenschaftler über neue Dinge sprechen müssen, für die naturgemäß keine Namen existieren. Dazu kommt, daß wissenschaftliche Auffassungen heute mehr denn je in einem rapiden Wandel begriffen sind, was zur Bildung von immer neuen Fachausdrücken führt. Schließlich soll auch nicht verschwiegen werden, daß manche terminologische Neuerung dazu dient, sich schon rein sprachlich von Konkurrenten abzusetzen oder gar einfach alten Wein in neuen Schläuchen zu verkaufen.

4.1.2 Praktische Ratschläge

In dieser neuen sprachlichen Welt bleibt dem Studenten nichts als der Griff ... zum Wörterbuch. Die Fremdwörter allgemein bildungssprachlicher Natur sind in jedem guten Wörterbuch der dt. Sprache und natürlich auch in den eigens dafür angefertigten Fremdwörterbüchern zu finden.

Für den Fachwortschatz der Sprachwissenschaft existiert ebenfalls eine stattliche Anzahl von Speziallexika (vgl. 4.1.3 und Aufgabe 2). In diesem Abschnitt begnügen wir uns mit einigen allgemeinen Ratschlägen praktischer Natur.

Erstens ist darauf zu achten, daß Fachausdrücke sehr häufig mehr als eine Bedeutung haben. So gibt es nicht die Bedeutung von *Morphem*, sondern mehrere Bedeutungen, je nachdem in welcher sprachwissenschaftlichen Theorie der Ausdruck vorkommt. Dies hängt damit zusammen, daß beim Übergang von einer Theorie zur nächsten oft die Terminologie beibehalten, jedoch mit mehr oder weniger neuem Inhalt aufgefüllt wird. Ein Paradebeispiel dafür aus einer anderen Disziplin wäre die Entwicklung des Fachausdrucks *Atom* von den Vorsokratikern bis heute. Andererseits wird in verschiedenen sprachwissenschaftlichen Theorien oder Schulen mehr oder weniger derselbe Begriff oft durch ganz verschiedene Ausdrücke bezeichnet. So heißt *Morphem* bei anderen *Plerem*, bei wieder anderen *Monem*, und des einen *Syntagma* ist des anderen *Phrase*. Die Wahl dieser konkurrierenden Ausdrücke kommt von seiten des Wissenschaftlers manchmal einem Glaubensbekenntnis gleich. Für den sprachwissenschaftlichen Neuling ist dieser Terminologiedschungel hingegen eher Anlaß zur Irritation oder Frustration, je nach Veranlagung.

Der zweite Punkt, den wir hier hervorheben wollen, ist, daß Fachausdrücke sehr unterschiedlich komplex sein können. Manche bezeichnen sehr einfache Phänomene und können somit durch eine kurze und einfache Definition oder einfach durch eine Übersetzung ins Deutsche erläutert werden. So ist *Präfix* durch *Vorsilbe* für den Anfänger hinreichend erklärt. Andere Fachausdrücke jedoch sind nicht in einer so direkten Weise erklärbar, sondern können erst als Teil eines komplexen Begriffsgefüges, also etwa einer wissenschaftlichen Theorie, begriffen werden. In solchen Fällen wird die Definition des Begriffs in einem Fachlexikon ihrerseits wieder eine Reihe von Fachausdrücken enthalten, die u.U. ihrerseits wieder durch Definitionen mit einer Reihe von Fachausdrücken erläutert werden, die ihrerseits wieder... In solchen Fällen ist es angezeigt, ein Nachschlagewerk zu Rate zu ziehen, in dem ganze Teilgebiete einer Wissenschaft systematisch dargestellt werden und somit der Platz eines Fachausdrucks im Gesamtsystem deutlich wird. Da solche Darstellungen aus Raumgründen immer sehr gerafft sein müssen, wird der wißbegierige Neuling nicht immer alles auf Anhieb verstehen. Er mag sich damit trösten, daß Verstehen immer eine relative Sache ist und es für ihn genügt, einen Fachausdruck soweit zu begreifen, wie dies für das Verständnis des Textes, den er gerade bearbeitet, notwendig ist.

4.1.3 Sprachwissenschaftliche Lexika

Je nach Anlage befriedigen sprachwissenschaftliche Lexika Informationsbedürfnisse auf sehr unterschiedliche Weise. Es erfordert ein gewisses Maß an Routine zu wissen, welche Lexika in einer gegebenen Situation am raschesten zum Ziel führen. Kriterien, an denen man sich bei der Suche orientieren kann, sind: (a) der Umfang: ist der gesuchte Fachausdruck geläufig oder nicht? Will man eine prägnante Worterklärung oder mehr? In Abhängigkeit davon wird man ein kleines oder ein umfangreicheres Nachschlagewerk wählen. (b) die thematische Breite: ist das Wörterbuch für die gesamte Sprachwissenschaft zuständig oder nur für einen Ausschnitt, etwa für einen bestimmten Sprachbereich oder eine bestimmte Theorie? (c) der Aufbau der Artikel: enthält das Lexikon viele **Lemmata** (d.h. Stichwörter, Sg. *Lemma*) mit relativ kurzen Erklärungen oder aber größere Überblicksartikel?

Als "Einstieg" empfehlen wir Hadumod Bußmanns *Lexikon der Sprachwissenschaft* (Stuttgart:Kröner): es ist relativ aktuell ([1]1983; 1990 erscheint eine revidierte Neuauflage), preiswert, handlich und enthält viele Stichworte und weiterführende Literaturangaben.

Dem Fremdsprachenphilologen sollte auch die fremdsprachliche Terminologie vertraut sein, da sie trotz der angestrebten Internationalität einige Überraschungen bereithält. Es wäre günstig, gleichzeitig mit dem Erwerb des dt. Fachvokabulars die fremdsprachigen Entsprechungen mitzulernen. Dafür können Lexika in anderen Sprachen dienlich sein, z.B.:

Marouzeau, Jules *Lexique de la terminologie linguistique*. Paris: Geuther [3]1969

Constantinescu-Dobridor, George *Mic dicționar de terminologie lingvistică*. Bukarest:Albatros 1980

Dubois, Jean u.a. *Dictionnaire de linguistique*. Paris: Larousse 1973 (von diesem Wörterbuch gibt es it., sp. und pg. Übersetzungen!)

Cardona, Giorgio Raimondo *Dizionario di linguistica*. Rom:Armando 1988

Cerdà Massò, Ramón *Diccionario de lingüística*. Madrid 1986

4.1.4 Aufgaben:

1. Suchen Sie für die bisher eingeführte Terminologie die Entsprechungen in Ihrer rom. Sprache. Tun Sie dies auch für den Rest des Arbeitsheftes.

2. Erstellen Sie eine Liste aller in der Instituts-/Seminarbibliothek vorhandenen linguistischen Fachlexika.

3. Schlagen Sie die Bedeutung der Ihnen nicht vertrauten lat. Floskeln von 4.1.1 und der folgenden Liste nach: *ad hoc, ad infinitum, ad libitum, a priori/posteriori, a fortiori, captatio benevolentiae, circulus vitiosus, cum/sine tempore, curriculum vitae, de facto/iure, ex libris, hic et nunc, honoris causa, imprimatur, in abstracto/concreto, in extenso, in nuce, in statu nascendi, loco citato (loc.cit.), nolens volens, non plus ultra, nota bene, numerus clausus, comunis opinio, pars pro toto, passim, post festum, pro domo, sic, sit venia verbo, sub specie aeternitatis, terminus ante/post quem, terminus technicus, tertium comparationis, tertium non datur, ultima ratio, infra/supra, vice versa.*

4. Vergleichen Sie in vier Ihnen zugänglichen Lexika die Kommentare zu den Ausdrücken *Augmentativ(bildung), Bedeutungserweiterung, Toskanisch, Archaismus* nach folgenden Gesichtspunkten: (a) eigenes Lemma; (b) fremdsprachliche Entsprechungen; (c) Erstbeleg; (d) (anschauliche) Beispiele; (e) weiterführende Literatur. Präsentieren Sie die Ergebnisse Ihrer Recherchen in Form einer Tabelle.

5. (a) Lesen Sie in Seiffert/Radnitzky (1989) den Artikel *Enzyklopädie*. (b) Vergleichen Sie die Definitionen folgender Begriffe in einer Enzyklopädie (Brockhaus, dtv-Lexikon usw.) und in einem sprachwissenschaftlichen Fachwörterbuch: *Inversion, Aspekt, Kompetenz, Lexikon, Qualität/Quantität, Ellipse, Konversion, Medium, Liaison.*

6. Lesen Sie in Henne, Helmut ""Der Berufung wird stattgegeben". Plädoyer für die Entwicklung von Sprachgefühl.", in: *Sprachgefühl? Vier Antworten auf eine Preisfrage*. Heidelberg:Schneider 1982 die Seiten 102-108 und überlegen Sie, (a) warum ein Lehrender fast immer sofort erkennt, was ein Student nicht selbst formuliert, sondern abgeschrieben hat; (b) was man gegen die "notorische Stilunsicherheit" tun kann.

4.2 Sprachwandel

4.2.1 Arten des Sprachwandels

Alle Teilbereiche einer Sprache können grundsätzlich von Sprachwandel erfaßt werden. Der Bereich, der sich am leichtesten verändert, ist gewiß der Wortschatz: während manche Wörter aussterben (in unserem lat. Text u.a. *autem, cum* 'als', *proficiscor, ignis, ut* 'daß', *coepere, donec, ita, cunctus*), werden andererseits laufend neue gebildet oder aus anderen Sprachen entlehnt. Auch die Bedeutung von Wörtern kann sich im Laufe der Zeit ändern: lat. *ignis* 'Feuer' ist z.B. im Vulgärlatein durch *focus* ersetzt worden, das ursprünglich 'Herd, Feuerstelle' bedeutet hatte. Daß sich das System der grammatikalischen Formen ändern kann, haben wir schon in 3.3.4 gesehen. Eng damit verbunden ist oft der Wandel des Satzbaus. So wird die im Vergleich zum Latein relativ starre Wortfolge der rom. Sprachen u.a. darauf zurückgeführt, daß wegen des Abbaus der Deklination die Kennzeichnung der Rolle der Wörter im Satz von der Wortstellung übernommen wurde. Während die Objektsrolle von *Petrum* in *Maria Petrum amat* oder *Petrum amat Maria*, die beide 'Maria liebt Peter' bedeuten, an der Endung *-um* abgelesen werden kann, ist sie im entsprechenden frz. Satz *Marie aime Pierre* nur durch die Stellung nach dem Verb zu erschließen. *Pierre aime Marie* heißt hingegen 'Peter liebt Maria'.

Im folgenden Abschnitt soll der Lautwandel ausführlicher behandelt werden.

4.2.2 Lautgesetz, Analogie, Entlehnung

Wie wir in 1.2 gesehen haben, kam der Durchbruch in der historischen Sprachwissenschaft mit der Einsicht in die Nicht-Willkürlichkeit von Sprachwandel, eine Erkenntnis, die von den Junggrammatikern zur These von der **Ausnahmslosigkeit der Lautgesetze** verabsolutiert wurde.

Diese These besagt, daß Lautwandel rein phonetisch bedingt und ausnahmslos ist: in der Formulierung eines Lautgesetzes darf also nur auf phonetische Faktoren Bezug genommen werden, und weiters muß es auf alle in Frage kommenden Fälle anwendbar sein. Ausnahmen sind nach Ansicht der Junggrammatiker immer entweder durch das Zusammenwirken mit anderen Lautgesetzen, durch Analogie oder durch Entlehnung erklärbar. Die folgende Diskussion beschränkt sich auf die Aspekte Ausnahmslosigkeit, Analogie und Entlehnung und bedient sich zur Illustration einer vergröberten Darstellung der Entwicklung von lat. *a* im Französischen.

Lat. *a* in **offener Silbe**, d.h. in einer auf Vokal endenden Silbe, wurde im Französischen zu *e*, wenn die Silbe betont war, blieb hingegen *a*, wenn diese entweder unbetont war und vor dem Hauptakzent lag oder **geschlossen** war, d.h. auf einen Konsonanten endete. So wurde aus vlt. *náve* 'Schiff' frz. *nef* 'Kirchenschiff', aus vlt. *prátu* 'Wiese' frz. *pré* und aus vlt. *násu* 'Nase' frz. *nez*. Vlt. *abére* 'haben', *sapére* 'wissen' und *farína* 'Mehl' hingegen wurden zu frz. *avoir, savoir* und *farine*. Nach der Ausnahmslosigkeitsthese müßten sich alle lat. Wörter mit *a* in betonter offener Silbe gleich entwickelt haben, außer wenn Analogie oder Entlehnung vorliegt.

Unter **Analogie** verstanden die Junggrammatiker die Beeinflussung der Lautung eines Wortes durch ein sinnverwandtes Wort. Sehen wir uns nun an, wie unter Zuhilfenahme dieses Begriffes ein Gegenbeispiel gegen das eben aufgestellte Lautgesetz entschärft werden kann. Den lat. Verbformen *lávas* 'du wäschst' und *lavátis* 'ihr wäscht' entsprechen im modernen Französisch *(tu) laves* und *(vous) lavez*. Von diesen beiden Formen entspricht nur *lavez* dem Lautgesetz, nicht jedoch *laves*, das eigentlich *lèves* lauten müßte. Ein Junggrammatiker hätte darin jedoch keine Widerlegung der These von der Ausnahmslosigkeit der Lautgesetze gesehen, sondern argumentiert, daß das *a* von *laves* auf den analogischen Einfluß von Verbformen wie *laver, lavez, lavons* usw. zurückzuführen sei.

Selbst wenn er diese Erklärung akzeptieren würde, könnte ein Gegner der These von der Ausnahmslosigkeit der Lautgesetze immer noch Gegenbeispiele wie die folgenden ins Treffen führen: lat. *candelábrum* 'Leuchter'/frz. *candélabre, pápa* 'Papst'/*pape, státus* 'Staat'/*Etat, cásus* 'Fall'/*cas, regális* 'königlich'/*royal* usw. Darauf würde ein Junggrammatiker antworten, daß diese Wörter nicht ununterbrochen im Munde des Volkes weitergelebt hätten, m.a.W. keine **Erbwörter** seien, sondern irgendwann, nachdem das Lautgesetz *á > e* erloschen war, aus dem Lateinischen entlehnt worden seien.

Damit solche Erklärungen von - scheinbaren - Ausnahmen nicht einfach zu "Ausreden" geraten, deren einzige Funktion es ist, die These von der Ausnahmslosigkeit der Lautgesetze unangreifbar zu machen, ist es notwendig, daß die Annahme von analogischem Einfluß oder Entlehnung durch unabhängige Argumente gestützt wird. In unseren konkreten Fällen könnte man zur Stützung im einen Fall z.B. anführen, daß analogischer Ausgleich innerhalb von Verbformen, die vom gleichen Stamm abgeleitet sind, etwas sehr Geläufiges ist und daß außerdem die lautgesetzlich zu erwartende Form *leves* im Altfranzösischen belegt ist; im anderen Fall hingegen, daß die Zugehörigkeit zur Kirchen- bzw. Rechtssprache die Annahme einer Entlehnung aus dem Latein plausibel macht. Solche in der Geschichte der romanischen Sprachen übrigens sehr häufige Entlehnungen aus dem Latein nennt man **Buchwörter**.

Die These von der Ausnahmslosigkeit der Lautgesetze war für die Entwicklung der historischen Sprachwissenschaft ungemein fruchtbar, auch wenn sie in ihrer strengen Form heute als widerlegt gilt. Unvereinbar ist diese These z.B. damit, daß Lautwandel nicht immer rein phonetisch bedingt ist, sondern auch Faktoren aus anderen Bereichen der Grammatik eine Rolle spielen können, daß manche Lautveränderungen nur die häufigsten Wörter einer Sprache ergreifen und daß andere, anstatt alle in Frage kommenden Fälle gleichermaßen zu erfassen, sich sporadisch von einem Wort zum nächsten ausdehnen.

Literatur: Kiparsky (1988).

4.2.4 Aufgaben:

1. Suchen Sie durch einen Vergleich des lat. Textes des Turmbaus mit den rom. Übersetzungen fünf Wörter, die über die letzten 2000 Jahre stabil geblieben sind, d.h. sich höchstens phonetisch verändert haben.

2. Die lat. Wörter für 'Himmel' und 'Erde', *caelum* und *terra,* sind in praktisch allen rom. Sprachen und Dialekten erhalten. Suchen Sie in zweisprachigen Wörterbüchern rom. Äquivalente von lat. *puer* 'Bub, Junge' und *puella* 'Mädchen' und überlegen Sie, worauf die unterschiedliche Stabilität zurückzuführen sein mag.

3. Die Entwicklung der **intervokalischen**, d.h. zwischen Vokalen stehenden Verschlußlaute im Toskanischen, dem Dialekt, von dem die it. Hochsprache abstammt, war von jeher eine harte Nuß für junggrammatisch orientierte Sprachwissenschaftler, da sie teilweise sonorisiert wurden (vgl. vlt. *pauperu* 'arm' > it. *povero*, vlt. *strata* 'Straße' > it. *strada,* vlt. *lacu* 'See' > it. *lago*), teils aber stimmlos blieben (vgl. vlt. *cantatu* 'gesungen' > it. *cantato*, vlt. *ape* 'Biene' > it. *ape*, vlt. *amicu* 'Freund' > it. *amico*). Die bis Mitte unseres Jahrhunderts vorgeschlagenen Lösungen werden in Rohlfs (1954:Bd.1:§212) zusammengefaßt. Inwiefern ist Rohlfs' eigene Lösung "typisch junggrammatisch"?

4. In Wartburg (1962) werden u.a. die Entwicklung von lat. *c* vor *a* im Normannischen (S.21-2) und der Wandel *r > s* im Französischen (S.23-4) als für die Ausnahmslosigkeitshypothese problematisch diskutiert. Sind sie das wirklich?

5. Sind Wörter des folgenden Typs als Ausnahmen zu dem in 4.2.2 beschriebenen Lautgesetz zu betrachten?: frz. *drap* < vlt. *dráppu* 'Tuch', *vache* < *vácca* 'Kuh', *gras* < *grássu* 'dick', *pas* < *pássu* 'Schritt', *arme* < *árma* 'Waffe', *part* < *parte* 'Teil'? Begründen Sie Ihre Antwort.

6. Erklären Sie die Epenthese (vgl. Aufgabe 10) eines *m* in rum. *octombrie* und südit. *ottombre* (beide von vlt. *octobre* 'Oktober').

7. Erklären Sie die Entwicklung der ersten, zweiten und dritten Person Singular Imperfekt vom Lateinischen (a.) zum modernen Italienischen (c.) über die teilweise im Altitalienischen und in den Dialekten zu beobachtende Zwischenstufe (b.) als Ergeb-

nis von Lautwandel und Analogie. Als Hintergrund benötigen Sie Informationen über das Schicksal lat. Auslautkonsonanten und über die Präsenskonjugation von it. *cantare*.

a.	*cantaba(m)*	b.	*cantava*	c.	*cantavo*
	cantabas		*cantava*		*cantavi*
	cantabat		*cantava*		*cantava*

8. Analogischer Ausgleich führt im allgemeinen zum Abbau von unregelmäßigen Formen. So werden z.B. laufend unregelmäßige Verben durch den analogischen Druck der Mehrzahl der regelmäßigen Verben regularisiert. Dennoch gibt es in jeder Sprache eine mehr oder weniger große Anzahl von unregelmäßigen Verben, die sich dem analogischen Druck erfolgreich widersetzen. Erstellen Sie eine Liste von 15 bedeutungsgleichen Verben, die im Deutschen <u>und</u> in Ihrer rom. Sprache unregelmäßig sind, und versuchen Sie zu erklären, warum gerade diese Verben dem Regularisierungsdruck widerstehen.

9. Die folgenden Typen von Lautwandel gehören zu den (im Bereich der rom. Sprachen) häufigsten: **Assimilation, Dissimilation, Sonorisierung, Nasalierung, Palatalisierung, Diphthongierung, Zentralisierung (Vokalabschwächung), Aphärese, Apokope, Epenthese, Metathese, Rhotazismus.** Suchen Sie in einem sprachwissenschaftlichen Lexikon Definitionen dieser Prozesse und entscheiden Sie, welchem die folgenden Veränderungen zuzuordnen sind:

a. vlt. *factu* 'gemacht' > it. *fatto*
b. vlt. *arbore* 'Baum' > sp. *árbol*
c. vlt. *caelu* 'Himmel' > rum. *cer*
d. vlt. *palude* 'Sumpf' > tosk. *padule*
e. vlt. *bonu* 'gut' > it. *buono*
f. vlt. *amore* 'Liebe' > sp. *amor*
g. vlt. *autumnu* 'Herbst' > rum. *toamnă*
h. vlt. *cam(e)ra* 'Zimmer' > frz. *chambre*
i. vlt. *centu* 'hundert' > it. *cento*
j. vlt. *bonu* 'gut' > frz. *bon* [bɔ̃]
k. vlt. *acu* 'Nadel' > it. *ago*
l. vlt. *faba* 'Saubohne' > afrz. *feve* [fɛvə]

10. Die Erklärung der Häufigkeit bestimmter Lautentwicklungen ist im allgemeinen schwierig und setzt solide Kenntnisse in der allgemeinen Phonetik voraus. Das folgende Problem (Palatalisierung) können Sie aber wahrscheinlich auch mit dem phonetischen Rüstzeug lösen, das Sie in 2.2 erworben haben. Warum tritt der Wandel [k] > [tʃ] so häufig vor *i* und *e* auf, nie aber vor *u* und *o*? Als Untergattung welcher anderen Lautveränderung könnte man also die Palatalisierung ansehen?

4.3. Sprachskizze 2: Rumänisch

4.3.1 Externe Sprachgeschichte

Vom Rumänischen gibt es, wie wir in 2.3.3 gesehen haben, erst sehr spät, nämlich seit dem 16. Jhdt., schriftliche Zeugnisse. Die lange Zeit zwischen dem Rückzug der Römer aus der Provinz Dakien unter Aurelian (271 n. Chr.) und diesen ersten Zeugnissen wird nur durch sehr sporadische Hinweise auf eine rom. Bevölkerung im Balkanraum überbrückt. Spätantike Geschichtsschreiber, **Toponyme** (Ortsnamen), **Anthroponyme** (Personennamen) und Einzelwörter in anderssprachigen Urkunden geben nur sehr unverläßliche Auskunft über die Gestalt der osteuropäischen Romanität im Mittelalter.

Diesem Mangel an Dokumenten ist auch der bis heute andauernde Streit um die Urheimat der Rumänen bzw. Walachen, wie sie bis ins 19. Jhdt. hießen, zuzuschreiben. Starke nationalistische Interessen behindern Forschung und wissenschaftliche Diskussion hier besonders nachhaltig. Die von staatlicher Seite favorisierte Version ist unter dem Namen **Kontinuitätsthese** bekannt und besagt, daß sich die Romanität in der Hauptzone ihrer heutigen Verbreitung, d.h. nördlich der unteren Donau, seit der römischen Eroberung (106/7 n. Chr.) bruchlos entwickelt habe. Der 1938 erschienene rum. Sprachatlas stützt diese Annahme durch Wortkarten, die alte, sonst verloren gegangene Wörter im Raum Siebenbürgen als erhalten ausweisen.

Die entgegengesetzte Annahme geht von einer vollständigen Räumung Dakiens im 3.

Jhdt. und einer später vom Süden her erfolgten Wiederbesiedlung aus. Für diese Auffassung sprechen andere Überlegungen: (a) das Fehlen alter rom. Ortsnamen nördlich der Donau; (b) die relativ große dialektale Einheitlichkeit des **Dakorumänischen**, dem Hauptdialekt des Rumänischen (s. Karte 2). Aus sprachgeographischer Sicht kann man auf einen regelmäßig auftretenden Zusammenhang von großer Ortsfestigkeit und starker dialektaler Zerklüftung bzw. umgekehrt von großflächiger Einwanderung und dialektaler Homogenität verweisen (vgl. die Verhältnisse auf der Iberischen Halbinsel und in Lateinamerika). Entschärft werden kann dieses Argument durch den Hinweis auf die nomadische Lebensweise der Romanen, die in einem alten griechischen Text *"Wanderwalachen"* und in einer serbischen Urkunde *kjelatori* (von rum. *călători* 'Wanderer') genannt werden. Durch die Transhumanz werden lokale Eigenheiten leicht ausgeglichen oder überhaupt am Entstehen gehindert; (c) eine Reihe von Eigentümlichkeiten in der grammatischen Struktur und im Wortschatz, die mit hoher Wahrscheinlichkeit intensivem und über eine längere Zeitspanne sich erstreckendem Sprachkontakt mit dem Bulgarischen und Albanischen, das nie die Donau überschritt, zuzuschreiben sind. Diese Merkmale sprachlichen Austauschs treten so konzentriert auf, daß man aus Anlaß ihrer Beschreibung den Begriff **Sprachbund** prägte (vgl. 4.3.2); (d) die heutige Verteilung rum. Dialekte, die seit dem 10.-12. Jhdt. vom Dakorumänischen getrennt sind und jetzt Sprachinseln in Jugoslawien, Bulgarien, Albanien und Griechenland bilden.

Von neutraler Seite wird heute weitgehend eine Kompromißformel vertreten: Kontinuität und Einwanderung schließen einander ja nicht aus.

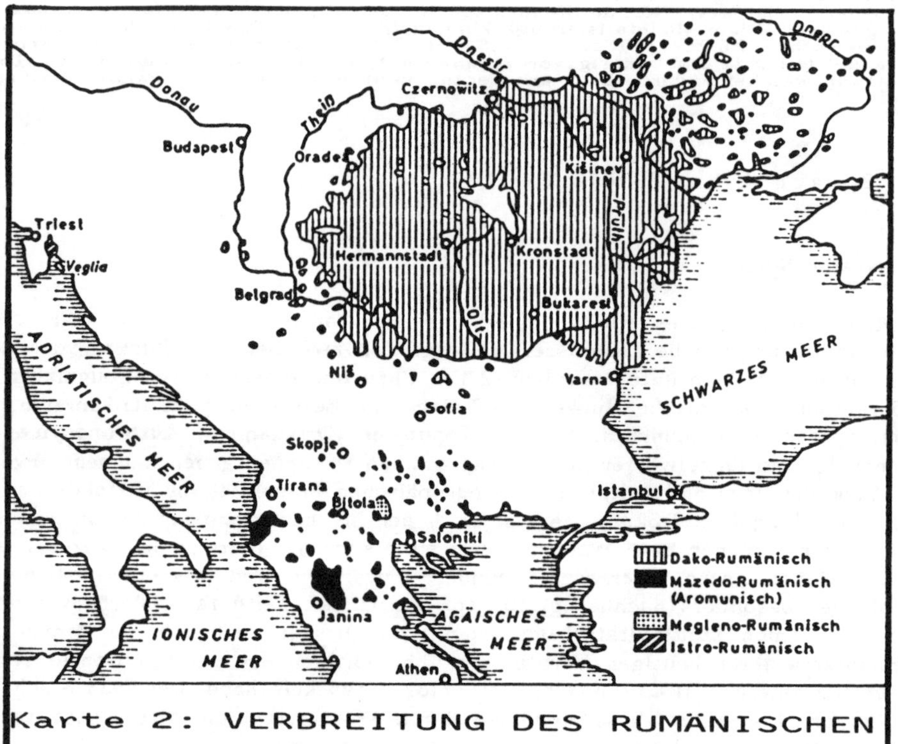

Karte 2: VERBREITUNG DES RUMÄNISCHEN
[Aus: Schroeder (1967:50)]

4.3.2 Rumänisch als Mitglied des Balkansprachbundes

Albanisch, Bulgarisch und Rumänisch bilden den "harten Kern" eines Verbands von Sprachen mit einer auffallend hohen Anzahl an gemeinsamen Struktureigenschaften, deren Ausbildung einen längeren Sprachkontakt voraussetzt. Bedingung für die sinnvolle Verwendung des Begriffs *Sprachbund* ist dabei, daß die betreffenden Eigenschaften nicht ohnedies aus der "Erbmasse" aller beteiligten Sprachen ableitbar sind.

Zu den bekanntesten Erscheinungen, die die genannten Sprachen verbinden, gehören: (a) im lautlichen Bereich die Existenz von Mittelzungenvokalen (auch in betonter Stellung) sowie die Tatsache, daß bei der Strukturierung des Vokalsystems die Merkmale oral/nasal, offen/geschlossen und kurz/lang keine Rolle spielen; (b) im grammatikalischen Bereich die Nachstellung des bestimmten Artikels, der Zusammenfall von Genitiv und Dativ, die Existenz eines Vokativs (z.B. *domnule* zu *domn* 'Herr') sowie die starke Reduktion des Infinitivgebrauchs; (c) im Bereich des Wortschatzes die Bildung der Zahlwörter von 11 bis 19 nach dem Muster *unsprezece* (wörtl. 'eins *(un)* auf *(spre)* zehn *(zece)*').

4.3.3 Der Wortschatz des Rumänischen

Daß das Rumänische eine rom. Sprache ist, galt weder seit jeher als ausgemacht, noch wurde dies von offizieller Seite immer gern gehört. Nach dem Zweiten Weltkrieg wurde zwei Jahrzehnte lang die Annäherung an die slawischen Sprachen programmatisch unterstützt. Erst unter Staats- und Parteichef Ceauşescu (1966-1989) wurde die Betonung der Romanität wieder gesellschaftsfähig. Den rum. Sprachhistorikern wurde durch solche bisweilen recht abrupte Kurswechsel großes Anpassungsvermögen abverlangt.

Wenn wir bei der Feststellung der genetischen Verwandtschaft die grammatikalischen Formen zugrundelegen, so muß das Rumänische ohne Diskussion den rom. Sprachen zugeordnet werden.

Weniger klar wäre die Situation jedoch, wenn wir uns dabei auf den Wortschatz stützen wollten. Hier würde das Ergebnis sehr davon abhängen, was wir zählen. Da der rum. Wortschatz im 18. Jhdt. stark latinisiert und seit dem 19. Jhdt. um zahlreiche Lehnwörter aus dem Französischen bereichert worden ist, würde die Auszählung eines modernen Zeitungstextes andere Ergebnisse liefern als die eines Volksbuchs aus dem 17. Jhdt. Genauso würde das Ergebnis verschieden ausfallen, je nachdem ob wir *types* oder *tokens* zählen. Unter **token** versteht man in der Sprachwissenschaft jedes einzelne Vorkommen eines Elementes, unter **type** das Element als abstrakte Einheit. So enthält der letzte Satz das Wort *unter* einmal, wenn man *types* zählt, jedoch zweimal, wenn man *tokens* zählt. In bezug auf das Rumänische würde der rom. Anteil stark ansteigen, wenn man nach *tokens* zählte, da gerade die häufigen "kleinen" Wörter wie Artikel und Pronomina romanisch sind.

Eine Auswertung der Substantive, Verben und Interjektionen des Turmbau-Textes nach der *type*-Zählweise vermittelt einen guten Eindruck vom Mischcharakter des rum. Wortschatzes:

Ursprung der Wörter des Turmbau-Texts

lat.	*cer, cetate, domn, faimă, faţă, foc, fiu, limbă, loc, om* (Pl. *oameni*), *pămînt, piatră, răsărit, şes, ţară; ajunge, amesteca, apuca, arde, descăleca, face, înceta, înţelege, numi, purcede, vedea, zice*
slaw.	*grai, smoală, var, vîrf, vreme; găsi, împrăştia, opri, pogorî, zidi* (Abl. von *zid*)
ungar.	*gînd, neam, oraş*
griech.	*cărămidă; folosi* (Abl. von *folos*)
dt.	*turn*
türk.	*haide(m)*
?	*iată*

4.3.4 Der Turmbau zu Babel: Rumänisch

În vremea aceea era în tot pămîntul o singură limbă
In Zeit-die jene war auf ganz Erde-die eine einzige Sprache
şi un singur grai la toţi. Purcezînd de la răsărit,
und eine einzige Redeweise bei alle Aufbrechend von Osten
oamenii au găsit în ţara Senaar un şes şi au
Menschen-die haben gefunden im Land Senaar eine Ebene und haben
descălecat acolo. Apoi au zis unul către altul:
sich niedergelassen dort Dann hat gesagt ein-der zu ander-der
"Haidem să facem cărămizi şi să le ardem cu foc !"
Auf daß wir-machen Ziegel und daß sie wir-brennen mit Feuer!
Şi au folosit cărămida în loc de piatră, iar smoala
Und sie-haben verwendet Ziegel-der an-statt von Stein und Pech-das
în loc de var. Şi au zis iaraşi: "Haidem să ne
an-statt von Kalk Und sie-haben gesagt wiederum Auf daß uns
facem un oraş şi un turn al cărui vîrf să ajungă la
wir-machen eine Stadt und ein Turm dessen Spitze daß anstoße an
cer, şi să ne facem faimă înainte de a ne împrăştia
Himmel und daß uns wir-machen Ruhm bevor uns zerstreuen
pe faţa a tot pămîntul!" Atunci s-a pogorît
über Antlitz-das von ganze Erde-die Da ist herabgestiegen
Domnul să vadă cetatea şi turnul pe care-l zideau fiii
Herr-der daß er-sehe Burg-die und Turm-der welchen bauten Kinder
oamenilor. Şi a zis Domnul: "Iată, toţi sînt de
Menschen-die-G Und hat gesagt Herr-der Sieh alle sind von
un neam, şi o limbă au şi iată ce s-au apu-
ein Volk und eine Sprache sie-haben und sieh was sie-haben be-

cat să facă, și nu se vor opri de la ceea ce
gonnen daß sie-tun und nicht sie-werden ablassen von dem was
și-au pus în gînd să facă. Haidem dar să ne
sich-sie-haben gesetzt in Gedanke daß sie-tun Auf aber daß
pogorîm și să amestecăm limbile lor, ca să
wir-steigen-hinab und daß wir-verwirren Sprachen-die ihre damit
nu se mai înțeleagă unul cu altul." Și i-a îm-
nicht sich mehr verstehe ein-der mit ander-der Und sie-hat zer-
prăștiat Domnul de acolo în tot pămîntul și au încetat
streut Herr-der von dort in ganze Erde-die und sie-haben aufgehört
de a mai zidi cetatea și turnul. De aceea s-a
mit weiter bauen Burg-die und Turm-der Deshalb sich-hat
numit cetatea aceea Babilon, pentru că acolo a amestecat
genannt Burg-die jene Babel weil dort hat verwirrt
Domnul limbile a tot pămîntul și de acolo i-a
Herr-der Sprachen-die von ganze Erde-die und von dort sie-hat
împrăștiat Domnul pe toată fața pămîntului.
zerstreut Herr-der über ganzes Antlitz-das Erde-die-G

Biblia sau Sfînta Scriptură. Bukarest: Societate Biblică o.J.

[ɨn vremea atʃeea era ɨn tot pəmɨntul o singurə limbə ʃi un singur graj la tots^{i}. purtʃezɨnd de la rəsərit wameni ao gəsit ɨn tsara Senaar un ʃes ʃi ao deskəlekat akolo. apoj ao zis unul kətre altul: hajde sə fatʃem kərəmiz ʃi sə le ardem ku fok. ʃi ao folosit kərəmida ɨn lok de pjatrə jar smwala ɨn lok de var. ʃi ao zis jarəʃ: hajde sə ne fatʃem un oraʃ ʃi un turn al kəruj vɨrf sə aʒungə la tʃer ʃi sə ne fatʃem fajmə ɨnajnte de a ne ɨmprəʃtja pe fatsa a tot pəmɨntul. atuntʃ^{i} sa pogorɨt domnul sə vadə tʃetatea ʃi turnul pe karel zideao fii wamenilor. ʃi a zis domnul jatə tots^{i} sɨnt de un neam ʃi o limbə ao ʃi jatə tʃe sao apukat sə fakə ʃi nu se vor opri de la tʃeea tʃe ʃi ao pus ɨn gɨnd sə fakə. haidem dar sə ne pogorɨm ʃi sə amestekəm limbile lor ka sə nu maj ɨntseleleagə unul ku altul.]

4.3.5 Literatur: LRL Bd. III, Schroeder (1967), Schaller (1975).

4.3.6. Aufgaben:

1. Der Turmbau-Text enthält alle einfachen Vokale des Rumänischen. Stellen Sie sie zusammen und zeichnen Sie das Vokaldreieck des Rumänischen (ohne Halbvokale und Diphthonge).

2. Suchen Sie im Text ein Beispiel für den im Vergleich zu anderen rom. Sprachen und zum Deutschen reduzierten Infinitivgebrauch des Rumänischen.

3. (a) Ein rum. Lautgesetz besagt, daß intervokalisches *l* zu *r* wird: vlt. *singulu* > rum. *singur*, *coelu* > *cer* usw. Nicht davon ergriffen wurden slawische Lehnwörter: *boală* 'Krankheit' (<*boli*), *smoală* 'Pech' (<*smola*) usw. Was läßt sich aus dieser Beobachtung für die zeitliche Erstreckung des Lautgesetzes schließen? (b) In welcher Reihenfolge müssen Rhotazismus und Apokope aufgetreten sein? Warum? (Rückschlüsse dieser Art nennt man in der historischen Sprachwissenschaft **relative Lautchronologie**.)

4. Ein anderes Lautgesetz besagt, daß mit *e* beginnende lat. Wörter im Rumänischen einen halbvokalischen [j]-Vorschlag bekommen: lat. *exire* 'hinausgehen' > rum. *ieși*, *equa* 'Stute' > *iapă*, *herba* 'Gras' > *iarbă*, *heri* 'gestern' > *ieri* usw. (bei einigen Wörtern wird dieser Vorschlag nicht geschrieben). Dennoch enthält ein modernes rum. Wörterbuch zahlreiche Wörter, die mit *e* anfangen: *echipaj*, *eclatant*, *ecran*, *epuiza*, *etans*, *exploata*, *epocă*, *etern* usw. Worauf ist dieser Sachverhalt zurückzuführen?

5. Lesen Sie Schroeder (1967:69-73) und beantworten Sie folgende Fragen: (a) Seit wann wird offiziell das lat. Alphabet verwendet? Welche Schrift wurde vorher

hauptsächlich gebraucht? (c) Für welche Wortfamilie wurde 1965 ein eigenes Zeichen (wieder)eingeführt? Warum? (d) Welcher rum. Dialekt wird - als einziges Beispiel in der Romania - nicht mit dem lat. Alphabet verschriftet? Warum?

6. Im Sommer 1989 wurde das Moldauische in der Sowjetrepublik Moldawien als offizielle Sprache der Republik anerkannt. Ziehen Sie Informationen über diesen Prozeß und den jetzigen Status ein.

7. Lesen Sie Schaller (1975:49-58) und arbeiten Sie heraus: (a) wie Trubetzkoy *Sprachfamilie* und *Sprachbund* unterscheidet, (b) wie man diesen Begriffen die Begriffe *genetisch* und *typologisch* zuordnen kann und (c) wie sich die Definitionen von *Sprachbund* in Schaller und Bußmann voneinander unterscheiden.

8. Lesen Sie Scheler, Manfred *Der englische Wortschatz*. Berlin:Schmidt 1977, S.9-11 und vergleichen Sie die dort zum Englischen gegebenen Zahlen mit unserer Skizze des rum. Wortschatzes, besonders unter den Aspekten der type/token-Zählweise und der Wortarten. Suchen Sie Argumente, warum das Englische trotz des hohen Anteils an rom. Lehnwörtern nicht als rom. Sprache betrachtet werden kann.

9. Lesen Sie Kontzi, Reinhold "Gibt es reines Maltesisch?", in: *Europäische Mehrsprachigkeit. Festschrift zum 70. Geburtstag von Mario Wandruszka*. Hg. von Wolfgang Pöckl. Tübingen:Niemeyer 1981, S.63-71 und beantworten Sie folgende Fragen: (a) Wann wurde Malta sprachlich arabisiert? (b) Welches Adstrat (Superstrat) hat das Maltesische am stärksten geprägt? (c) Welches sind heute die beiden offiziellen Sprachen Maltas? (d) Wie beantwortet Kontzi die im Titel seines Aufsatzes enthaltene Frage? (e) Welche Parallelen gibt es zwischen dem Maltesischen, dem Englischen und dem Rumänischen?

10. Erklären Sie, warum es nicht widersprüchlich ist, zugleich *Sissi besteht aus fünf Buchstaben* und *Sissi besteht aus zwei Buchstaben* zu behaupten.

5. Fünfte Unterrichtseinheit

5.1. Wörterbücher

5.1.1 Arten von Wörterbüchern

Aus der schulischen Praxis sind dem Studienanfänger im allgemeinen nur zwei Typen von Wörterbüchern vertraut: das zweisprachige (Übersetzungs-) Wörterbuch und das einsprachige (Definitions-) Wörterbuch. Dabei werden erfahrungsgemäß auch diese Typen im Hinblick auf ihre Leistungsfähigkeit und ihren Nutzen für den Sprachlerner nicht richtig beurteilt. Vor allem in das Hinübersetzungswörterbuch (Muttersprache > Fremdsprache) werden oft zu große Hoffnungen gesetzt, während das einsprachige Wörterbuch selten voll genutzt wird. In 5.1.2 soll daher anhand eines Beispiels gezeigt werden, welche Fülle von Informationen man einem guten einsprachigen Wörterbuch entnehmen kann.

5.1.2 Die Mikrostruktur

Als Beispiel diene der Artikel *lune* aus dem *Petit Robert*, einem sehr renommierten frz. Wörterbuch:

LUNE [lyn]. *n. f.* (1080; lat. *luna*).
I. ♦ **1°** Satellite de la Terre, recevant sa lumière du Soleil; son aspect vu d'un point de la Terre. *Le disque de la lune. Pleine lune, nouvelle lune. Croissant de (la) lune. Le clair de lune. Au clair de la lune. Nuit sans lune*, sans clair de lune. — « *Visage en pleine lune* » (COURTELINE), tout rond. Loc. fig. *Être dans la lune*, très distrait, hors de la réalité. « *Avec son air de toujours tomber de la lune* » (DORGELÈS). *Demander, promettre la lune*, l'impossible. *Aboyer à la lune*. — *Astron.* et *cour.* (L majuscule) *Premier, dernier quartier de la Lune. Déclin, décours de la Lune. Révolution synodique de la Lune. Action de la Lune sur les marées. Éclipses de (la) Lune.* — *Envoyer un engin sur la Lune. Atterrir sur la Lune.* V. Alunir. ♦ **2°** Par anal. *(Vieilli)*. Satellite d'une planète. *Les lunes de Saturne.* ♦ **3°** *Vx.* Mois lunaire. V. Lunaison. « *Il perdit encore trois lunes à équiper les éléphants* » (FLAUB.). — Mod. *Lune rousse**. ◇ *Loc. fig.* (Vieilli) *Être dans une bonne, une mauvaise lune*, bien, mal luné. — Mod. *Vieilles lunes*, temps passé, époques révolues. *Lune de miel* (d'après l'angl. *honeymoon*), les premiers temps du mariage, d'amour heureux et de bonne entente.
II. *Par anal.* ♦ **1°** *Lune de mer*, ou *poisson lune*, môle. ♦ **2°** *Lune d'eau*, nénuphar blanc, nymphéa. ♦ **3°** *Pop.* Gros visage joufflu. ◇ Derrière.

Dieser Artikel enthält folgende Angaben:

lune	das Lemma
[lyn]	die Lautschrift
n.f.	grammatische Information (hier zu Wortart und Genus)
1080	den **Erstbeleg**, d.h. das Datum, zu dem das Wort erstmals in einem Text erscheint
lat. *luna*	das Etymon [s. 5.2.2]
I. 1o <>	Gliederungssignale
Satellite...	eine Definition der Grundbedeutung
Le disque...	häufige Verbindungen, sog. **Kollokationen**, und Verwendungsbeispiele
"Visage...	Zitate aus frz. Schriftstellern
Loc.fig.	Redewendungen
Astron.	fachsprachliche Verwendungen (hier der Astronomie)
*, V.	Verweise
Par anal.	eine analogische Verwendung, d.h. Bedeutungsübertragung
vieilli, Vx. Mod.	diachronische Charakterisierungen
Pop.	einen Hinweis auf schichtenspezifischen Gebrauch

Abkürzungen und Symbole dieser Art finden sich in den meisten Wörterbüchern. Da nur ein Teil davon unmittelbar verständlich ist, empfiehlt es sich, ein gutes Wörterbuch anzuschaffen und sich in dessen System einzuarbeiten.

Verschiedene Wörterbücher können sich beträchtlich hinsichtlich der **Makrostruktur**, d.h. der Menge und Anordnung der enthaltenen Lemmata, und der **Mikrostruktur**, d.h. des Aufbaus der einzelnen Artikel, unterscheiden. Die Markierungen müssen sich ebenfalls nicht decken, ja selbst ein und dieselbe Angabe, etwa *fam.* oder *pop.*, kann eine unterschiedliche Bedeutung besitzen, da ihre Verwendung im allgemeinen nicht objektiv fundiert ist, sondern der subjektiven Einschätzung des **Lexikographen,** d.h. des Verfassers eines Wörterbuchs, unterliegt.

Zur Grundausstattung eines guten einsprachigen Wörterbuchs gehören: (a) grammatikalische Angaben: Genus, Plural, Konjugation u.ä. (besonders bei Unregelmäßigkeit); (b) Angaben zu Gebrauchsbeschränkungen, etwa regionaler (Bsp. *Canada, Perú, tosc.* usw.), schichtenspezifischer (Bsp.: *fam., pop., vulg., arg.),* fachsprachlicher (*Astron.* etc.) oder zeitlicher (**Archaismus** vs. **Neologismus**) Natur; (c) manchmal auch weitere Angaben, z.B. zur **Frequenz** der Wörter, zu deren **Synonymen**, d.h. bedeutungsgleichen bzw. -ähnlichen Wörtern, **Antonymen**, d.h. Wörtern mit entgegengesetzter Bedeutung, und **Homonymen**, d.h. formgleichen, aber bedeutungsverschiedenen Wörtern (Bsp.: dt. *Kiefer*).

5.1.3 Literatur: Hausmann (1985).

5.1.4 Aufgaben:

1. Lesen Sie Hausmann (1985) und suchen Sie in der Bibliothek zu den aufgezählten Typen von Wörterbüchern das jeweils möglichst beste Exemplar für Ihre rom. Sprache. Legen Sie der Liste das folgende Ordnungsprinzip zugrunde: Typ des Wörterbuchs - Name der Verfasser - Titel - Signatur. Bedenken Sie bei der Gestaltung dieser Übersicht, daß Sie gerade Ihre erste individuelle Arbeitsunterlage zusammenstellen, auf die Sie während Ihres gesamten Studiums zurückgreifen werden.

2. (a) Suchen Sie je drei Beispiele von Synonymen, Antonymen und Homonymen aus Ihrer rom. Sprache, notfalls auch aus dem Deutschen. (b) Aus welchen griechischen Elementen bestehen die drei in (a) angeführten Fachausdrücke?

3. Fragen Sie zehn Personen, wie sie die folgenden Sequenzen spontan fortsetzen würden: *auf dem Standpunkt..., ein sattsam..., über Stock und..., ein lukratives..., er faßte sich ein..., ein denkbar..., sich nicht mit solchen Kleinigkeiten..., keine Kompromisse..., sich auf ein Geschäft...* Quantifizieren Sie die Stärke der Kollokationen.

4. Lesen Sie die Einleitung von F.-J. Hausmann zu *Langenscheidts Kontextwörterbuch. Französisch-Deutsch.* Berlin-München 1989 und beantworten Sie folgende Fragen: (a) Wie frei ist der Wortgebrauch? (b) Warum ist das Wörterbuch nach Substantiven angeordnet? (c) Was unterscheidet Kollokationen von Redewendungen?

5.2. Etymologie

aedificia, Gebäude. Da fällt mir eben wieder die Sprachverwandtschaft dieser beiden Worte auf; das Wort Gebäude stammt offenbar aus dem Lateinischen, aedificium, gaedibicium, gedibicium, gedibäudium, Gedibeidi, Gebäude. So leiten sich unsere meisten Worte von den Römern ab.

J.Nestroy

5.2.1 Vorwissenschaftliche Etymologie

Das Suchen nach dem Ursprung der Wörter reicht bis in die Anfänge der europäischen Geistesgeschichte zurück, doch blieb es bis in die erste Hälfte des 19. Jhdt.s eine bisweilen geistreiche, aber letztlich ziemlich intuitive Beschäftigung. So postulierte die christlich inspirierte Etymologie einen Zusammenhang zwischen *homo* und *humus*, weil laut Schöpfungsbericht der Mensch aus Erde geschaffen worden ist. Daß *Roma* dieselben Buchstaben enthält wie *amor* 'Liebe', wurde so interpretiert, daß Rom die Stadt der (göttlichen) Liebe sei. Diese Art von "Buchstabenmystik" verlor zwar an der Schwelle zur Neuzeit ihre Faszinationskraft, doch blieben auch weiterhin räumliche und zeitliche Faktoren unbeachtet. Frz. *chef* (von lat. *caput* 'Kopf') etwa wurde wegen einer vagen lautlichen Ähnlichkeit auf gr. *kephalos* zurückgeführt, ohne daß die Frage nach dem möglichen Entlehnungsweg auch nur gestellt worden wäre. Auch bei der Annahme von nicht belegten Zwischenstufen war man großzügig: frz. *rat* 'Ratte', ein Wort ungeklärter Herkunft, wurde mit lat. *mus* 'Maus' über ein frei erfundenes *muratus* verknüpft. So verwundert es nicht, daß noch Voltaire die Etymologie eine Wissenschaft nannte, "in der die Vokale nichts und die Konsonanten recht wenig gelten".

5.2.2 Wissenschaftliche Etymologie

Moderne Etymologen verstehen ihre Tätigkeit als Versuch, mit wissenschaftlichen Methoden das **Etymon** (Pl. *Etyma*), d.h. eine der chronologischen Vorstufen eines Wortes sowie dessen weitere Entwicklung zu erschließen. Das Wissenschaftliche besteht darin, daß jede vorgeschlagene Ableitungsstufe mit unserem Wissen über Sprache und Sprachwandel im allgemeinen sowie über die Geschichte und Struktur der betroffenen Sprachen und Wörter im besonderen in Einklang stehen muß.

Erstens sollten Ableitungen mit der externen Sprachgeschichte verträglich sein. Bei der Annahme einer Entlehnung etwa sollte sichergestellt oder zumindest möglich sein, daß die beiden Sprachen zum entsprechenden Zeitpunkt in Kontakt waren und das Wort in der Gebersprache schon existierte, bevor es in der Nehmersprache erscheint. In diesem Zusammenhang können die Erstbelege von Wörtern wichtige Indizien liefern.

Was die Lautung betrifft, so sollten sich die einzelnen Ableitungsstufen den bekannten Lautgesetzen fügen. Die Einhaltung dieses Prinzips war für den entscheidenden Durchbruch in der etymologischen Forschung anfang des 19. Jhdt.s verantwortlich.

Wenn als Vorstufen nicht-belegte abgeleitete oder zusammengesetzte Wörter angenommen werden, so sollten diese den zum Zeitpunkt ihrer Bildung geltenden Wortbildungsregeln entsprechen. Diese Bedingung ist z.B. bei der Zwischenstufe *muratus*, die von *mus* zu *rat* geführt haben soll, nicht erfüllt. Hingegen kann man mit gutem Grund frz. *soleil* auf ein vlt. **solic(u)lu* zurückführen, da uns *-ic(u)lu* aus anderen vlt. Quellen als lebendige **Diminutiv-**, d.h. Verkleinerungsendung, bekannt ist und die Lautentwicklung vlt. *-ic(u)lu* > frz. *-eil* auch in anderen Wörtern belegt ist (vgl. vlt.

artic(u)lu 'Gliedchen' > frz. *orteil* '(große) Zehe', *somnic(u)lu* 'Schläfchen' > frz. *sommeil* 'Schlaf' usw.).

N.B.: Nicht belegte, nur rekonstruierte Formen erhalten in der historischen Sprachwissenschaft einen **Asterisk**, d.h. ein Sternchen. In der synchronen Sprachwissenschaft hingegen dient dasselbe Symbol zur Kennzeichnung von ungrammatischen Wörtern und Sätzen!

Sofern im Schreibprogramm vorhanden, wird das Etymon gewöhnlich in **Kapitälchen** gedruckt; so nennt man Großbuchstaben, die so hoch sind wie die Kleinbuchstaben der verwendeten Schrift.

Neben den Lautgesetzen und Wortbildungsregeln muß eine einwandfreie Etymologie auch die Bedeutung gebührend berücksichtigen. Blieb diese nicht ohnehin stabil, so sollte der eingetretene Bedeutungswandel motiviert werden können. Obwohl Bedeutungswandel bisweilen sehr unvermutete Wege gehen kann, lassen sich doch einige besonders häufig wiederkehrende Entwicklungstendenzen feststellen. Bei der **Metapher** wird der Name eines Objekts auf ein anderes übertragen, das diesem ähnlich ist: so wurde z.B. im Vulgärlatein *testa* 'Tontopf' für 'Kopf' verwendet (vgl. it. *testa*, frz. *tête*). Bei der **Metonymie** kann die Beziehung von alter und neuer Bedeutung recht unterschiedlicher Natur sein: Material-Produkt (Bsp.: *einen Nerz tragen*), Behälter-Inhalt (*ein Glas trinken*), Institution-Gebäude (*die Universität betreten*), Handlung-Handelnder (*die Bedienung rufen*) usw. **Bedeutungsverengung** liegt z.B. vor in lat. *ponere* 'legen' > frz. *pondre* 'Ei legen', **Bedeutungserweiterung** in lat. *panarius* 'Brotkorb' > frz. *panier* 'Korb'. Eine **Bedeutungsverbesserung** haben Wörter wie *Arbeit* oder frz. *travail* 'id.' erfahren, die ursprünglich 'Mühsal' bzw. 'Marter' hießen. Die häufig anzutreffende **Bedeutungsverschlechterung** von 'Mädchen, Jungfrau' zu 'Prostituierte' (vgl. dt. *Dirne*, frz. *fille* u.a.) ist gewiß auf die Verwendung dieser Wörter als **Euphemismen**, d.h. als beschönigende Ausdrücke, zurückzuführen, wodurch sie schließlich die Bedeutung dessen annahmen, was sie verdecken sollten.

Manche Bedeutungsentwicklungen sind nur begreifbar, wenn man die Wörter in ihr geschichtliches Umfeld zurückversetzt. Wie konnte frz. *grève* 'Strand' zu 'Streik' werden? Der Grund dafür ist, daß sich im Paris des 19. Jhdt.s die Streikenden auf der *Place de grève* an der Seine versammelten. Ohne diese Sachinformation müßte die Etymologie von *grève* 'Streik' wohl ewig im Dunklen bleiben. Auf die Wichtigkeit des Studiums der Sachkultur für die Etymologie hat um die Jahrhundertwende die Bewegung **"Wörter und Sachen"** besonders hingewiesen.

5.2.3 Entlehnung

Der Wortschatz ist, wie wir schon erwähnt haben, der durchlässigste und wandelbarste Teil einer Sprache. Das Etymon vieler Wörter ist daher in fremden Sprachen zu suchen, seien dies nun Substrat-, Superstrat- oder Adstratsprachen. Dabei ist es keineswegs immer so, daß einfach ein Wort von einer Sprache in eine andere transferiert wird. Wie komplex Lehnbeziehungen sein können, veranschaulicht die folgende Klassifikation fremdsprachlicher Entlehnungen im Deutschen (nach W. Betz, vgl. Bußmann (1983:123)):

SCHEMA 5

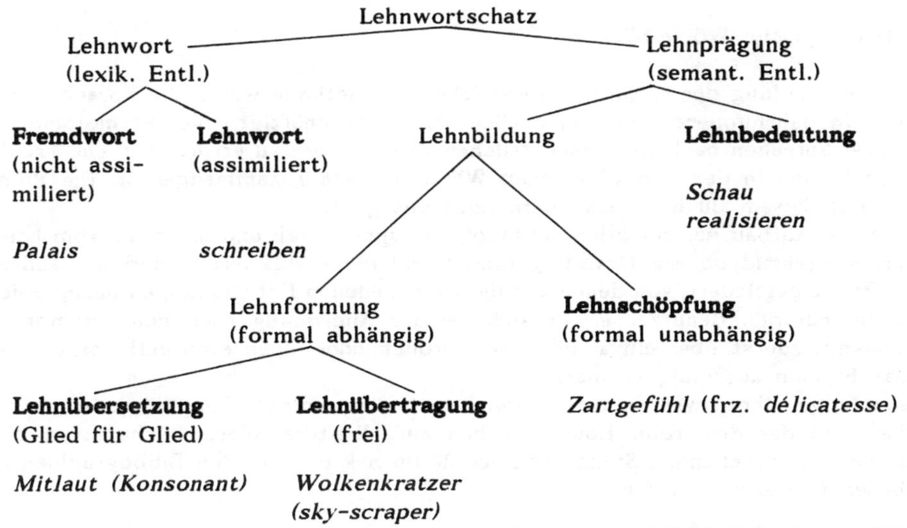

Entlehnungen aus dem Lateinischen in eine rom. Sprache können auf Etyma zurückgehen, die in derselben Sprache auch erbwörtlich fortgesetzt worden sind. Solche Wortpaare nennt man **D(o)ubletten.** Bsp.:

lat. *frigidus* 'kalt' > it. *frigido* frz. *frigide* sp. *frígido*
it. *freddo* frz. *froid* sp. *frío*

5.2.4 Volksetymologie

Zwischen der Bedeutung und der Lautgestalt eines Wortes besteht in den meisten Fällen keine notwendige Beziehung: daß der Hund *Hund* heißt, ist keine Notwendigkeit, wie frz. *chien,* it. *cane,* sp. *perro,* engl. *dog* u.a. belegen. In der Linguistik sagt man seit Saussure, die Beziehung zwischen Bedeutung und Lautung in natürlichen Sprachen sei grundsätzlich **arbiträr**, d.h. willkürlich. Eine Ausnahme von diesem Prinzip der Arbitrarität bilden im Bereich der einfachen Wörter nur die **onomatopoetischen**, d.h. lautmalenden Bildungen wie *ticktack, Kuckuck, zischen, gurgeln* usw., bei denen die Lautung das Bezeichnete imitiert. Nicht arbiträr sind auch abgeleitete Wörter wie *hündisch* und zusammengesetzte Wörter wie *Polizeihund,* da sich ihre Bedeutung weitgehend auf die Bedeutung der Bestandteile zurückführen läßt. Man sagt von solchen Bildungen auch, sie seien **motiviert**.

Sprecher haben offensichtlich das Bedürfnis, den Wortschatz ihrer Sprache so weit als möglich zu motivieren, d.h. einzelne Wörter miteinander in Beziehung zu setzen. Führt dieses Motivationsbedürfnis zu etymologisch "falschen" Resultaten, so spricht man von **Volksetymologie**. Das Rentier hat etymologisch nichts mit *rennen* zu tun, das Rebhuhn - im Gegensatz zur Reblaus - nichts mit den Reben usw. Der heilige Blasius ist in manchen Gegenden durch volksetymologische Umdeutung zum Patron der Blasinstrumentalisten oder der Blasenleidenden geworden. Und das *ouvrable* von frz. *jours ouvrables* 'Werktage' wird heute allgemein mit *ouvrir* 'öffnen' assoziiert, im

Sinne von 'Tage, an denen die Geschäfte offen haben', obwohl es von einem heute veralteten Verbum *ouvrer* 'arbeiten' (< lat. *operari*) kommt.

5.2.5 Etymologische Wörterbücher

Nach der Entwicklung der historisch-vergleichenden Methode waren die Sprachwissenschaftler ein Jahrhundert lang wesentlich damit beschäftigt, die Etymologie der Wörter ihrer Sprachen nach wissenschaftlichen Grundsätzen zu erforschen. Die Früchte dieser Arbeit sind in den **etymologischen Wörterbüchern** zusammengefaßt. Die Romanistik ist mit diesem Buchtyp besonders reich gesegnet.

Von ihrem Aufbau her zerfallen sie in zwei Gruppen: während die einen vom heutigen Wort ausgehend dessen Ursprung (und Geschichte) skizzieren, sind die anderen nach den Etyma gegliedert, von denen aus die verschiedenen Entwicklungen nachgezeichnet werden. Für den Benutzer ergibt sich bei der Anordnung nach dem Etymon die Notwendigkeit, zuerst über ein anderes Wörterbuch oder einen eventuell vorhandenen Index das Etymon ausfindig zu machen.

In der Folge führen wir nur die allerwichtigsten etymologischen Wörterbücher des Deutschen und der drei rom. Hauptsprachen auf. Weitere Wörterbücher sind ohne Mühe an den entsprechenden Standorten der Bibliothek oder in den Bibliographien der angegebenen Literatur zu finden.

Deutsch:

Duden - Etymologie. Das Herkunftswörterbuch der deutschen Sprache. Mannheim:Bibliographisches Institut 1963

Kluge, Friedrich *Etymologisches Wörterbuch der deutschen Sprache*. Berlin-New York:De Gruyter ^{21}1975 [1. Aufl.1883]

Gesamtromanisch:

Meyer-Lübke, Wilhelm *Romanisches Etymologisches Wörterbuch*. Heidelberg ^{5}1972 [abgek.: *REW*]

Französisch:

Wartburg, Walther von *Französisches Etymologisches Wörterbuch*. Wechselnde Verlagsorte, seit 1922 [*FEW*]

Bloch, Oscar/Walther von Wartburg *Dictionnaire étymologique de la langue française*. Paris ^{5}1968

Italienisch:

Cortelazzo, Manlio/Paolo Zolli *Dizionario etimologico della lingua italiana*. Bologna: Zanichelli 1979-1988

Pfister, Max *Lessico etimologico italiano*. Wiesbaden 1979ff. [*LEI*]

Spanisch:

Corominas, Juan/José Pascual *Diccionario etimológico castellano e hispánico*. Madrid: Gredos 1980ff.

5.2.6 Literatur: Pfister (1980), Panagl (1982), Pisani (1975).

5.2.7 Aufgaben:

1. Gilles Ménage, ein frz. Etymologe des 17. Jhdt.s, schlug für frz. *haricot* 'grüne Bohne, Fisole' folgende Herleitung vor: lat. *faba* 'Saubohne' > **fabaricus* > **fabaricotus* > **aricotus* > frz. *haricot*. Stellen Sie fest, (a) was *faba* im Französischen tatsächlich ergibt und (b) woher *haricot* in Wirklichkeit stammt.

2. Woher kommt frz. *choucroute?* Beachten Sie die dialektale Form des Etymons.

3. Folgende frz. Wortpaare gehen auf das gleiche lat. Substantiv zurück. Suchen Sie nach der Ursache der unterschiedlichen Entwicklung: *copain/compagnon, pâtre/pasteur, on/homme, maire/majeur*.

4. Lesen Sie in Pfister (1980:55–57) die Zusammenfassung der Kontroverse um die Etymologie von frz. *trouver* 'finden'. Charakterisieren Sie die Art der Bedeutungsentwicklung, die beiden Erklärungen zugrundeliegt. Suchen Sie das Etymon von sp. *hallar* und überlegen Sie, ob es Ähnlichkeiten zur Bedeutungsgeschichte von *trouver* gibt.

5. Fassen Sie Lüdtke (1968:I:38ff.) zur Bedeutungsentwicklung konkret > abstrakt im Bereich der Verben des Denkens zusammen.

6. Aus welchen der folgenden lat. Wörter haben sich in Ihrer rom. Sprache Dubletten entwickelt?: *causa, integru(m), blasphemare, radiu(m), cubare, directu(m), articulu(m)*.

7. Charakterisieren Sie nach Betz folgende Wörter: *Wochenende, Halbinsel, Hochschule, Loggia, fesch, Sünde, Seele, Pfalz.*

8. (a) Welche Parallele gibt es in der Etymologie von *Maulwurf* und *Vielfraß?* (b) Erläutern Sie, inwieweit bei der Bildung von *Monokini* (bewußte?) Volksetymologie im Spiel war.

9. Fassen Sie Panagl (1982) zusammen.

5.3 Sprachskizze 3: Italienisch

5.3.1 Hochsprache und Dialekte

In kaum einem anderen Gebiet der Romania hat sich das Vulgärlatein in so viele und so stark voneinander verschiedene Dialekte aufgespalten wie auf der Appenninenhalbinsel, was gewiß auch auf die späte politische Einigung des heutigen it. Staatsgebietes zurückzuführen ist. In der it. Dialektologie pflegt man drei Hauptdialektgebiete zu unterscheiden, von denen jedes in sich allerdings wieder stark zersplittert ist: das nord-, das mittel- und das süditalienische. Die Grenze zwischen den nord- und den mittelit. Dialekten verläuft ungefähr entlang des Appenninenkammes (Linie La Spezia-Rimini [vgl. 1.3.5]) und ist sehr ausgeprägt. Die Grenze zwischen den mittel- und südit. Dialekten verläuft grob entlang einer Linie, die von Rom nach Ancona (etwas südlich von Rimini gelegen) führt. Korsika, das seit 1768 politisch zu Frankreich gehört, ist aus dialektologischer Sicht dem mittelit. Gebiet zuzurechnen.

Die it. Schriftsprache basiert im wesentlichen auf dem Dialekt von Florenz, was letztlich dem enormen Prestige der drei aus der Toskana stammenden Dichter Dante, Petrarca und Boccaccio zuzuschreiben ist. Im Gegensatz zum Französischen ist die Wahl des tosk. Dialekts zur Hochsprache also nicht politisch, sondern wesentlich kulturell bedingt gewesen. Die Vorherrschaft des Toskanischen ist nicht sofort allseits akzeptiert worden, sondern mußte in einem langen Ringen (bekannt als "**questione della lingua**") erworben und verteidigt werden. Heute ist die it. Hochsprache zwar noch immer von allen Dialekten dem Florentinischen am nächsten, doch ist sie im Laufe der Zeit auch mit Elementen aus anderen it. Dialekten und fremden Sprachen angereichert worden.

5.3.2 Zur Aussprache der it. Hochsprache

In diesem Abschnitt wollen wir uns damit begnügen, einige Eigenheiten der it. Aussprache und Schrift darzulegen, die auch für den Nicht-Italianisten von Interesse sein können. Erwähnt sei noch, daß von seiten auch gebildeter Nicht-Toskaner wenig Neigung besteht, sich der hier präsentierten hochit. Norm zu befleißigen.

Im Bereich des Konsonantismus sind besonders die vielen, in der Normaussprache deutlich lang artikulierten **Doppelkonsonanten** hervorzuheben. Nach bestimmten Wörtern wie z.B. der Präposition *a* 'in, nach' (< lat. *ad*) werden auch einfache Anfangskonsonanten doppelt gesprochen. Der Grund dafür ist historisch gesehen ein Assimilationsprozeß: so wie aus vlt. *adripare* 'ans Ufer gelangen' (zu *ripa* 'Ufer') it. *arrivare* 'ankommen' wurde, so wurde aus vlt. *ad Roma* 'in, nach Rom' tosk. [a rroma] (geschrieben *a Roma*).

Bzgl. der Schreibung der Konsonanten sind folgende Besonderheiten hervorhebenswert: *gn* steht für [ɲ] (Bsp.: *gnocchi*), *gl(i)* für [ʎ] (Bsp.: *aglio* 'Knoblauch' [aʎʎo]; [ʎ] zwischen Vokalen ist immer lang, ebenso [ɲ] und [ʃ]); die leicht verwirrenden Schreibungen von [k], [tʃ], [g], [dʒ] und [ʃ] sind etwas vereinfacht in Tabelle 8 dargestellt, wo man sehen kann, daß *h* immer und *i* manchmal nur **diakritische** Funktion haben. Damit ist gemeint, daß sie keinen eigenen Lautwert haben, sondern nur zur Bestimmung des genauen Lautwerts eines anderen Buchstaben dienen. Spalte I zeigt die Schreibungen vor *a, o* und *u,* Spalte II jene vor *e* und *i.*

Tabelle 5

	I	Bsp.:	II	Bsp.:
[k]	*c*[1]	capo 'Kopf'	*ch*	*chi* 'wer'
[tʃ]	*ci*	*ciao*	*c*[2]	*città* 'Stadt'
[g]	*g*	*gallo* 'Hahn'	*gh*	*ghetto*
[dʒ]	*gi*	*giallo* 'gelb'	*g*	*giro* 'Drehung,...'
[ʃ]	*sci*	*scialle* 'Schal'	*sc*	*sci* 'Ski'
[sk]	*sc*	*scandalo*	*sch*	*scherzo*

Anm.: 1. In Verbindung mit dem Halbvokal [w] erscheint [k] als *q: questo* 'dieser'. 2. Seltener auch *ci;* Bsp.: *cielo* [tʃɛlo].

Die Vokalquantität ist im Deutschen und im Italienischen verschieden geregelt. It. Vokale sind nur in betonten, offenen, nicht am Wortende befindlichen Silben lang zu sprechen: das erste *a* von *casa* ist folglich lang, die von *cassa* und *città* hingegen sind kurz.

Hinsichtlich der Vokalqualität sei hervorgehoben, daß betontes *e* und *o* eine offene und eine geschlossene Variante haben. Ihre Verteilung ist regional sehr unterschiedlich: so spricht man in Florenz *bene* 'gut' offen, in Mailand geschlossen. Deutsche Muttersprachler müssen darauf achten, daß der Öffnungsgrad von *e* und *o* nicht phonotaktisch gesteuert ist, wie dies im Deutschen teilweise der Fall ist: während z.B. im Deutschen ein *o* vor *r* + Konsonant immer offen ist (Bsp.: *Dorn, Korb, Hort* usw.), kann es im Italienischen in derselben Umgebung entweder offen (Bsp.: *corno* 'Horn') oder geschlossen (Bsp.: *giorno* 'Tag') sein.

5.3.3 Der Turmbau zu Babel: Italienisch

Or tutta la terra fu un labbro solo e gesta uguali. E avvenne, nel loro vagare dalla parte d'Oriente, che gli uomini trovarono una pianura, nel paese di Sin'ar e vi si stabilirono. E si dissero l'un l'altro: "Orsù! facciamoci dei mattoni, e poi cuociamoli al fuoco". Il mattone servì loro invece della pietra, e il bitume invece della malta. "Poi essi dissero: "Orsù! costruiamo a nostro vantaggio una città con una torre, la cui cima sia nei cieli, e facciamoci un nome, per non esser dispersi sulla superficie di tutta la terra".

Ma Jahweh discese per vedere la città con la torre che stavan costruendo i figli dell'uomo. E Jahweh disse: "Ecco ch'essi sono un sol popolo e un labbro solo è per tutti loro; questo è il loro iniziare nelle intraprese; ormai tutto ciò che hanno meditato di fare non sarà loro impossibile. Orsù! discendiamo e confondiamo laggiù il loro labbro, di guisa che essi non comprendano più il labbro l'uno dell'altro".

E Jahweh di là li disperse sulla superficie di tutta la terra ed essi cessarono di costruire la città. Per questo il suo nome fu detto Babel, perché colà Jahweh mescolò il labbro di tutta la terra e di là Jahweh li disperse sulla superficie di tutta la terra.

[*La sacra Bibbia.* Turin-Rom:Marietti 1969]

[or tutta la tɛrra fu un labbro solo e ddʒɛsta ugwali. e avvɛnne, nel loro vagare dalla parte d orjɛnte, ke ʎʎi wɔmini trovarono una pjanura, nel paeze di Sinar e vvi si stabilirono. e ssi dissero l un l altro: orsu! fattʃamotʃi dei mattoni, e ppɔi kwɔtʃamoli al fwɔko. il mattone servi lloro iɱvetʃe della pjɛtra, e il bitume iɱvetʃe della malta. pɔi essi dissero: orsu! kostrujamo a nnɔstro vantaddʒo una tʃitta kkon una torre, la kui tʃima sia nei tʃɛli, e ffattʃamotʃi un nome, per non ɛsser dispɛrsi sulla superfitʃe di tutta la tɛrra. ma Jawɛ ddiʃʃese per vedere la tʃitta kkon la torre ke stavan kostrwɛndo i fiʎʎi dell wɔmo. e Jjawɛ ddisse: ɛkko k essi sono um pɔpolo e un labbro solo ɛ pper tutti loro; kwesto ɛ il loro initsjare nelle intraprese; ormai tutto tʃɔ kke anno meditato di fare non sara lloro impossibile. orsu! diʃʃendjamo e kkoɱfondjamo laddʒu il loro labbro, di gwiza ke essi non komprɛndano pju il labbro l uno dell altro.]

5.3.4 Literatur: Lepschy/Lepschy (1986), LRL Bd. 4.

5.3.5 Aufgaben:

1. (a) Wann erfolgte die politische Einigung Italiens? (b) Wann lebten Dante, Petrarca und Boccaccio? Welches sind ihre Hauptwerke?

2. (a) Zeichnen Sie auf einer Italienkarte die Linien La Spezia-Rimini und Rom-Ancona ein. (b) Welche sprachlichen Minderheiten gibt es nach Wandruszka (1979:58 "Die abgeschnittenen Zungen") in Italien? Zeichnen Sie sie auf einer Italienkarte ein und geben Sie ungefähre Sprecherzahlen an.

3. Schlagen Sie die it. Wörter des Turmbau-Textes, die Sie nicht verstehen, in einem it.-dt. Wörterbuch nach.

4. Lesen Sie den Turmbau-Text nach der Transkription. Schlagen Sie im Zweifelsfalle die Betonung in einem Wörterbuch nach. Achten Sie auf die Vokalquantität.

5. Die dt. musikalische Terminologie ist voller Italianismen. Transkribieren Sie die folgenden Ausdrücke (als Hilfe werden offenes *e* und *o* entgegen der Orthographie durch einen **Gravis** (`) und geschlossenes durch einen **Akut** (´) gekennzeichnet; schreiben Sie unbetonte Vokale geschlossen): *accelerando, Adagio, agitato, Arpéggio, a tèmpo, Capriccio, chiaraménte, crescèndo, con fuòco, tèmpo giusto, Imbròglio, Larghétto, legg(i)èro, Pasticcio, piangèndo, Schèrzo, sciòlto, staccato, Stagióne, vivace.*

6. Sechste Unterrichtseinheit

6.1 Grammatiken

6.1.1 Wissenswertes über Grammatiken

Das Wort **Grammatik** hat zumindest zwei Bedeutungen. In *Die Grammatik des Deutschen gilt als schwierig* bezeichnet es ein Sprachsystem, in *Diese Grammatik ist empfehlenswert* hingegen ein Buch, in dem ein solches System beschrieben wird.

Eine Grammatik in ersterem Sinne ist zu denken als ein System von Regeln, das durch natürlichen Spracherwerb oder auch durch Unterricht erworben wird. Dieses System ist, wenn es durch natürlichen Spracherwerb erworben wurde, dem Sprecher selbst nicht bewußt, obwohl er es mit der größten Selbstverständlichkeit anwenden kann. Fast alles, was wir über die Grammatik einer Sprache wissen, haben wir im Unterricht oder aus anderen Quellen gelernt.

Die zentrale Aufgabe der Sprachwissenschaft besteht darin zu erforschen, wie das grammatikalische System einzelner Sprachen beschaffen ist und was allen grammatikalischen Systemen gemeinsam ist. Da das Sprachsystem unterhalb der Bewußtseinsebene liegt, kann man Sprecher nicht direkt nach dessen Beschaffenheit befragen, sondern muß ausgehend von Sprachäußerungen und anderen Anhaltspunkten versuchen, es zu erschließen. Wie bei so einer Ausgangslage nicht anders zu erwarten ist, sind verschiedene Forscher zu verschiedenen Ansichten über Sprache und bestimmte Sprachsysteme gelangt, weshalb wir heute über eine Reihe von konkurrierenden Theorien und Beschreibungen verfügen, jedoch über keine allgemein akzeptierte einheitliche Sprachtheorie.

Aufgabe einer **wissenschaftlichen Grammatik** ist es, das Funktionieren einer bestimmten Sprache in Übereinstimmung mit den Prinzipien der allgemeinen Sprachtheorie zu beschreiben. Es ist wichtig, dies hervorzuheben, da die meisten Grammatiken, die der Laie in seinen Händen gehalten hat, nicht nur beschreiben, wie gesprochen oder geschrieben wird, sondern auch häufig vorschreiben, wie man sprechen sollte. Beschreibende Grammatiken nennt man **deskriptiv**, vorschreibende **präskriptiv** oder **normativ**. Wissenschaftliche Grammatiken sind also deskriptiv. Sie sollten im Idealfall ein Abbild des Sprachsystems sein, wie es in den Köpfen der Sprecher funktioniert. Bis heute gibt es für keine Sprache der Welt eine vollständige wissenschaftliche Grammatik, sondern nur in verschiedenen theoretischen Rahmen abgefaßte Teilbeschreibungen.

Grammatiken gab es aber schon lange, bevor eine Sprachwissenschaft im modernen Sinn existierte. Im europäischen Kulturraum erreichte die Kunst des Grammatikschreibens bei den Griechen und Römern eine erste Blüte. Sie haben Standards gesetzt, die erst im 19. Jhdt. übertroffen worden sind. Bis dahin standen, von Ausnahmen abgesehen, alle Verfasser von Grammatiken unter dem prägenden Einfluß der lat. Vorbilder. Viele hielten die lat. Grammatik für die Grammatik schlechthin und übertrugen Beschreibungskategorien, die für das Lateinische angemessen waren, oft blind auf die modernen europäischen oder auch außereuropäischen Sprachen, selbst wenn deren Struktur ganz von der des Lateins abwich. Da das Lateinische sechs Kasus hatte, fand man auch im Französischen sechs, obwohl diese Sprache überhaupt keine Kasus im lat. Sinne hat! Das sah dann so aus:

Nominativ	lat.	*rex*	frz.	*le roi*
Genitiv		*regis*		*du roi*
Dativ		*regi*		*au roi*
Akkusativ		*regem*		*le roi*
Vokativ		*rex*		*ô roi*
Ablativ		*rege*		*par le roi*

Solche lat. Schablonen findet man in vielen Bereichen der Grammatik, teilweise bis heute.

Seit es eine Wissenschaft von der Sprache gibt, verliert das lat. Vorbild allmählich an Bedeutung. Dafür nehmen die Verfasser von Gebrauchsgrammatiken immer öfter Anleihen bei diversen wissenschaftlichen Grammatikmodellen, was positive und negative Folgen hat. Die positiven Folgen bestehen darin, daß die Ergebnisse moderner Sprachforschung allmählich in Umlauf gebracht werden und der Informationswert der Grammatiken steigt. Der Nachteil besteht darin, daß mit dem Wissenstransfer meist auch ein terminologischer verbunden ist, wodurch für den eiligen Benutzer oft unüberwindliche Sprachbarrieren aufgebaut werden. Konsultiert er mehrere Grammatiken, so verschärft sich das Problem noch, da verschiedene Grammatiker u.U. bei verschiedenen Theorien Anleihen machen und damit verschiedene Terminologien, manchmal sogar Einteilungen, übernehmen. Es bedarf, vor allem von seiten des Anfängers, oft nicht unbeträchtlicher Geduld, um zu einer gewünschten Information vorzustoßen.

Alle Grammatiken sind lückenhaft, und zwar aus mehreren Gründen. Manche Gebiete einer Sprache sind einfach erst ungenügend erforscht, und selbst wenn der Forschungsstand befriedigend ist, muß ja der Verfasser einer Gebrauchsgrammatik noch lange nicht darüber informiert sein. Schließlich ist auch nicht zu vergessen, daß Gebrauchsgrammatiken praktische Zielsetzungen haben und sich daher auf jene Informationen konzentrieren, die für den angepeilten Leserkreis von Interesse sind. So enthält eine Grammatik für Ausländer meist andere Informationen als eine für Muttersprachler, da beide Adressatenkreise ganz unterschiedliche Bedürfnisse haben.

6.1.2 Empfehlenswerte Gebrauchsgrammatiken

In diesem Abschnitt führen wir jene Grammatiken an, die uns für die betreffende Sprache als die aus der Sicht des Studenten mit dt. Muttersprache besten erscheinen. Es sei auch noch darauf hingewiesen, daß mit der von Lorenzo Renzi herausgegebenen *Grande grammatica di consultazione della lingua italiana* (Bd.1, Bologna: Il Mulino 1988) eine hervorragende, wissenschaftlichen Ansprüchen genügende Grammatik des Italienischen im Entstehen begriffen ist.

Beyrer, Arthur/Klaus Bochmann/Siegfried Bronsert *Grammatik der rumänischen Sprache der Gegenwart.* Leipzig:VEB Verlag Enzyklopädie 1987

Schwarze, Christoph *Grammatik der italienischen Sprache.* Tübingen:Niemeyer 1988

Weinrich, Harald *Textgrammatik der französischen Sprache.* Stuttgart:Klett 1982

Cartagena, Nelson/Hans-Martin Gauger *Vergleichende Grammatik. Tomo I: Spanisch-Deutsch. Tomo II: Deutsch-Spanisch.* Mannheim-Wien-Zürich:Duden Verlag 1989

Hundertmark-Santos Martins, Maria Teresa *Portugiesische Grammatik.* Tübingen:Niemeyer 1982

6.1.3 Aufgaben:

1. Lesen Sie im *Lexikon germanistischer Linguistik*. Tübingen:Niemeyer ²1980 Kap.93, 1.-2. (S.768-775) und beantworten Sie folgende Fragen: (a) Womit beschäftigt sich die Grammatikographie? (b) Was gehörte in der Antike und im Mittelalter zur Grammatik? (c) Welche Teilbereiche der Sprache werden heute hinsichtlich ihrer Zugehörigkeit zur Grammatik diskutiert? (d) Worin unterscheiden sich wissenschaftliche und pädagogische Grammatiken?

2. Sehen Sie in fünf Grammatiken nach, was darin über folgende Probleme zu finden ist: (a) Französisch: *de belles fleurs* vs. *des belles fleurs;* (b) Italienisch: Indikativ und Konjunktiv nach Verben wie *credere, pensare* u.ä.; (c) Spanisch: *no le conozco* vs. *no lo conozco* 'ich kenne ihn nicht'. Versuchen Sie, so weit wie möglich präskriptive und deskriptive Information zu trennen.

6.2 Sprachgeographie

6.2.1 Die Herausbildung der Sprachgeographie

Unter *Sprachgeographie* versteht man die Erforschung der Verteilung sprachlicher Formen im Raum. Ihre geistigen Wurzeln liegen in der Romantik, die sich für die "natürlich gewachsene", "unverbildete" Sprache des "Volks" interessierte. Aus Freude an der sprachlichen Vielfalt oder auch aus Sorge um die Erfassung sprachlicher Erscheinungen vor ihrem zu befürchtenden Verschwinden wurde im 19. Jhdt. von Amateuren viel dialektales Material gesammelt. Ein solides wissenschaftliches Fundament erhielt die Sprachgeographie aber erst um die Jahrhundertwende durch den Schweizer Jules Gilliéron, dessen *Atlas linguistique de la France (ALF)* zu einem hervorragenden Forschungsinstrument und zum Vorbild für viele spätere Sprachatlanten geworden ist.

6.2.2 Wie entsteht ein Sprachatlas

Die Anlage von Sprachatlanten richtet sich danach, was sie dokumentieren sollen. Grundsätzlich gilt, daß immer dasselbe Gebiet erfaßt wird und jede Karte nur einer - meist phonetischen oder lexikalischen - Erscheinung gewidmet ist. Die Genauigkeit einer Karte steht aus praktischen Gründen in Relation zur Größe des erfaßten Gebietes. Ein Wortatlas wie Rohlfs' *Panorama delle lingue neolatine* etwa deckt die gesamte europäische Romania ab, beschränkt sich aber auf die hochsprachlichen Formen bzw. den lexikalischen Typus eines Gebietes, d.h. er läßt rein phonetische Unterschiede außer Betracht. Kleinräumigere Karten hingegen setzen notgedrungen eine breit angelegte **Feldforschung** voraus, d.h. die Daten müssen in systematischen Befragungen durch sog. **Exploratoren** bzw. **Enquêteure** erhoben werden. Vor Beginn der eigentlichen Arbeit "im Feld" müssen jedoch eine Reihe von Vorarbeiten geleistet und Vorentscheidungen getroffen werden.

Zunächst wird das Gebiet, in dem die **Enquête** (Befragung) durchgeführt wird, abgesteckt.

Dann sind die Aufnahmeorte festzulegen. Wenn begründete Vermutungen hinsichtlich "brisanter" bzw. "ergiebiger" Zonen vorliegen, wird man eventuell das Punktenetz dort verdichten. Monographien über Ortsmundarten können hier wichtige Entscheidungshilfen darstellen.

Damit die Daten vergleichbar sind, müssen überall die gleichen Fragen in gleicher Weise gestellt werden. Diese sind in einem vorher ausgearbeiteten **Fragebuch** zusammengestellt. Nicht selten kommt es vor, daß sich Fragen dennoch als ungeeignet erweisen, weil z.B. im betreffenden Dialekt Unterscheidungen gemacht werden, die der Hochsprache fremd sind. So können in einer südfrz. Region auf das Stichwort 'Tochter' zwei Antworten kommen, je nachdem ob der Befragte an die eigene ([drolo]) oder an eine "fremde" Tochter ([filjo]) denkt.

Schließlich müssen die Enquêteure in den notwendigen Aufnahmetechniken unterwiesen werden.

Die Auswahl der **Informanten** (Gewährspersonen) wird normalerweise nicht dem Zufall überlassen. Längere Abwesenheit aus der Gegend, sprachlich inhomogene Familienverhältnisse, beruflich erforderlicher Gebrauch der Hochsprache u.ä. sind keine günstigen Voraussetzungen für eine sichere Beherrschung der Ortsmundart. Die Idealbedingungen werden heute kaum noch von einem Informanten erfüllt, da ein Leben in dialektaler Abgeschiedenheit undenkbar geworden ist.

Der Grad der Authentizität der Daten hängt auch von der Art und Weise ab, wie diese dem Informanten "entlockt" werden. Am günstigsten wäre natürlich die "teilnehmende Beobachtung", bei der man wartet, bis die gewünschte Form vom Informanten in einer natürlichen Sprechsituation von selbst geäußert wird. Dieses Verfahren verbietet sich allerdings aus ökonomischen Gründen. Bei einem konkreten Ding kann man dieses tatsächlich oder in Form einer Abbildung vorzeigen und fragen, wie "das" im Dialekt heiße. Vom Enquêteur wird dabei ein solides Wissen um die regionale Sachkultur erwartet. Deren Einbeziehung erfolgte erstmals konsequent im *Sprach- und Sachatlas Italiens und der Südschweiz* (AIS) von Karl Jaberg und Jakob Jud. Vergleichsweise fehlerfördernd ist dagegen die von Edmont, dem Enquêteur des ALF, verwendete Übersetzungsmethode, bei der ein standardsprachliches Wort vom Informanten in die Ortsmundart übersetzt werden soll. So haben Erhebungen für später entstandene Regionalatlanten gezeigt, daß das hochsprachliche Wort verschiedentlich nur an die dialektale Phonetik angepaßt worden war: auf *alouette* 'Lerche' etwa reagierten gaskognische Sprecher mit [alueto], während das bodenständige Wort [lauzeto] ist.

In bezug auf das Transkriptionssystem hat der Dialektologe gewöhnlich einen hohen Bedarf an lautlicher Differenzierung, wofür das API-System im allgemeinen nicht ausreicht. In der rom. Sprachgeographie gibt es daher verschiedene Systeme, über die sich der Benutzer vor der Konsultierung der Atlanten informieren sollte.

6.2.3 Was Karten aussagen

Die lohnendste Tätigkeit für den Sprachgeographen besteht in der Interpretation der fertigen Karten, wobei zwei Erkenntnisziele im Vordergrund stehen, nämlich die Frage nach den Dialektgrenzen und die Interpretation der räumlichen Verteilung als Ergebnis der (Sprach-)Geschichte.

Die Vorstellung, daß sich aus den Sprachatlanten Dialektgrenzen praktisch von selbst abzeichnen würden, hat sich als Illusion herausgestellt. Kaum zwei lexikalische Typen haben genau dieselbe Verteilung, und selbst hinsichtlich eines bestimmten lautlichen Unterschieds verläuft die **Isoglosse**, d.h. Grenze bzw. Trennlinie, meist von Wort zu Wort verschieden. Die deutsche Isoglosse [k] vs. [ç/x] etwa hat bei *ich* einen anderen Verlauf als bei *sich* oder *machen* (vgl. *dtv-Atlas der deutschen Sprache.* München 1978, S. 140, 155, 162). Wenn man jedoch eine große Anzahl von Isoglossen berücksichtigt, so kann man an bestimmten Stellen Bündelungen beobachten, die dem intuitiven Begriff der Dialektgrenze entsprechen. Für das Zugehörigkeitsgefühl der Sprecher spielen neben objektiven sprachlichen Unterschieden freilich auch kulturelle und politische Faktoren eine bedeutende Rolle.

Die Tatsache, daß die Isoglossen ein und desselben Lautwandels von Wort zu Wort eine verschiedene Verteilung haben, ist oft als Widerlegung der These von der Ausnahmslosigkeit der Lautgesetze angesehen worden. Dieser These zufolge sollte ein Lautgesetz ja alle einschlägigen Wörter gleichermaßen ergreifen. Der Einwand ist jedoch dann nicht gerechtfertigt, wenn gezeigt werden kann, daß die Verteilung der Wörter das Ergebnis von Entlehnung ist. In der Tat ist es ein gängiges Phänomen, daß die Form des politischen, administrativen, kulturellen oder religiösen Zentrums sich auf das umliegende Gebiet ausbreitet. Auch kann man an Sprachkarten oft ablesen, wie etwa Verkehrswege die Verbreitung begünstigen, während Flüsse oder Gebirgszüge öfters Hemmnisse darstellen.

Die Möglichkeiten der geschichtlichen Erklärung der räumlichen Verteilung von Sprachformen sollen hier nur an drei klassischen Beispielen demonstriert werden.

Die Karte zum Begriff 'Stute' (s. Rohlfs 1971:271 bzw. Wolf 1975:66) zeigt in der Galloromania einen doppelten Verdrängungsprozeß. Die älteste Form, nämlich *equa*, ist nur mehr in Relikten vorhanden, und zwar am Rand des Sprachgebiets bzw. in Rückzugsgebieten. Im Norden trat im frühen Mittelalter *iumentum* als erfolgreicher Konkurrent auf, von Süden her drang *caballa* vor.

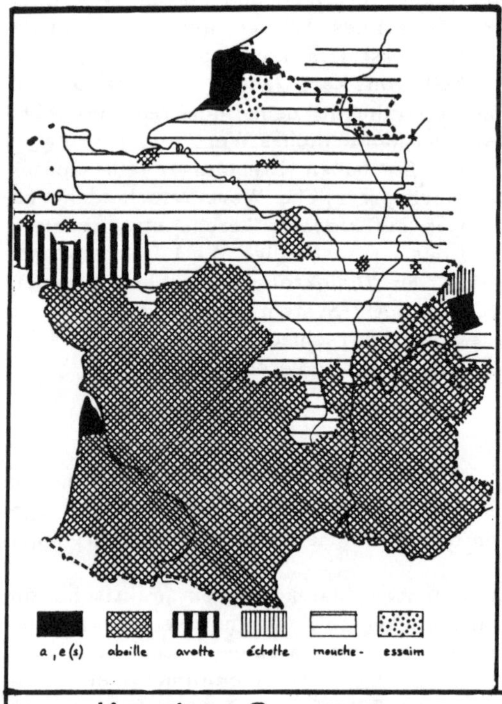

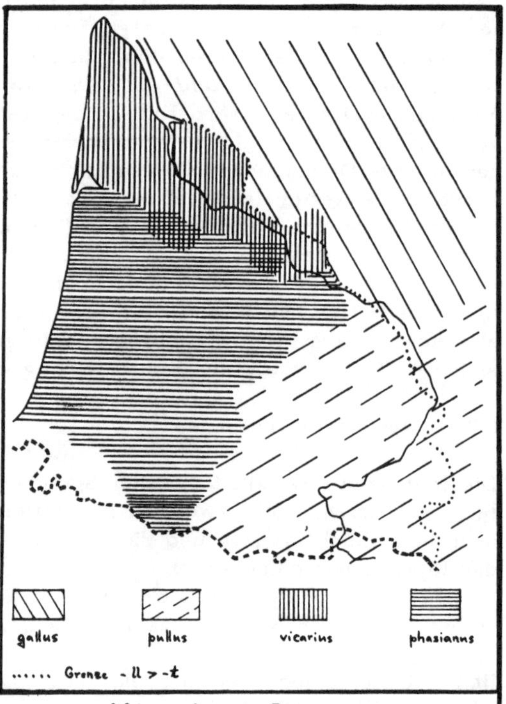

Karte 3: *BIENE* in der Galloromania

Karte 4: *HAHN* in Südwestfrankreich

[Karten aus: Wolf (1975: 51 u. 69)]

Karte 3 zeigt die Verteilung der Wörter für 'Biene' in der Galloromania. Der Grund dafür, warum die Nachfolger von vlt. *ape* nur mehr eine Randexistenz führen, wird im allgemeinen darin gesehen, daß diese zu [a] bzw. [e] reduziert worden waren und somit phonetisch "zu schwach" gewesen seien. Diese phonetische Schwäche sei auf eine der vier folgenden Arten "repariert" worden: (a) durch die Verstärkung des Wortkörpers durch eine Endung: *ape > apitta > avette;* (b) durch Entlehnung eines "kräftigeren" Wortes: frz. *abeille* aus okz. *abelha*, das seinerseits auf das lat. Diminutiv *apicula* zurückgeht; (c) durch die Bildung eines neuen Wortes: *mouche à miel* 'Honigfliege'; (d) durch die Übertragung des Wortes *essaim* 'Schwarm' auf die einzelne Biene.

In der Gascogne entwickelte sich *-ll* zu *-t*. Auf diese Weise fielen die Ergebnisse von *cattus* 'Katze' und *gallus* 'Hahn' zu einer Form [gat] zusammen. Diese störende **Homophonie** (Gleichklang) wurde beseitigt, indem man für den Hahn neue Bezeichnungen einführte: *pout* 'Kücken', *hazâ* 'Fasan' und *biguè* 'Vikar' (s. Karte 4). Ähnlich ersetzte man in jenen spanischsprachigen Gebieten, in denen [θ] und [s] zusammenfielen, d.h. in Andalusien und Lateinamerika, das Verb *cocer* 'kochen' (Normaussprache [koθer]) durch *cocinar*, da es dort mit *coser* 'nähen' homophon geworden war.

6.2.4 Literatur: Coseriu (1979), Rohlfs (1971), Wolf (1975).

6.2.5 Aufgaben:

1. Überprüfen Sie anhand der Übersicht in Wolf (1975:51ff.), welche Sprachatlanten für Ihren Sprachbereich an Ihrem Institut greifbar sind. Notieren Sie sich Titel und Signatur.

2. Lesen Sie Rohlfs (1971:§61) und Coseriu (1979:Abschn.5.6.) und schreiben Sie eine kleine Wortgeschichte zum Thema "'Stute' in der Romania".

3. Lesen Sie in Wolf (1975) das Kapitel über die "Raumnormen" der Neolinguistik und wenden Sie das Gelesene auf den Fall 'Stute' an.

4. Welche Kritikpunkte an der raumlinguistischen Lehre führt Wolf an? Warum kann man die Normen nicht "mechanisch" anwenden?

5. Lesen Sie Coseriu (1979:Abschn.8). Welche bedeutsamen Erkenntnisse verdankt man der Sprachgeographie laut Coseriu?

6. Lesen Sie Goebl, H. "Ein Sprach- und Sachatlas des Zentralrätoromanischen", in: *Ladinia* 2 (1978), S.19-33 und beantworten Sie folgende Fragen: (a) Welche Vorteile bietet ein Sprach- und Sachatlas gegenüber einem reinen Sprachatlas? Aus welcher Forschungstradition kommt die Sachkomponente in der Sprachgeographie? (b) Welche technischen Veränderungen bei der Erstellung von Sprachatlanten haben sich seit der Zeit von Gilliéron/Edmont ergeben?

7. Störende Homophonien werden oft "repariert". Warum wurden die in 6.2.3 erwähnten Beispiele als störend empfunden, während sich z.B. frz. Sprecher nicht an der Homophonie von *conte* 'Erzählung', *compte* 'Rechnung' und *comte* 'Graf' und spanische nicht an der von *vaca* 'Kuh' und *baca* 'Gepäckträger' stoßen?

6.3 Sprachskizze 4: Sardisch

6.3.1 Externe Sprachgeschichte

Spuren der vorlat. Sprachen Sardiniens finden sich im wesentlichen nur in Toponymen, einem allgemein sehr konservativen Teil des Wortschatzes. Aufgrund der frühen Romanisierung und der relativen Isoliertheit vor allem des gebirgigen Zentrums der Insel hat das Sardische einige archaische Züge des Lateins bewahrt, die im Rest der Romania weitgehend untergegangen sind. Diese Nähe der konservativen sard. Dialekte zum Latein, die schon von Dante hervorgehoben wurde, kommt z.B. im Sprichwort *domu minore core mannu* 'Kleines Haus, großes Herz' zum Ausdruck.

Nach dem Zusammenbruch des Weströmischen Reiches wurde die Insel Opfer verschiedener femder Mächte, nämlich nacheinander der Byzantiner, der Araber, der Genuesen, der Pisaner, der Aragonesen, der Spanier, der Österreicher und der Piemontesen. Seit 1861 ist Sardinien Teil des it. Staates. Von all diesen Fremdherrschaften hatte die katalanisch-aragonesische (14./15. Jhdt.) die mit Abstand größten sprachlichen Auswirkungen. So hat man über 2000 kat. Lehnwörter im Sardischen gezählt. Übrigens gibt es noch heute in Alghero (kat. Alguer) in Nordwestsardinien eine kat. Sprachinsel mit ca. 20 000 Sprechern. Dem kat. Superstrateinfluß vergleichbar ist lediglich der in den letzten Jahrzehnten vom Hochitalienischen, der Sprache der Schule und der Medien, ausgehende Druck, der für den Weiterbestand des dialektal stark zersplitterten Sardischen bedrohlich werden kann. Während das Sardische auf dem Land und im familiären Bereich weiterhin stark verankert ist, nimmt in den Städten das Italienische zusehends überhand. Außer durch Schule und Medien wurde dieser Prozeß in den letzten Jahrzehnten durch die Industrialisierung und die dadurch bedingte Landflucht stark gefördert. Eine solche ungleiche Verteilung zweier Sprachen, wobei eine in allen öffentlichen Bereichen vorherrscht, während die andere auf den privaten Gebrauch beschränkt ist, nennt man in der Soziolinguistik **Diglossie**.

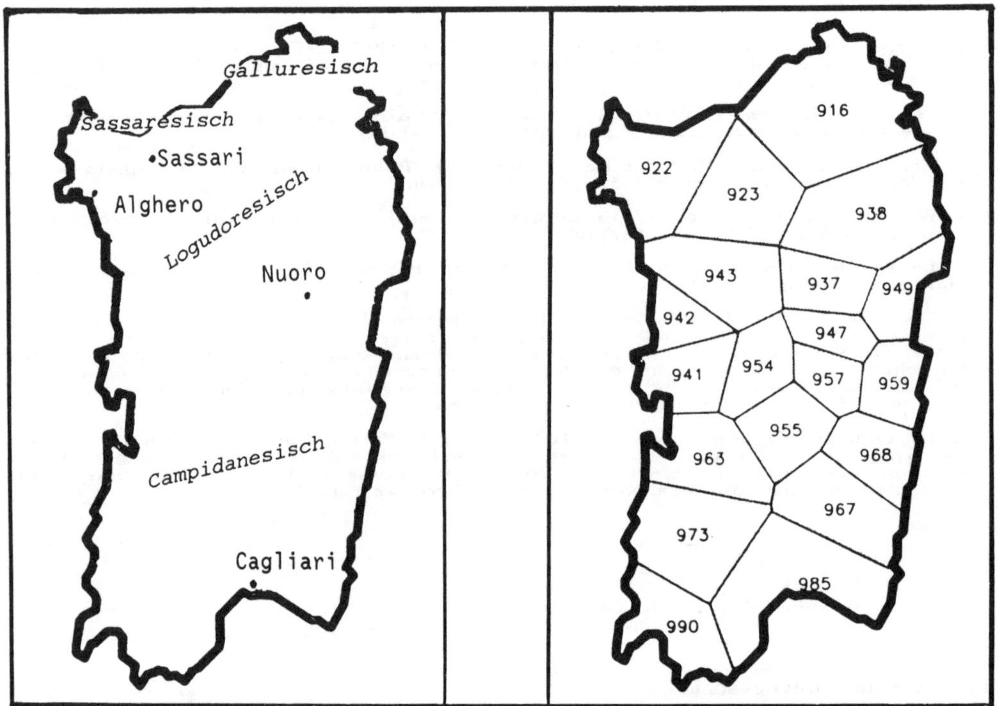

Karte 5a SARDINIEN Karte 5b

Dialektale Gliederung

mit Thiessen-Geometrie (nach Punkten des AIS)

6.3.2 Die dialektale Gliederung

Das Sardische ist, wie gesagt, dialektal stark zerklüftet, ein Umstand, der für die noch heute nicht abgeschlossenen Versuche, eine gemeinsame Schriftsprache zu schaffen, sehr hinderlich ist. Im allgemeinen unterscheidet man drei Hauptdialektgebiete: den Norden, das Zentrum und den Süden (vgl. Karte 5a). Der zentrale Dialekt, das Logudoresische, ist der konservativste der gesamten Romania, während der Norden und der Süden stärker toskanisch beeinflußt wurden.

Zu den archaischen Zügen des Dialekts von Nuoro, jenem zentralen Dialekt, der unserem Text zugrundeliegt, gehören z.B.: 1) die Erhaltung von lat. [k] vor *e* und *i*: *fachimmus,* Inf. *fachere* < *lat.* [fa:kere]; *cochimmulos,* Inf. *cochere* < lat. *coquere; chelu* < lat. *caelum,* u.a.; 2) das Fehlen des vlt. Quantitätenkollapses; so unterscheidet das Nuoresische *turre* (< lat. *turris*) und *solu* (< lat. *solus*), während *ŭ* und *ō* im Vulgärlatein weiter Gebiete der Romania zu [o] zusammenfielen; vgl. it. *torre, sole;* 3) die gute Erhaltung der Auslautkonsonanten; vgl. *numen* (< lat. *nomen*) vs. it. *nome* usw.

6.3.3 Retroflex, Metaphonie, Paragoge

Dem vorrömischen Substrat wird der aus lat. *ll* entwickelte **retroflexe** bzw. **kakuminale** Laut [ɖɖ] zugerechnet (vgl. im Text *bidda* aus lat. *villa*). Retroflexe Laute werden mit zurückgebogener Zungenspitze gesprochen.

Unter **Metaphonie** versteht man in bezug auf das Sardische das Phänomen, daß *e* und *o* vor auslautenden geschlossenen Vokalen geschlossen, vor offenen hingegen offen ausgesprochen werden: [bonu] vs. [bɔna]. Assimilationserscheinungen dieser Art finden sich in vielen Sprachen, etwa beim germanischen Umlaut oder der in vielen Sprachen existierenden Vokalharmonie.

Mit **Paragoge** bezeichnet man das Phänomen, daß bei konsonantisch auslautenden Wörtern eine Kopie des letzten Vokals angehängt wird: [paraɣulaza] < lat. *parabolas.*

6.3.4 Der Turmbau zu Babel: Sardisch

Der folgende Text ist im Dialekt von Nuoro abgefaßt. Mit Ausnahme des schon erwähnten retroflexen [ɖɖ] benötigen wir nur bereits bekannte API-Symbole. Hingewiesen sei darauf, daß das [θ] mit einem leichten *t*-Vorschlag gesprochen wird.

Tando, tottu sa terra faveddabat sa matessi limba e
Damals ganze die Erde sprach die selbe Sprache und
usabat sas matessis paragulas. Fit capitau chi emi-
gebrauchte die selben Wörter Es-ist geschehen daß auf-
grande dae Oriente aian accattau unu pranu in sos
brechend von Osten sie-haben gefunden eine Ebene in die
zassos de Sennaar in ube aian dezisu de istare.
Gegend von Sennaar wo sie-haben beschlossen zu bleiben
E s'aian nau dae pare in pare: "Forza, fachimmus
Und sich-sie-haben gesagt zueinander Los machen-wir
na roba 'e mattones e cochimmulos a focu." E aian
Zeug aus Ziegel und brennen-wir-sie auf Feuer Und sie-haben
usau mattones in cambiu de sa preda e catramu in cambiu
verwendet Ziegel statt der Stein und Teer statt

de sa carchina. E aian nau: "Corazzu, fravicammus
der Mörtel Und sie-haben gesagt Los bauen-wir
una bidda e una turre chin sa punta finas a chelu. Fra-
eine Stadt, und ein Turm mit die Spitze bis zu Himmel Bau-
vicammunos goi unu sinzale chi nois semmus aunios ca sinono
en-wir so ein Zeichen daß wir sind geeint denn sonst
ammus a bennere irfaghinaos in tottu sa terra".
wir-werden werden zerstreut über ganze die Erde.

Ma su Segnore, falande a biere sa bidda e sa
Aber der Herr herabsteigend zu sehen die Stadt und der
turre chi sos fizos de sos omines fin fachende, aiat nau:
Turm den die Söhne von die Menschen waren bauend hat gesagt
"Bì, issos sun unu populo solu e faveddan tottus
Sieh diese sind ein Volk einziges und sprechen alle
sa matessi limba: custu est su prinzipiu de su fachere
die selbe Sprache das ist der Anfang von das Tun
issoro. Nudda los at a istorrare dae fachere tottu su chi
ihr Nichts sie hat zu abbringen von tun alles das was
lis at a arziare a conca. E tando, falammus e
ihnen wird kommen in Kopf Und also steigen-wir-hinab und
propriu in cue che cuffundimmus sa limba issoro a manera
eben dort verwirren-wir die Sprache ihre damit
chi non si cumprendan prus s'unu chin s'atteru".
nicht sich sie-verstehen mehr der eine mit der andere

E gai su Segnore, dae cue los aiat irfaghinaos in tottu
Und so der Herr von dort sie hat zerstreut über ganze
sa terra e issos aian arrimau de fravicare cussa bidda,
die Erde und diese haben aufgehört zu bauen diese Stadt
chi pro custu motivu aiat piccau su numen de Babele, ca
die aus dieser Grund hat bekommen der Name von Babel denn
inibe su Segnore aiat cuffusu sa limba de tottu sos omi-
dort der Herr hat verwirrt die Sprache von alle die Men-
nes de sa terra e dae cue che los aiat mandaos irfa-
schen von die Erde und von dort sie hat geschickt zer-
ghinandelos iffattu de su mundu.
streuend-sie in-herum die Welt

Übersetzt von Cosimo Bitta

[tando tottu sa tɛrra vaßeḍḍaßas sa matessi limba e uzaßas sar matessis paraɣulaza. fik kapitau ki emigrande δa orjɛnte ajan akkattau unu pranu is sor dzassor δe Zɛnnar in uße ajan deθizu δe istare. es sajana nau δae par im pare: "fɔrθa, fakimmur na rrɔba e mattɔnez ek kokimmuloz af foku." e ajan uzau mattɔneze iŋ kambju δe sa prɛda ek katramu iŋ kambju δe sa garkina. e ajana nau: "koraddzu, fravikammuz una ßiḍḍa e una turre kis sa punta vinaz ak kelu. fravikammunur goj unu zindzale ka noi zemmuz auniozo ka zinɔno ammuz a ßɛnnere irfaginaoz in tottu za tɛrra." ma zu zeɲɔre, faland a bie za ßiḍḍa es sa turre ki zor fidzor δe zoz ominer fin fakɛnde, ajan nau: "Bi, issos sun unu populu zolu ef faveḍḍana tottus sa matessi limba: kustu es su prinθipju δe su vaker issɔro. nuḍḍa loz at a istorrare δae vakes tottu su ki liz at a arθjare ak kɔnka. et tando, falammuzu ep proprju iŋ kue ke kuffundimus sa limba issɔro am manɛra ki nun se kumprɛndan pruzu z unu kis s atteru."]

6.3.5 Literatur: LRL Bd.IV:§§ 287-92, Pittau (1956).

6.3.6 Aufgaben:

1. Informieren Sie sich in Rindler-Schjerve, Rosita *Sprachkontakt auf Sardinien. Soziolinguistische Untersuchungen im ländlichen Bereich*. Tübingen:Narr 1987, S.31-35 über den rechtlichen Status des Sardischen.

2. Lesen Sie den Turmbau-Text ausgehend von der phonetischen Transkription.

3. (a) Wie äußert sich Dante in *De vulgari eloquentia* I,11 über den archaischen Charakter des Sardischen? (b) Wo in der Romania gibt es laut REW erbwörtliche Nachfolger von lat. *magnus* und *domus*? (c) Übersetzen Sie das in 6.3.1 erwähnte sard. Sprichwort Wort für Wort ins Lateinische und in Ihre rom. Sprache.

4. Ermitteln Sie unter Einsatz der in 6.3.2 abgebildeten stummen Karten Sardiniens (mit eingezeichneter Thiessen-Geometrie zu den auf Sardinien erhobenen 20 AIS-Punkten) die Areale der Erhaltung von lat. [k] vor *e* und *i* anhand der AIS-Karten 94, 286, 288, 301, 304, 790, 909, 945 und 1266. Versuchen Sie, diese Areale zu einem "Gebirge" zusammenzuziehen, indem Sie diejenigen, in denen lat. [k] öfter erhalten ist, dunkler schraffieren als jene, in denen es weniger oft erhalten ist. Wo in dieser Berglandschaft liegt Nuoro? [*H.G. adiuvante*]

5. (a) Woher kommt der sard. Artikel *su*? Wo gibt es in der Romania noch einen Artikel mit demselben Etymon? (b) Was wurde aus der lat. zweiten und dritten Konjugation im Sardischen (vgl. im Text *viere* < lat. *videre*) und in Ihrer rom. Sprache?

6. Systematisieren Sie die phonetischen Bedingungen für das Auftreten paragogischer Vokale im Sardischen anhand des Turmbau-Textes.

7. Systematisieren Sie die im Turmbau-Text zu beobachtenden Assimilationsprozesse. Welcher Laut wird in welcher Umgebung assimiliert? (Die Orthographie gibt Ihnen die "eigentlichen" Formen an).

8. Wie heißen die folgenden Arten von Lautwandel: (a) vlt. *planu* > sard. *pranu*, vlt. *plus* > sard. *prus;* (b) lat. *stare* > sard. *istare;* (c) lat. *pe**tr**a* > sard. *pr**e**d**a*, lat. *fa**br**icare* > sard. *f**ra**vicare?*

9. Gibt es in einer Ihnen bekannten Sprache außer dem Sardischen einen retroflexen Laut? Welchen?

10. Mit welcher Fremdherrschaft hat die tosk. Beeinflussung der nördlichen und südlichen sard. Dialekte zu tun?

7. Siebte Unterrichtseinheit

7.1 Hinweise zum Abfassen einer Arbeit

7.1.1 Abstecken des Themas

Wenn Sie in einer Lehrveranstaltung ein präzise ausformuliertes Thema gestellt bekommen, können Sie nach bewährtem Muster an die Arbeit gehen. Je nach Vertrautheit mit dem Gegenstand werden Sie zuerst mithilfe von Enzyklopädien, Sachwörterbüchern, Handbüchern, Einführungen u.ä. einen Überblick über die Problemlage gewinnen oder, bei ausreichendem Vorwissen, gleich mit der planmäßigen Literatursuche beginnen. Wenn Sie aber ein umfangreicheres Vorhaben, etwa eine Diplomarbeit oder eine Dissertation, in Angriff nehmen, sollten Sie bereits vor der Themenabsprache mit dem Betreuer zuverlässige Vorstellungen von Umfang, Zugänglichkeit, Aktualität usw. der vorhandenen Literatur sowie von offenen Fragen auf dem Gebiet und nicht zuletzt von eigenen Forschungsmöglichkeiten (z.B. Auslandsstipendium) besitzen, um späteren Enttäuschungen vorzubeugen und um Ihr Forschungsziel von Anfang an relativ scharf eingrenzen zu können.

Haben Sie Literaturangaben gesammelt, gehen Sie nicht wahllos an die Lektüre. Gibt es einen Forschungsbericht, so werden Sie günstigerweise mit diesem beginnen. Aus Gründen der Arbeitsersparnis empfiehlt es sich meistens, neuerer Literatur in der Reihung den Vorzug zu geben, weil sie eventuell schon eine Übersicht über die Geschichte der Ansichten zu Ihrem Thema enthält. Jede wissenschaftliche Publikation sollte im Prinzip ja offenlegen, was man zum betreffenden Problem weiß bzw. zu wissen glaubt, worüber man diskutiert und was das Neue an der eigenen Ansicht ist.

7.1.2 Exzerpieren

Die Art und Weise, auf welche man Gelesenes für sich festhält, wird von Absicht, Dauer und Umfang der Arbeit abhängen. Eine Patentlösung gibt es nicht, doch können einige Hinweise von allgemeiner Gültigkeit gegeben werden.

Die sicherlich ungeeignetste Methode ist das Exzerpieren von Literatur z.B. direkt in ein Heft. Sie werden die Informationen nie mehr in dieser Reihenfolge benötigen, und sie sind bei diesem Verfahren auch schlecht mit Auskünften aus anderen Quellen kombinierbar. Als Illusion pflegt sich auch die Zuversicht herauszustellen, das Präparieren von Photokopien mit Leuchtstift enthebe einen der Mühen des Exzerpierens. Eine flexible Art des Konservierens von Information stellt der Zettelkasten dar. Die so aufgezeichneten Daten sind beweglich und leicht in neue Kontexte zu integrieren, sie sind bei Bedarf wiederverwertbar und ausbaufähig.

Notieren Sie sich zu den Exzerpten immer genau die Quellen! Die Sorgfalt beim Exzerpieren lohnt sich bei der Herstellung Ihrer schriftlichen Arbeit, weil Sie keine

Zeit mehr mit dem Suchen von bibliographischen Angaben vergeuden müssen.

Wenn Sie ganze Formulierungen aus der Literatur wieder zu verwenden gedenken, achten Sie auf höchste Präzision. Wissenschaftliche Texte gelten als geistiges Eigentum und dürfen nicht nach eigenem Bedarf umgeformt oder aus der Erinnerung zitiert werden (vgl. dazu näher 8.1). Wenn Sie bei wörtlicher Wiedergabe etwas Entbehrliches weglassen, ist dies immer zu kennzeichnen - gewöhnlich durch eckige Klammern: [...].

7.1.3 Der Aufbau der Arbeit

Nach Abschluß der Literatursuche und des Exzerpierens muß der Aufbau der Arbeit konzipiert werden. Dieser soll auf jeden Fall widerspruchsfrei sein und sich einer inneren Logik fügen, sei es daß man vom Allgemeinen zum Besonderen, vom Früheren zum Späteren o.ä. fortschreitet. Als Ordnungsschema bietet sich in vielen Fällen die auch von uns verwendete Dezimalklassifikation an, bei der Abschnitte mit denselben Dezimalstellen denselben logischen Status im Gesamtaufbau innehaben müssen.

7.1.4 Äußere Form

Für die formale Gestaltung von wissenschaftlichen Texten gibt es keine überzeitlichen Normen, sondern allenfalls institutsspezifische Traditionen, über die Sie sich vor Inangriffnahme Ihrer ersten Arbeit informieren sollten. Richtlinien können Sie den verschiedenen methodologischen Abschnitten dieser Einführung oder der angegebenen Literatur entnehmen. Haben Sie einen Text für eine Publikation auszurichten, so müssen Sie sich ohnedies genau den beim jeweiligen Verlag üblichen Vorschriften unterwerfen.

Grundregel muß sein, daß eine Arbeit fehlerlos abgegeben wird. Das gewählte Zitierverfahren ist den gesamten Text hindurch einheitlich zu halten, wobei man von vornherein überlegen wird, ob Fußnoten oder in den Text integrierte Literaturangaben (das sog. "amerikanische" System) arbeitstechnisch günstiger sind. Auch im amerikanischen System können natürlich Fußnoten für inhaltliche Ergänzungen verwendet werden.

Neben der schon in 5.2.2 vermerkten Notationskonvention für Etymologien sei auf eine andere speziell die Linguistik betreffende graphische Regelung hingewiesen. Während sich die meisten Wissenschaften der Sprache bedienen, um über die außersprachliche Wirklichkeit zu sprechen, ist für die Sprachwissenschaftler die Sprache häufig zugleich Kommunikationsmittel und Objekt der Forschung. Technisch spricht man von **Metasprache** und **Objektsprache**. So kann ich in der Metasprache Deutsch eine Arbeit über die Objektsprache Französisch schreiben, es kann aber auch eine einzige Sprache in ein und derselben Arbeit beide Funktionen innehaben. Um Objekt- und Metasprache in wissenschaftlichen Publikationen sauber auseinanderzuhalten, hat sich die Konvention etabliert, erstere durch Kursivdruck, Unterstreichen, Anführungszeichen o.ä. zu kennzeichnen. Bsp.: Worte sind hier fehl am Platz vs. *Worte* ist hier fehl am Platz. Das kursive *Worte* des zweiten Satzes heißt soviel wie "das Wort *Worte*", was ja auch in der Form des Verbs seinen Niederschlag findet.

7.1.5 Literatur: Hülshoff/Kaldewey (1979), Standop (^{12}1988).

7.1.6 Aufgaben:

1. "Es gibt nur einen Ort auf der Welt", sagte der berühmte frz. Lexikograph Pierre Larousse, "wo man völlig sicher sein kann, Liebe, Treue, Reichtum und Gesundheit zu finden: im Wörterbuch". Worin besteht, sprachwissenschaftlich gesprochen, die Pointe dieser Anekdote?

2. Ordnen Sie mittels Dezimalklassifikation: Sardisch, Portugiesisch, Ungarisch, Albanisch, Walisisch, Kalabresisch, Dänisch, Germanisch, Italisch, Italienisch, Oskisch, Deutsch, Lateinisch, Finnisch, Alemannisch, Bairisch, Isländisch, Französisch, Griechisch, Indogermanisch, Keltisch, Finno-Ugrisch, Lombardisch, Umbrisch, Bretonisch.

3. Unterstreichen Sie in folgendem Text die objektsprachlichen Teile: Sprachlicher Totalitarismus, der über solchen Angeberjargon hinaus eine beträchtliche Wirkung bei der Erzeugung von Konformismus ausgeübt hat (und es noch heute tut), zeigt sich im wir- und unser-Stil, mit dem der Redner dem Hörer eine undiskutierte und undiskutable Gemeinsamkeit suggeriert. In Hitlers Garnisonskirchenrede entlarvt sich dieses Mittel selbst, indem offenbleibt, wen denn das unser in unseren Glauben und unsere Kultur, unsere Ehre und unsere Freiheit, die es [nämlich das Volk] in seine treue Verwahrung nehmen solle, wirklich meint. Hier wie anderswo, wenn das Wir in unklarer Kontextbeziehung zu Volk oder Nation steht, beginnt die sprachliche Mythisierung eines Volksbegriffs, der sich mit dem (durchaus mit Volk identifizierten) Wir nicht mehr deckt, sondern ihm wie ein selbständiges Wesen gegenübergestellt wird (z.B. Wir glauben an die Kraft unserer eigenen Nation). (P. von Polenz)

4. Erklären Sie die Akzeptabilitätsunterschiede zwischen folgenden beiden Satzpaaren und bringen Sie sie in eine sprachwissenschaftlichen Konventionen entsprechende Form: (a) *Pferd ist ein Substantiv/*Pferd ist ein Huftier.* (b) **Das Pferd ist ein Substantiv/Das Pferd ist ein Huftier.*

7.2 Semiotik

7.2.1 Typen von Zeichen

Seit der antiken Philosophie werden Wörter als Sprachzeichen verstanden. Eine Wissenschaft von den Zeichen und Zeichensystemen im allgemeinen hat sich aber, unter dem Namen **Semiotik**, erst in unserem Jahrhundert herausgebildet.

Das Wesen des Zeichens wird seit alters her mit dem Satz *aliquid stat pro aliquo* 'etwas steht für etwas anderes' charakterisiert. Eine heute weit verbreitete Präzisierung dieses Zeichenbegriffs stammt vom amerikanischen Philosophen Charles Peirce. Er unterschied ikonische, indexikalische und symbolische Zeichen. Das **ikonische** Zeichen ist ein "Abbild" des Gegenstands, auf den es verweist, z.B. der von einem Gegenstand geworfene Schatten. Das **indexikalische** weist auf etwas kausal mit ihm Verbundenes hin, z.B. Rauch auf Feuer. Das komplexeste Zeichen ist das **symbolische**, da hier die Beziehung zwischen dem *aliquid* und dem *pro aliquo* allein auf Konvention beruht. So ist etwa der Symbolwert der Farben kulturspezifisch: während die Farbe der Trauer in unseren Breiten Schwarz ist, ist es in China bekanntlich Weiß.

7.2.2 Das sprachliche Zeichen

Beim sprachlichen Zeichen ist das *aliquid* eine Lautfolge (bzw. sekundär eine Buchstabenfolge). Worin aber besteht das *pro aliquo* ? Schon früh begegnet die Erkenntnis, daß man bzgl. dieses "für etwas anderes" zwei Dinge auseinanderhalten muß, nämlich die Sache bzw. den Sachverhalt in der Welt selbst und deren Repräsentationen im Kopf. Auf den Planeten Venus z.B. können wir uns, um ein klassisches Beispiel aufzugreifen, sowohl mit *Morgenstern* als auch mit *Abendstern* beziehen: die "Sache in der Welt" ist jedes Mal dieselbe, deren "Repräsentation im Kopf" jedoch nicht.

Diese drei Pole werden gewöhnlich in der Form des sog. **semiotischen Dreiecks** dargestellt:

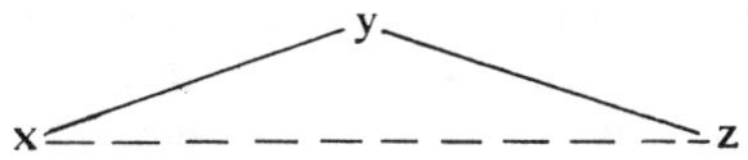

Der Pol x steht für die Lautfolge, y für die "Repräsentation im Kopf" und z für die "Sache in der Welt". Alle drei Pole haben in der wissenschaftlichen Literatur eine verwirrende Fülle von Namen erhalten. In der linguistischen Literatur heißt *z* meist **Denotat** oder **Referent**, für *y* herrscht **Bedeutung** vor. Saussure, für den das sprachliche Zeichen nur aus *x* und *y* besteht, nennt *x* **signifiant** (wörtlich: 'Bezeichnendes') und *y* **signifié** (wörtlich: 'Bezeichnetes'). Die strichlierte Linie soll anzeigen, daß zwischen x und z keine direkte, sondern nur eine durch y vermittelte Beziehung besteht.

Welchem der Peirceschen Typen gehören nun die sprachlichen Zeichen an? In 5.2.4 haben wir schon gesehen, daß es unter den sprachlichen Zeichen ikonische und symbolische gibt. Zu letzteren gehören die arbiträren Zeichen, welche bei weitem in der Überzahl sind, zu ersteren die Onomatopoetika. Aber auch außerhalb des Wortschatzes gibt es in natürlichen Sprachen Ikonizität, etwa wenn bei der Pluralbildung ein Mehr an Inhalt durch ein Mehr an Form widergespiegelt wird: 'ein Hund': 'mehrere Hunde' ≈ *Hund: Hund-e.*

Das sprachliche Zeichensystem hat innerhalb der Semiotik eine privilegierte Stellung. Es ist nicht nur das komplexeste Zeichensystem, sondern auch dasjenige, das bei der Schaffung von anderen künstlichen Zeichen vorausgesetzt werden muß, da Vereinbarung, etwa über die Bedeutung von Verkehrs- oder Morsezeichen, mittels Sprache geschieht. Auch ist die menschliche Sprache das einzige Zeichensystem, das es erlaubt, über es selbst zu kommunizieren (vgl. 7.1.4).

7.2.3 Nicht-sprachliche Kommunikation

Von den mannigfaltigen Formen nicht-sprachlicher Kommunikation wollen wir nur kurz zwei Zeichensysteme herausgreifen, die eng mit dem eigentlichen sprachlichen Zeichensystem zusammenwirken.

Die Placierung der Gesprächsteilnehmer hat in vielen Fällen einen klar erkennbaren Zeichencharakter, etwa die Sitzordnung bei einer Konferenz oder auch bei Tisch. Weniger bewußt ist uns die Zeichenhaftigkeit des Abstands zum Gesprächspartner in der alltäglichen Kommunikation. Wie aus dem folgenden Zitat hervorgeht, sind diese Distanzregeln durchaus kulturspezifisch:

> *In Latin America the interaction distance is much less than it is in the United States. Indeed, people cannot talk comfortably with one another unless they are very close to the distance that evokes either sexual or hostile feelings in the North American. The result is that when they move close, we withdraw and back away. As a consequence, they think we are distant or cold, withdrawn and unfriendly. We, on the other hand, are constantly accusing them of breathing down our necks, crowding us, and spraying our faces.*
>
> *Americans who have spent some time in Latin America without learning these space considerations make other adaptions, like barrikading themselves behind their desks, using chairs and typewriter tables to keep the Latin American at what is to us a comfortable distance. The result is that the Latin American may even climb over the obstacles until he has achieved a distance at which he can comfortably talk.*

Hall, Edward T. *The Silent Language.* New York:Anchor Books 1973, S.185 [[1]1959]

Weiters übermitteln auch die Körperhaltung, Hand- und Kopfbewegungen, die Mimik, der Blick, der Tonfall und andere nicht-sprachliche Lautäußerungen wie Lachen oder Räuspern wichtige Information. Auch diese Zeichensysteme sind nicht instinktiv, sondern zumindest teilweise kulturspezifisch. Schema 6 z.B. zeigt eine Geste, nämlich das Auf- und Abbewegen der sich mit den Spitzen berührenden Finger, die nach dem Gestenatlas von Morris (1979) auf das it. Staatsgebiet beschränkt ist. Das Zurückwerfen des Kopfes, das der Mitteleuropäer am ehesten als eine **affirmative**, d.h. bejahende Geste interpretieren würde, steht bekanntlich in Griechenland und in der Türkei für die **Negation** (Verneinung). Nach Morris ist diese Geste auch in Süditalien heimisch (vgl. Karte 6), was er als Erbe der Magna Graecia erklärt!

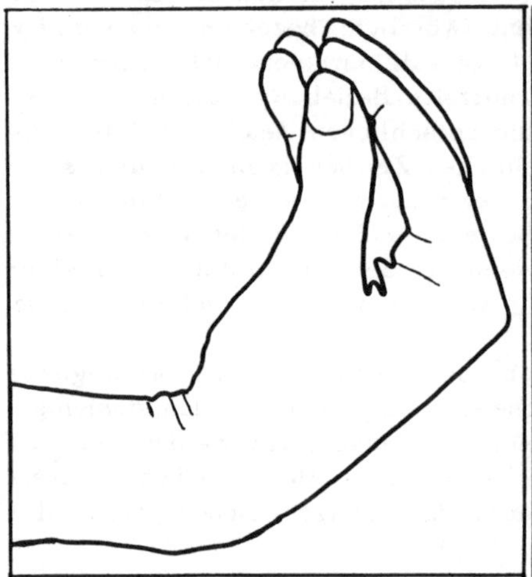

Schema 6: The Hand Purse
[nach Morris (1979:49)]

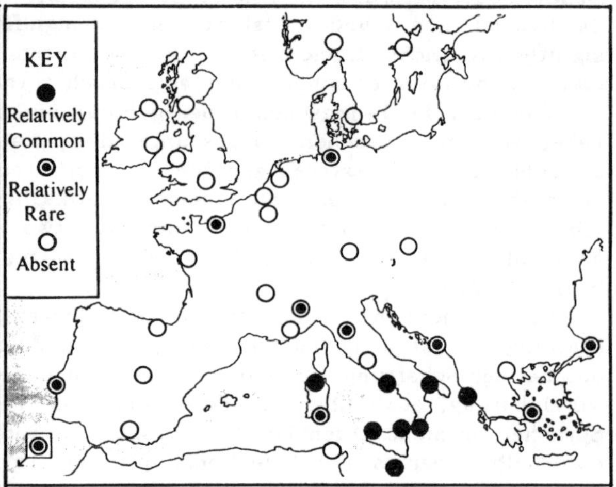

Karte 6: The Chin Flick
[aus Morris (1979:173)]

7.2.4 Literatur: Sebeok (1979), Morris (1979), Hall (1959).

7.2.5 Aufgaben:

1. Die Bedeutung vieler Wörter lernt das Kind, indem man ihm das entsprechende Denotat zeigt. (a) Wie lernt es das Wort *Hexe*? (b) Nennen Sie fünf weitere sprachliche Zeichen ohne Referenten.

2. Geben Sie folgenden Figuren einen treffenden Namen in einer Phantasiesprache. [Das Ergebnis wird in der Lehrveranstaltung besprochen.]

3. Lesen Sie Peter Bichsels Geschichte "Ein Tisch ist ein Tisch" (in: *id. Kindergeschichten.* Neuwied/Berlin:Luchterhand 1969). Warum endet die Geschichte "traurig"?

4. Lesen Sie den Anfang des Kapitels PRIMA (Pferdeepisode) von Umberto Ecos Roman *Der Name der Rose.* (a) Dank welcher Zeichen erschließt William die Richtung, in der das Pferd entwichen ist? Warum weiß er, daß es ein wertvolles Pferd ist? Wie kommt William auf die Idee, das Pferd habe einen schmalen Kopf, große Augen und den Namen *Brunello*? (b) Welchen der Peirceschen Typen sind die Zeichen zuzuordnen? Gibt es ein Zeichen, das zugleich zwei Typen angehört?

5. (a) Beschreiben Sie die Semiotik des Hörsaals. (b) Gesellschaftliche Regeln wie die in 7.2.3 angesprochenen Distanzregeln werden einem meistens erst bewußt, wenn sie übertreten (und sanktioniert) werden. Beschreiben Sie drei für unseren Kulturkreis gültige Distanzregeln und geben Sie jeweils eine Situation an, in der sie übertreten (und sanktioniert) werden. (c) Welche nicht-sprachlichen Zeichen (vom Küssen auf den Mund bis zum beiläufigen Heben der Hand) werden bei uns in welcher Situation als Gruß verwendet? Stellen Sie die Ergebnisse in Form einer Kreuzklassifikation zwischen den einzelnen Zeichen und den relevanten situationellen Faktoren dar. Haben manche dieser Zeichen in einem anderen Kulturkreis andere Anwendungsbedingungen?

6. (a) "Feine Leute kommen zu spät" sagt der Konsul in den *Buddenbrooks*. Geben Sie einige Pünktlichkeitsregeln unseres Kulturkreises an und illustrieren Sie sie anhand von konkreten Situationen, in denen deren Nicht-Einhaltung zu Reaktionen führt. (b) Welche Bedeutung erhält ein Telefonanruf allein durch die Tatsache, daß er um 0^h, 3^h, 6^h, ... 21^h getätigt wird? Ist die Bedeutung nur von der Tageszeit oder auch von anderen Faktoren abhängig?

7. Schriftsteller sind oft sehr feine Beobachter der nicht-sprachlichen Zeichensysteme, die die sprachliche Kommunikation begleiten. Lesen Sie dreißig Seiten eines realistischen Romans und exzerpieren Sie alle einschlägigen Stellen. Klassifizieren Sie sie nach der Zugehörigkeit zu den in 7.2.3 erwähnten nicht-sprachlichen Kommunikationssystemen und zu den Peirceschen Zeichentypen.

8. (a) Beschreiben Sie fünf untereinander möglichst verschiedene Situationen, in denen jemand auf nicht-sprachliche Weise beleidigt wird und erläutern Sie, welche Höflichkeitsregel dabei übertreten wird. (b) Welche signifiés können in unserem Kulturkreis mit dem signifiant "Kratzen am eigenen Hinterkopf" verbunden sein?

7.3 Rätoromanisch

7.3.1 Über die Bedeutung der Namen von Sprachen

Erst im letzten Drittel des 19. Jhdt.s wurde die sprachhistorische Zusammengehörigkeit dreier heute voneinander getrennter, am Nordrand der Italoromania liegender Sprachgebiete erkannt (vgl. Karte 7). Es handelt sich um das "Rätoromanische" bzw. Bündnerromanische (Selbstbezeichnung: *romontsch*) in der Schweiz, das von ca. 50.000 Sprechern vornehmlich in Graubünden gesprochen wird, das "Ladinische" in den Südtiroler Tälern um das Sellamassiv mit ca. 23.000 Sprechern und das Friaulische bzw. Friulanische in Nordostitalien mit ca. 430.000 Sprechern. Zur Erkennung der Gemeinsamkeiten dieser Sprachlandschaften bedurfte es umfassender dialektologischer Erfahrung, denn die Angehörigen der Sprachgruppen selbst waren sich aufgrund des Fehlens jedweden einigkeitsstiftenden Faktors der Verwandtschaft kaum bewußt. Seit Karl dem Großen gehören die drei Gebiete nicht mehr zur gleichen politischen Einheit. Im frühen Mittelalter wurden das westliche und das zentrale Gebiet durch einen bairischen Keil getrennt und in ihrer Ausdehnung eingeschränkt, während sich zwischen das heutige Ladinisch und Friaulisch das Venezianische schob.

Der it. Sprachwissenschaftler Graziadio Isaia Ascoli gab dem Werk, in dem er 1873 als erster die drei Mundartgruppen auf der Basis sprachlicher Merkmale als eigenen rom. Sprachtyp erkannte, den Titel *Saggi Ladini*. Seitdem ist in der it. Tradition die Bezeichnung *ladino* (< lat. *latinus*) auch als Überbegriff üblich. Im dt. Sprachraum dagegen wurde durch die *Rätoromanische Grammatik* (1883) des Tirolers Theodor Gartner ein anderer Sammelname üblich. Beide Namen sind problematisch, weil sie sowohl das Ganze als auch einen Teil davon bezeichnen. In sprachwissenschaftlichen Arbeiten findet man daher neuerdings verstärkt die neutralen Bezeichnungen West-, Zentral- und Ostladinisch bzw. -rätoromanisch.

Die Aufdeckung der Zusammengehörigkeit dieser drei Sprachgebiete wurde keineswegs überall mit Anerkennung zur Kenntnis genommen. Besonders von seiten der it. "Nationalphilologie" wurde deren sprachliche Eigenständigkeit bestritten. Offiziell galten sie als nordit. Dialekte, und es wurde alles unternommen, um das ohnehin nur schwach ausgeprägte Zusammengehörigkeitsgefühl der verschiedenen Sprachgemeinschaften nicht zu stärken. Die Anerkennung des Rätoromanischen als vierte Landessprache der Schweiz im Jahre 1938 beruhte nicht auf einer Initiative der Romanen, sondern war eine Präventivmaßnahme des Schweizer Staats gegen Einverleibungsgelüste Mussolinis, dessen politisches Programm die Annexion "unerlöster" Gebiete, d.h. seiner Ansicht nach italienischsprachiger Territorien außerhalb Italiens, beinhaltete. Die Romanen selbst waren in dieser Zeit nicht weniger als die Jahrzehnte zuvor mit Diskussionen über Details der Sprach- und vor allem der Orthographienormierung beschäftigt.

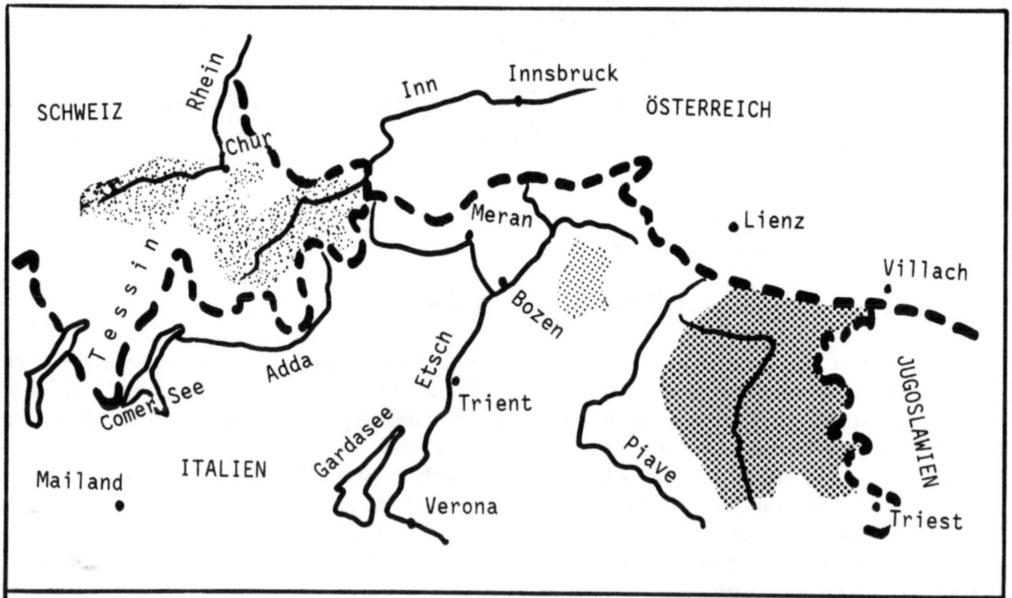

Karte 7: RÄTOROMANISCH
Bündnerromanisch Ladinisch Friaulisch

7.3.2 Der Weg zu einer gemeinsamen bündnerromanischen Schriftsprache

Seit der frühen Neuzeit fehlt es nicht an Belegen, aus denen erkennbar ist, daß die Schweizer Rätoromanen ihre sprachliche und ethnische Eigenständigkeit gegenüber den it. Nachbarn gewahrt wissen wollen. Das im Lauf des 19. Jhdt.s immer drohender werdende Übergewicht des Deutschen veranlaßte auch namhafte Persönlichkeiten des kulturellen Lebens, die Romanen zur Einheit und zur Loyalität gegenüber ihrer Sprache aufzurufen. Es bildeten sich Organisationen zur Erhaltung des Rätoromanischen, auch ein Dachverband der regionalen Sprachvereine wurde gegründet (*Lia Rumantscha, Ligia Romontscha* - die uneinheitliche Namensform ist symptomatisch). Doch auch dieser konnte nicht den Verzicht auf die seit der Reformationszeit konfessionell gespaltenen

Schrifttraditionen zugunsten einer einheitlichen Orthographie durchsetzen. Im Gegenteil: Neben die kulturhistorisch stärker profilierten Schreibsprachen, das Oberengadinische (protestantisch) und Unterengadinische einerseits sowie das Surselvische (katholisch) andererseits traten in unserem Jhdt. weitere Schulschriftsprachen, die sich auf Vorbilder berufen konnten.

Da keine dieser Varietäten einen deutlichen kulturellen Vorrang hatte und die Stadt Chur, die als wirtschaftlich-geistiges Zentrum hätte anerkannt werden können, schon weitgehend germanisiert war, standen einander die Parteien in einem "Orthographiekrieg" ziemlich wenig kompromißbereit gegenüber. Außer über die Rechtschreibung, die immer den Kern der Auseinandersetzung bildete, wurde unter der Parole der "Reinheit" auch über andere Aspekte wie die Zulassung von Entlehnungen diskutiert (vorwiegend aus dem Italienischen (*ogni* vs. *tuot*) und Deutschen (*zug* vs. *tren*)).

Erst die Perspektive eines drastischen Rückgangs der Romanischsprecher hat in allerjüngster Zeit zu Bekundungen guten Willens geführt. So arbeitet ein deutschschweizer Romanist im Auftrag der Ligia Romontscha eine Schriftsprache mit dem Namen *Rumantsch Grischun* aus, der Chancen eingeräumt werden, als bündnerrom. Koiné akzeptiert zu werden.

7.3.3 Der Turmbau zu Babel: Ladinisch (Grödner Dialekt)

Der folgende ladinische Text ist im Dialekt des Grödnertales (Südtirol) verfaßt. Die Orthographie gibt die Aussprache ziemlich genau wieder (*ë* steht für [ɘ], *e* tw. für [ə]). Die Verbindungen *ëu, ue, ie* und *ëi* sind als **fallende Diphthonge** zu lesen, d.h. als Diphthonge mit Anfangsbetonung, *iё* als **steigender Diphthong**, d.h. als Diphthong mit Endbetonung. [ḷ] steht für silbisches [l].

Sëura duta la tiëra fòvel mé una na rujneda y la medema
Auf ganze die Erde es-gab nur eine Sprache und die selben
paroles. Do che i ova lascià l' Oriënt ai giatà
Wörter Nachdem sie hatten verlassen der Osten sie-haben gefunden
na planadura tl raion de Senaar y se à
eine Ebene in-der Gegend von Senaar und sich sie-haben
lascià sëura. Y un à dit à l' auter: unide,
niedergelassen darauf Und einer hat gesagt zu der andere kommt
fajon ziedli y brujonsi sul fuech. Y ëi à
machen-wir Ziegel und brennen-wir-sie auf-das Feuer Und sie haben
adurvà ziedli empe de sasc y tèr empe de mauta y ëi
verwendet Ziegel statt Steine und Teer statt Mörtel und sie
a dit: unide, fajon na zità y na tor che arjonc
haben gesagt kommt machen-wir eine Stadt und ein Turm der erreicht
l ciel cun la piza. Y festejon nosc inuem dan
der Himmel mit die Spitze Und feiern-wir unser Name bevor
che uniron sparpaniëi ora sun duta la tiëra.
wir-werden zerstreut hinaus über ganze die Erde
Ma Chël Bel Die ie unì jú per udëi la zità
Aber der liebe Gott ist gekommen herab um-zu sehen die Stadt
y la tor che i fions de Adam ova fat sú y a dit:
und der Turm den die Kinder von Adam haben gebaut auf und hat gesagt
cialëde, l popul ie un y à mé una na rujneda: ëi
seht das Volk ist eins und hat nur eine Sprache sie

à scumencià a l fé y ëi ne se lascerà
haben begonnen zu es machen und sie nicht sich werden-lassen
nia destò da si intenzions nchin che i ne arà
überhaupt abbringen von ihre Absichten bis sie nicht werden-haben
finà l lëur. Unide perchël, jon jú y
beendet die Arbeit Kommt daher steigen-wir hinab und
meton sotsëura si rujneda acioche un ne ntënde
bringen-wir durcheinander ihre Sprache damit einer nicht verstehe
nia l' auter. Y nsci à Chël Bel Die spartí sú
überhaupt der andere und so hat der liebe Gott geteilt auf
la jënt de chël luech sëura duta la tiëra y ëi a zedú
die Leute von jener Ort über ganze die Erde und sie haben aufgehört
de fé sú la zità. Y per chël à chësc luech inuem
zu bauen auf die Stadt und durch das hat jener Ort Name
Babel, aja che iló ie unida metuda sotsëura la rujneda
Babel weil dort ist worden gebracht durcheinander die Sprache
de duta la tiëra: y da iló i à Chël Bel Die sparpa-
von ganze die Erde und von dort sie hat der liebe Gott zer-
niëi ora sëura dut l mont.
streut hinaus über ganze die Welt

Übersetzt von Margarethe Lardschneider

[sɜura duta la tjɜra fɔvḷ me una na ruʒneda i la mədema parɔləs. dɔ kə ɔva laʃa l orjɜnt aj dʒata na planadura tḷ rajoŋ də Senaar i sə a laʃa sɜura. i uŋ a dit a l autər: unidə, faʒoŋ tsiədli i bruʒoŋsi sul fuək. i ɜj a adurva tsiədli mpedə saʃ i tɛr mpedə mauta. i ɜj a dit: unidə, faʒoŋ na tsita i na tor kə arʒõʃ ḷ tʃiəl kuŋ la pitsa. i fəʃteʒoŋ nəʒ inuəm daŋ kə uniroŋ ʃparpanjɜj ɔra suŋ duta la tjɜra.

ma kḷ bḷ diə jə uni ʒu pər udɜj la tsita i la tor kə i fjoŋs d Adam ɔva fat su i a dit: tʃalɜdə, ḷ pɔpul jə uŋ i a me una na ruʒneda: ɜj a ʃkuməntʃa a ḷ fe i ɜj nə sə laʃəra nia dəʃtɔ da si əntəntsjoŋs əŋkiŋ kə i nə ara fina ḷ lɜur. unidə pərkɜl, ʒoŋ ʒu i mətoŋ sotsɜura si ruʒneda atʃɔkə uŋ nə əntɜndə nia l autər.]

7.3.4 Literatur: Billigmeier (1983), Camartin (1985).

7.3.5 Aufgaben:

1. Schlagen Sie die Etymologie von *Kauderwelsch* nach.

2. Lesen Sie Billigmeier (1983:305–27) und suchen Sie Argumente, (a) warum Entlehnungen aus dem Italienischen als "gefährlicher" gelten als solche aus dem Deutschen und (b) die gegen bzw. für eine Annäherung der bündnerrom. Schriftsprachen an die gesprochenen Formen sprechen.

3. Lesen Sie Camartin (1985:92–115) und beantworten Sie folgende Fragen: (a) Warum sind Minderheitensprachen gefährdeter als Weltsprachen? (b) Welche Strategien zur Stärkung des Rätoromanischen sind in der Vergangenheit vorgeschlagen worden? (c) Welche Maßnahmen sieht Camartin für eine Statuskorrektur des Rätoromanischen?

4. Lad. *ziedl* 'Ziegel' und *tèr* 'Teer' sind germanische Lehnwörter. Andere germanische Lehnwörter im Grödner Dialekt sind [kɛr] 'musikalisches Gehör' und [pɛʃt] 'Pest'. Kann man aus der Lautung dieser Lehnwörter Rückschlüsse auf die genaue Herkunft ziehen? Kann man diese Rückschlüsse auch durch nichtsprachliche Argumente untermauern?

5. Suchen Sie im Turmbau-Text Beispiele für folgende Typen von Lautwandel: (a) Degemination; (b) Diphthongierung; (c) Aphärese; (d) Palatalisierung.

8. Achte Unterrichtseinheit

8.1 Zitat und Plagiat

8.1.1 Eigenes und Fremdes

Forschung bedingt einen ständigen Gedankenaustausch. Der einzelne Wissenschaftler ist in fortwährender Auseinandersetzung mit den Ideen anderer begriffen, sei es, daß er sie als Grundlage für seine eigene Arbeit übernimmt, sie ergänzt, sie kritisiert, sie verwirft oder durch bessere zu ersetzen sucht. Um in diesem dauernden Geben und Nehmen die Übersicht über die Urheberschaft der einzelnen gedanklichen Leistungen nicht zu verlieren, hat sich die wissenschaftliche Welt einen Verhaltenskodex auferlegt, der gewährleisten soll, daß in jeder Veröffentlichung ersichtlich wird, welche Ideen vom Verfasser stammen und welche fremdes geistiges Eigentum darstellen. Verwischt jemand in unlauterer Weise diese Grenze zwischen Eigenem und Fremdem, so macht er sich des Plagiats, d.h. des geistigen Diebstahls, schuldig, was für den Wissenschaftler zumindest äußerst peinlich ist und für Diplomanden und Dissertanten immerhin zur Aberkennung des akademischen Titels führen kann.

Bei wissenschaftlichen Arbeiten unterhalb des Dissertationsniveaus, also speziell bei Proseminar- und Seminararbeiten, ist keine Originalität, im Sinne neuer wissenschaftlicher Erkenntnisse, gefordert. In ihnen braucht der Student nur nachzuweisen, daß er in der Lage ist, Fachliteratur zu verstehen, kritisch zu vergleichen und die gewonnenen Einsichten in synthetischer und verständlicher Form seinem Publikum, meist Mitstudenten und einem Veranstaltungsleiter, nahezubringen. Obwohl bei Proseminar- und Seminararbeiten also schon von der Gattung her keine neuen wissenschaftlichen Erkenntnisse zu erwarten sind, ist dennoch peinlichst auf die durchgehende Unterscheidung von Fremdem und Eigenem zu achten. Dies hat u.a. die Konsequenz, daß schon in der Vorbereitungsphase der Arbeit, nämlich beim Exzerpieren, darauf Bedacht zu nehmen ist. Im folgenden Abschnitt sollen einige wesentliche Regeln der Kunst des Zitierens vorgeführt werden.

8.1.2 Zitierregeln

Der Anschaulichkeit halber sollen die Zitierregeln anhand eines konkreten Beispiels entwickelt werden. Ausgangspunkt sei eine Passage aus Eric. H. Lennebergs Buch *Biologische Grundlagen der Sprache* (Frankfurt/Main: Suhrkamp 1977, S.320-1):

> *Alle Rassen scheinen dasselbe biologische Potential für die Entwicklung von Kultur und den Erwerb von Sprache zu besitzen. Wir müssen daher annehmen, daß die Ereignisse in der Evolution, die die Entwicklung von Kultur und Sprache begünstigen, auf den gemeinsamen Vorfahr aller neuzeitlichen Rassen zurückgehen. Das würde bedeuten, daß das Alter der Sprache nicht weniger als etwa 30 000 bis 50 000 Jahre beträgt. Diese Hypothese ist nicht nur aus Gründen rassischer Evidenz plausibel; die mit den Fossilien dieser Periode verbundenen Kulturen legen Zeugnis von der Entwicklung eines anderen symbolischen Mediums als der Sprache ab: der zeichne-*

rischen Darstellung. Die Höhlenzeichnungen jener Zeit sind außerordentlich geschickt und ,was bedeutsamer ist, sie sind hoch stilisiert und in einem gewissen Sinne abstrakt. Daher ist es wahrscheinlich, daß die kognitiven Prozesse des Cro-Magnon eine Anzahl von Merkmalen aufwiesen, die mit solchen des neuzeitlichen Menschen übereinstimmten.

Die Möglichkeit, daß die Sprache ein noch weit höheres Alter hat, scheint nicht ausgeschlossen zu sein. Eine Autorität (Coon, 1962) hat die Hypothese aufgestellt, die Rassen hätten verschiedene Vorfahren, die bis zum Australopithecus zurückgehen. Mayr (1962) hat dargelegt, daß diese These keineswegs bewiesen, aber auch nicht völlig undenkbar ist. Wäre sie richtig, so könnte es seit einer halben Million Jahren Sprache oder ihre Voraussetzungen geben. Eine andere theoretische Möglichkeit wäre, daß die biologische Matrix für Sprache sehr alt ist, aber die frühesten Fossil-Menschen sie noch nicht voll "ausnutzten". [...]

Solche Erwägungen in bezug auf die neuzeitlichen Rassen legen also eine Zeit fest, von der wir vernünftigerweise annehmen können, in ihr habe es Sprache gegeben. Doch ermöglichen sie uns nicht, den Zeitpunkt ihres Auftretens noch näher zu bestimmen.

Der wichtigste und zugleich auch heikelste Punkt betrifft die Übernahme von fremden Ideen. Die Wichtigkeit ergibt sich einfach daraus, daß Wissenschaft eine Art Ideenwettbewerb ist. Das Heikle an der Sache hingegen ist, daß es in vielen Fällen schwer ist zu entscheiden, ob eine bestimmte Idee (noch) Eigentum eines bestimmten Wissenschaftlers oder aber (bereits) Allgemeingut ist. In letzterem Fall ist es nicht notwendig, die Herkunft der Idee aus einer bestimmten Vorlage anzuzeigen, ja es kann sogar störend oder lächerlich wirken (so etwa, wenn es in einer sowjetischen Publikation aus vorglasnostischen Zeiten einleitend heißt: "V.I. Lenin sagt, daß die Sprache *das wichtigste Kommunikationsmittel des Menschen ist*"). Ein gutes Beispiel für eine Idee, die zumindest im Kreise der Leser, an die sich Lennebergs Buch richtet, Allgemeingut ist, wäre der Anfangssatz in obigem Zitat. Niemand würde Lenneberg des Plagiats bezichtigen wollen, weil er keine Quellen angibt, obwohl die Einsicht natürlich nicht von ihm stammt. Zur Vorsicht kann man den Allgemein-Charakter einer Idee immer mit Floskeln wie *bekanntlich, es wird allgemein angenommen, daß* ... u.ä. unzweideutig deutig zu erkennen geben. Die Bewertung, was Allgemeingut ist und was nicht, setzt oft eine gute Kenntnis des betreffenden Fachgebietes voraus. Für den Studenten gelte der Grundsatz, daß er lieber zuviel als zuwenig zitieren soll.

Hat man entschieden, daß die Quelle einer bestimmten Idee zitierenswert ist, so stehen einem mehrere Wege der formalen Realisierung offen.

Ist die Idee vom Erfinder selbst kurz und/oder treffend dargestellt worden, so ist ein wörtliches Zitat wohl am angebrachtesten. Der zitierte Passus steht dann zwischen Anführungszeichen (s.o. das Lenin-Zitat), bei größerer Länge wird er gewöhnlich eingerückt (s.o. das Lenneberg-Zitat). Die Angabe der Quelle erfolgt entweder im Text oder in einer Fußnote.

Man kann eine fremde Idee aber auch durch eine **Paraphrase** wiedergeben. Auch in diesem Falle wird die Quelle entweder so wie von Lenneberg in der Paraphrase selbst angeführt oder aber in einer Fußnote, die meist durch *Vgl.* (d.h. *Vergleiche*) bzw. *Cf.* (d.h. lat. *Confer*) eingeleitet wird. Entscheidet man sich für eine Paraphrase, so ist vor allem darauf zu achten, daß man eigene Worte verwendet, von den unverzichtbaren Fachausdrücken einmal abgesehen. Dies setzt voraus, daß man sich vom Wortlaut der Vorlage lösen und sie in eigenen Worten wiedergeben kann. Folgende Paraphrase würde aufgrund dieser Regel ein Plagiat darstellen:

Lenneberg (1977:320) schreibt, die Höhlenzeichnungen des Urmenschen seien äußerst geschickt und in einem gewissen Sinne abstrakt, was es wahrscheinlich mache, daß die kognitiven Prozesse des Cro-Magnon weitgehend mit denen des neuzeitlichen Menschen übereinstimmten.

Auch eine Ersetzung mancher Wörter durch bedeutungsgleiche oder -ähnliche Ausdrücke, also etwa von *kognitive Prozesse* durch *Denkprozesse*, würde die Sache nicht besser machen. Denn eine weitere Regel will, daß auch der Satzbau ein eigener sein sollte. Eine saubere Paraphrase könnte also z.B. folgendermaßen aussehen:

Die sich in den Höhlenzeichnungen manifestierende Geschicklichkeit und deren Abstraktheit sprechen nach Lenneberg (1977:320) für eine große kognitive Ähnlichkeit zwischen dem Cro-Magnon und dem neuzeitlichen Menschen.

Diese Paraphrase hat mit dem Original nur einige unentbehrliche Ausdrücke wie *Höhlenzeichnung, kognitiv* u.a. gemeinsam und bewahrt dennoch das Wesentliche von Lennebergs Idee.

Schließlich sei noch darauf verwiesen, daß dieselben Regeln zu beachten sind, wenn eine fremdsprachige Quelle paraphrasierend in die Muttersprache übersetzt wird.

8.1.3 Aufgaben:

1. (a) Lesen Sie den Plagiatsvorwurf samt Erwiderung in *Die neueren Sprachen* 80 (1981:357-60). (b) Vergleichen Sie Meid, W. "Beziehungen zwischen äußerer und innerer Sprachform: Verschränkte Zeichen und fusionierte Inhalte", in: *Proceedings of the Twelfth International Congress of Linguistics.* Hg. v. W.U. Dressler und W. Meid. Innsbruck 1978, S.443-7 (selbständig ersch. Wien:Österr. Akad. d. Wiss. 1977) mit Gebhardt, Karl " *"Smog im Fictionnaire"*: zu den *mots-valises* der französischen Sprache", in: *Festschrift für J. Hubschmid zum 65. Geburtstag.* Hg. von O. Winkelmann und M. Braisch. Bern-München 1982, S.775-98. Gegen welche Zitierregeln wird in letzterem Aufsatz verstoßen?

2. Erstellen Sie eine nicht plagiierende Paraphrase von Lennebergs Text über die diversen Hypothesen zum Alter der menschlichen Sprache.

3. In welchen der folgenden Fälle liegt ein Plagiat vor, in welchen nicht? Warum? (a) *Alle Rassen scheinen dasselbe biologische Potential für die Entwicklung von Kultur und den Erwerb von Sprache zu besitzen.* (b) *Lenneberg (1977:320) meint, daß alle Rassen dasselbe biologische Potential für die Entwicklung von Kultur und den Erwerb von Sprache besitzen.* (c) *Nach Lenneberg (1977:320) besitzen alle Rassen dasselbe biologische Potential für Kulturentwicklung und Spracherwerb.* (d) *Wenn alle Rassen gleichermaßen befähigt sind, Kultur zu entwickeln und Sprache zu erwerben, so folgt daraus, wie Lenneberg (1977:320) richtig feststellt, "daß die Ereignisse in der Evolution, die die Entwicklung von Kultur und Sprache begünstigen, auf einen gemeinsamen Vorfahr aller neuzeitlichen Rassen zurückgehen."* (e) *Das Alter der Sprache beträgt mindestens 30 000 Jahre, eventuell aber sogar eine halbe Million Jahre.* (f) *Nach Coon (1962) stammen nicht alle Rassen von einem Vorfahr ab.* (g) *Es wäre nach Lenneberg (1977:320) auch denkbar, daß die biologischen Voraussetzungen für Sprache sehr alt sind, jedoch die ältesten uns bekannten Menschen sie nicht voll nutzten.* (h) *Coons Hypothese wurde von Mayr (1962) als "keineswegs bewiesen", aber auch "nicht völlig undenkbar" eingeschätzt.*

4. Skizzieren Sie die Herausbildung der Auffassung vom geistigen Eigentum anhand der Informationen einer Enzyklopädie oder einschlägiger Fachliteratur.

8.2 Phonologie

8.2.1 Der Phonembegriff

In 2.2 wurde das phonetische System des Deutschen und mehrerer rom. Sprachen als ein Inventar von "Lauten" dargestellt, denen jeweils ein API-Symbol zugeordnet wurde. Dies mag den Eindruck erweckt haben, es gäbe eine begrenzte Menge von wohlunterschiedenen Lauten, aus der jede Sprache eine bestimmte Auswahl trifft. Dieser Eindruck trügt jedoch, denn in Wirklichkeit gleicht, wie man mithilfe akustischer Meßinstrumente leicht nachweisen kann, kein Laut dem anderen: das [a] eines Mannes ist physikalisch anders als das einer Frau, das eines Erwachsenen anders als das eines Kindes, das eines Freilassingers anders als das eines Salzburgers, ein schnell gesprochenes anders als ein langsam gesprochenes, das von *kam* anders als das von *kahl*, ja selbst das [a] von *kahl* in zwei verschiedenen Äußerungen ein und desselben Sprechers variiert. Meistens nehmen wir solche Unterschiede nicht wahr, sondern hören überall einfach [a], da es zu unserer biologischen Grundausstattung gehört, Ähnlichkeiten erkennen und so die unendliche Vielfalt auf überschaubare Einheiten reduzieren zu können.

Die **Phonetik** ist, grob gesprochen, jene Wissenschaft, die sich mit Sprachlauten aus akustischer und physiologischer Sicht befaßt. Die Aufgabe der **Phonologie** hingegen besteht darin zu untersuchen, wie der Reduktionsprozeß des unendlich Vielfältigen auf wenige Einheiten vonstatten geht und wie diese Einheiten aussehen. Der Fachausdruck für eine solche Einheit lautet **Phonem**. Phoneme sind abstrakte Einheiten, d.h. sie sind im Gegensatz zu den konkreten Lauten, die auch **Phone** genannt werden, nicht direkt beobachtbar, auch nicht aussprechbar. Die Annahme solcher abstrakter Einheiten ist insofern gerechtfertigt, als sie uns erlauben, das Funktionieren von Lautsystemen menschlicher Sprachen besser zu verstehen.

Nach welchen Kriterien werden nun Laute zu Phonemen zusammengefaßt? Die gängigste Antwort auf diese Frage lautet, daß ein Laut, oder genauer, ein Bündel von Lauten ein Phonem darstellt, wenn er zu einem anderen in Kontrast stehen kann, d.h. wenn es in der betreffenden Sprache zumindest ein Wortpaar mit unterschiedlichen Bedeutungen gibt, das sich nur durch die Präsenz der in Frage stehenden Laute an einer bestimmten Stelle der Wörter unterscheidet. In Tabelle 4 von 3.2.2 haben wir schon eine Reihe solcher **Minimalpaare** kennengelernt: sie zeigen, daß die entsprechenden Konsonanten, die sich nur bezüglich des Merkmals der Stimmhaftigkeit unterscheiden, kontrastiv und somit Phoneme des Französischen bzw. Italienischen sind.

8.2.2 Der Allophonbegriff

Betrachtet man einen Laut nicht an sich, als Phon, sondern als eine der Realisierungsmöglichkeiten eines Phonems, so spricht man von einem **Allophon** dieses Phonems. So sind z.B. alle eingangs angesprochenen Varianten von [a] Allophone des einen dt. Phonems /a/ (Phoneme schreibt man zwischen Schrägstrichen!). Für die Realisierung eines bestimmten Allophons können sehr unterschiedliche Gründe eine Rolle spielen, u.a. die Beschaffenheit des Sprechtrakts, die soziale oder regionale Herkunft des Sprechers, das Sprechtempo oder die benachbarten Laute.

Regional und sozial bedingte Allophone erlauben es meist besser als andere Indikatoren (wie etwa die Kleidung), Herkunft und sozialen Status einer Person zu bestimmen. Während z.B. im Deutschen die Realisation des *r* als Zungenspitzen- bzw. Zäpfchen-*r* von Sprecher zu Sprecher zu variieren scheint, sind im Französischen und Italienischen diese beiden Realisierungsweisen klare Indikatoren. In Frankreich gilt das Zäpfchen-*r* als Norm, das Zungenspitzen-*r* hingegen verrät den Provinzler, wobei der abwertende Beigeschmack dieses Wortes nicht die Einstellung der Verfasser, sondern der Zäpfchen-*r*-Franzosen widerspiegelt. In Italien hingegen wird das *r* von fast der gesamten Bevölkerung gerollt, was als Normaussprache gilt, während das Zäpfchen-*r* (it. "*erre moscia*") als regional oder snobistisch einzustufen ist.

Keine vergleichbare Indikatorfunktion haben hingegen Allophone, die durch die benachbarten Laute bedingt sind, sofern diese Bedingungen für alle Sprecher gleich sind. Einige der in 2.2 aufgelisteten Laute sind Allophone dieses Typs. So kommt der labio-dentale Nasal [ɱ] nur vor [f] vor, der velare Nasal [ŋ] nur vor den velaren Verschlußlauten [k] und [g] (ausgenommen sind Fremd- und Lehnwörter) und die stimmhaften Reibelaute [v], [ð] und [z] des Spanischen nur vor stimmhaften Konsonanten.

8.2.3 Distinktive Merkmale

Die Art und Weise, wie die Laute in Tabelle 1 und 2 von 2.2 angeordnet wurden, läßt schon erkennen, daß manche mehr miteinander gemeinsam haben als andere. So unterscheidet sich eine Reihe von Lauten z.B. nur in einem Merkmal, nämlich der Stimmhaftigkeit. Solche Merkmale heißen technisch **distinktive Merkmale**. Die Notwendigkeit dieses Begriffs steht in der Phonologie außer Streit, diskutiert wird allerdings, welche distinktiven Merkmale man unterscheiden soll, wie man sie definieren soll (akustisch oder artikulatorisch?), ob ihre Zahl endlich ist usw. Hier sei nur darauf hingewiesen, daß das auf artikulatorischen Merkmalen aufgebaute System von Tabelle 2 in 2.2 nur eines von mehreren möglichen ist.

Wofür sind distinktive Merkmale nun eigentlich gut? Betrachten wir z.B. folgenden, uns schon bekannten Lautwandel: lat. *p* wurde in intervokalischer Stellung in der Westromania zu *b*, *t* zu *d*, *k* zu *g*. Wenn unsere phonologische Sprache den Begriff des Phonems als kleinste Einheit hätte, so wären wir gezwungen, die drei Entwicklungen so darzustellen wie im obigen Satz, nämlich als drei völlig zusammenhanglose Erscheinungen. Offensichtlich haben aber alle drei etwas gemeinsam, und diese Gemeinsamkeit können wir mithilfe der distinktiven Merkmale einfach und elegant ausdrücken: stimmlose lat. Verschlußlaute wurden intervokalisch stimmhaft (in Wirklichkeit ließe sich der Lautwandel noch allgemeiner formulieren). Daß uns der Begriff *distinktives Merkmal* bzw. ein konkretes System von distinktiven Merkmalen erlaubt, Verallgemeinerungen dieser Art aufzustellen und somit Einsicht in das Funktionieren menschlicher Sprache zu gewinnen, spricht für dessen wissenschaftliche Fruchtbarkeit. Aber nicht nur bei der Erklärung von Lautwandel, auch für das Verständnis des synchronen Funktionierens von Lautsystemen sind distinktive Merkmale unentbehrlich.

8.2.4 Phonologische Regeln

Wer das Lautsystem einer Sprache studiert, stellt bald fest, daß zwischen phonologischen Einheiten eines Wortes oder einer Wortgruppe Abhängigkeiten bestehen können, die nicht zufällig sind. Solche Abhängigkeiten erfaßt man meist durch **phonologische Regeln**. Die genaue Natur solcher Regeln ist umstritten, doch kann man vereinfachend sagen, daß sie folgende Form haben: *A > B/X _Y*. Diese Notation ist zu übersetzen als: die phonologische Einheit *A* wird zur phonologischen Einheit *B* im Kontext (/) *X_ Y*. Nach diesem Verfahren kann man z.B. die dt. Auslautverhärtung vergröbert mittels folgender Regel erfassen: [+stimmhaft] > [-stimmhaft]/_ #. Ins Deutsche übersetzt: das distinktive Merkmal [+stimmhaft] wird zu [-stimmhaft] im Wortauslaut (# symbolisiert die Wortgrenze). Auch hier zeigt sich wieder die wissenschaftliche Fruchtbarkeit des distinktiven Merkmals [stimmhaft] und damit indirekt des Begriffs *distinktives Merkmal* selbst: ohne es könnte die dt. Auslautverhärtung nicht als einheitlicher Prozeß formuliert werden, sondern müßte in mehrere zusammenhanglose Prozesse aufgespalten werden ([b] > [p]/_ #, [d] > [t]/ _ # u.ä.).

Die dt. Auslautverhärtung ist rein phonologisch bedingt ("im Auslaut") und ausnahmslos gültig. Regeln dieses Typs werden von allen Phonologen als "**psychisch real**" akzeptiert, d.h. man nimmt an, daß sie einen im Sprecher real ablaufenden Prozeß wiedergeben. Es gibt jedoch auch weniger regelmäßige Lautkorrespondenzen, und über deren Status als Regeln mit psychologischer Realität herrscht keine Einigkeit. Es handelt sich dabei um Lautveränderungen, die nur in manchen Wörtern und /oder in Gegenwart von bestimmten Endungen zu beobachten sind. Ein typisches Beispiel wäre der Wechsel von *eu* [oe] zu *o* in den frz. Wörtern der Spalte b.:

a.	*vapeur* 'Dunst' *labeur* 'Arbeit'	b.	*vaporeux* 'dunstig' *laborieux* 'arbeitsam'
c.	*chaleur* 'Wärme' *valeur* 'Mut'	d.	*chaleureux* 'warm' *valeureux* 'mutig'

Dieser Wechsel von *eu* zu *o* ist nicht phonologisch, sondern durch die Endung *-eux* bedingt. An den Paaren von c. und d. sieht man außerdem, daß nicht alle auf *-eur* endenden und mit *-eux* abgeleiteten Substantive diesen Wandel mitmachen. Phonologische Regeln dieses Typs, in denen auf bestimmte Endungen und /oder Wörter Bezug genommen werden muß, werden auch **morphonologische Regeln** genannt.

8.2.5 Literatur: Basbøll (1988).

8.2.6 Aufgaben:

1. Lesen Sie Wode (1988:124-28 "Kategorielle Schallwahrnehmung") und beantworten Sie folgende Fragen: (a) Was versteht man unter kategorieller Schallwahrnehmung? (b) Wie kann man nachweisen, daß Laute von Erwachsenen kategoriell wahrgenommen werden? (c) Wie kann man nachweisen, daß Laute von Säuglingen kategoriell wahrgenommen werden? (d) Warum muß kategorielle Wahrnehmung genetisch vorgegeben sein? (e) Welche Schallunterschiede können Kinder bei Beginn des Spracherwerbs wahrnehmen? (f) Warum findet sich diese Aufgabe im Kapitel über Phonologie?

2. Wie lassen sich die beiden Entwicklungen lat. [k] > it. [tʃ] (vgl. vlt. [kɛlu] > it. *cielo*) und lat. [g] > it. [dʒ] (vgl. vlt. *gelu* 'Frost' > it. *gelo*) mithilfe von distinktiven Merkmalen auf einen Nenner bringen ?

3. Geben Sie ein weiteres Argument für die wissenschaftliche Fruchtbarkeit des Merkmals [stimmhaft].

4. Im Sardischen wird in bestimmten Kontexten *-s* zu *-r* und in anderen *-r* zu *-s*. Formulieren Sie aufgrund unseres Textes die entsprechenden phonologischen Regeln (die jeweiligen "Ausgangsformen" können Sie der Orthographie entnehmen).

5. Die "psychologische Realität" der dt. Auslautverhärtung zeigt sich u.a. auch daran, daß Entlehnungen aus anderen Sprachen, die in der Ursprungssprache einen stimmhaften Konsonanten im Auslaut haben, dieser unterworfen werden. Suchen Sie drei Entlehnungen aus dem Englischen, an denen man dies beobachten kann.

6. Formulieren Sie das, was wir in 5.3.2 über die Realisierung von it. Vokalen gesagt haben, mit den in diesem Abschnitt eingeführten Begriffen.

8.3 Sprachskizze 5: Französisch

8.3.1 Der Aufstieg eines Dialekts

In altfrz. Zeit, d.h. vom Auftauchen erster schriftlicher Zeugnisse bis zum 13. Jhdt., existierte keine einheitliche Hochsprache, sondern es gab mehrere Skriptae, d.h. regionale Schriftsprachen (Sg. **Skripta**). Als Literaturdialekte konnten sich das Pikardische, das Normandische und Anglonormandische sowie das Champagnische am deutlichsten profilieren. Das **Franzische**, der Dialekt der Ile-de-France, d.h. der Landschaft um Paris, trat in Handschriften überhaupt erst im 13. Jhdt. in Erscheinung, doch seine zukünftige Vorrangstellung hatte sich bereits früher abgezeichnet: Autoren bzw. Kopisten richteten ihre Texte an ihm aus. Als Gründe für seine heimliche Dominanz kommen die geographisch zentrale Lage und die sprachliche Mittelstellung in Betracht. Darüber hinaus wurde Paris, obwohl in der Zeit des Wanderkönigtums noch nicht wirkliches Zentrum der Machtausübung, als "natürliche" Metropole empfunden. Dazu trug wesentlich die Abtei Saint-Denis nahe Paris bei, die als Wallfahrtsort, an dem die Reliquien des Landespatrons Dionysius verehrt wurden, und als Grabstätte der Könige Bedeutung erlangte.

Die mittelfrz. Epoche (13.-16. Jhdt.) war gekennzeichnet von massiver politischer Expansion des Königreiches Frankreich, die von der Ausbreitung des Franzischen als Schriftsprache begleitet war. War "Französisch" bis ins Hochmittelalter eine Sammelbezeichnung für verschiedene Dialekte, so erhob es sich in dieser Phase zur unumstrittenen Hochsprache.

Da seine Grundlage das Franzische war, finden wir heute in der Ile-de-France und angrenzenden Gebieten in einer ovalen Zone um Paris einen nahezu dialektfreien Raum vor. Auf den Karten der Sprachatlanten können wir außerdem das Vordringen der hochsprachlichen Formen entlang der wichtigen Verkehrswege ablesen. Sie zeigen ferner, daß die Aushöhlung der Dialekte in neuerer Zeit auch von den Provinzstädten ausgeht.

Zu Beginn der Neuzeit beherrschte nur ein geringer Teil der Untertanen des frz. Königs die frz. Hochsprache. Ihr Geltungszuwachs war von einigen wesentlichen **sprachpolitischen** Entscheidungen mitbedingt. Als Eckdaten können wir betrachten:

- den von Franz I. verfügten Erlaß von Villers-Cotterêts von 1539, der Französisch (statt Latein bzw. Okzitanisch) zur Sprache der Gerichtsbarkeit erhob;

- die Hochstilisierung des Französischen zur Nationalsprache durch die Französische Revolution, die die Dialekte und Regionalsprachen als Horte des Widerstands gegen die Republik verdächtigte und als *patois* diskriminierte;

- die Einführung der Allgemeinen Schulpflicht im Jahre 1881, durch welche die Französisierung kompromißlos vorangetrieben wurde, u.a. durch strenge Strafen für die Verwendung von "patois" durch die Schüler.

In der jüngsten Vergangenheit haben vor allem soziologische Faktoren wie der Einfluß der Medien oder die berufsbedingte Mobilität zur dialektalen Nivellierung beigetragen.

8.3.2 Sprachnormierung und Sprachpflege

Das Bedürfnis nach einer einheitlichen Sprachform erwachte einerseits durch den Buchdruck, andererseits durch die gezielten Bemühungen, das in Regeln gefaßte und schon deswegen prestigehöhere Latein aus einigen seiner angestammten Positionen zu verdrängen. Während das 16. Jhdt. weitgehend damit beschäftigt war, die Möglichkeiten des Ausbaus auszuloten, verengte sich im 17. Jhdt. mit dem Auftreten von sprachlichen Autoritäten wie Malherbe und Vaugelas die Basis der frz. Hochsprache auf den "bon usage" (wörtl. "guten Gebrauch"), der sich am Sprachgebrauch des Hofes und der "guten Autoren" orientierte und in Zweifelsfällen von Grammatikern festgelegt wurde, teils durch sehr eigenwillige und spitzfindige Normen, die oft bis heute Gültigkeit haben.

Die beträchtliche Stabilität der Normen seit dem 17. Jhdt. ist weitgehend auf das große Prestige der Klassiker und die in Frankreich engagierter als anderswo betriebene **Sprachpflege** zurückzuführen, an der auch der Staat großen Anteil nahm und nimmt. 1635 wurde von Kardinal Richelieu die nach dem Vorbild der Florentiner Accademia della Crusca entstandene *Académie Française* zur offiziellen Sprachpflegeinstitution erhoben. In unserem Jahrhundert wurden noch weitere öffentliche oder halböffentliche

Einrichtungen geschaffen, die die "Einheit und Reinheit" der frz. Sprache garantieren sollen. Besondere Aufmerksamkeit wird in der Gegenwart den Fachsprachen zuteil, weil sie als für anglo-amerikanischen Einfluß besonders anfällig gelten. Seit 1973 werden von ministeriellen Kommissionen Listen von Wörtern erarbeitet und im Gesetzblatt veröffentlicht, die z.B. in Aufschriften, in Zeitungen oder im Fernsehen obligatorisch an die Stelle bisher üblicher Anglizismen zu treten haben, etwa *palmarès* an die Stelle von *hit-parade*. Das traditionell große Interesse vieler Franzosen an ihrer Sprache zeigt sich außer in den enormen Auflagen von Wörterbüchern auch in der Tatsache, daß ein von einer Großbank gesponsorter Rechtschreibwettbewerb 1985-6 zum TV-Ereignis werden konnte.

8.3.3 Der Turmbau zu Babel: Französisch

Toute la terre avait une seule langue et les mêmes mots. Comme ils étaient partis de l'orient, ils trouvèrent une plaine au pays de Schinear, et ils y habitèrent. Ils se dirent l'un à l'autre: Allons! faisons des briques, et cuisons-les au feu. Et la brique leur servit de pierre, et le bitume leur servit de ciment. Ils dirent encore: Allons! bâtissons-nous une ville et une tour dont le sommet touche au ciel, et faisons-nous un nom, afin que nous ne soyons pas dispersés sur la face de toute la terre.

L'Eternel descendit pour voir la ville et la tour, que bâtissaient les fils des hommes. Et l'Eternel dit: Voici, ils forment un seul peuple et ont tous une même langue, et c'est là ce qu'ils ont entrepris; maintenant rien ne les empêcherait de faire tout ce qu'ils auraient projeté. Allons! descendons, et là confondons leur langage, afin qu'ils n'entendent plus la langue les uns des autres.

Et l'Eternel les dispersa loin de là sur la face de toute la terre; et ils cessèrent de bâtir la ville. C'est pourquoi on l'appelle du nom de Babel, car c'est de là que l'Eternel les dispersa sur la face de toute la terre.

La Sainte Bible. Nouvelle édition d'après la traduction de Louis Segond. London Bible Society o.J.

[tutə la tɛr avɛt ynə soel lãgə e le mɛmə mo. kɔm ilz etɛ parti də l ɔrjã il truvɛrt ynə plɛn o pei də ʃinear e ilz i abitɛr. il sə dir l œ̃n a l otr: alɔ̃! fəzɔ̃ de brik e kᶣizɔ̃ lez o fø. e la brik loer sɛrvi də pjɛr, e lə bitym loer sɛrvi də simã. il dirt ãkɔr: alɔ̃! batisɔ̃ nuz ynə vil e ynə tur dɔ̃ lə sɔmɛ tuʃ o sjɛl e fəzɔ̃ nu œ̃ nɔ̃ afɛ̃ kə nu nə swajɔ̃ pa dispɛrse syr la fas də tutə la tɛr.

l etɛrnɛl desãdi pur vwar la vil e la tur kə batisɛ le fiz dez ɔm. e l etɛrnɛl di: vwasi, il fɔrmət œ̃ soel poeplə e ɔ̃ tus ynə mɛmə lãgə. e s e la sə k ilz ɔ̃t ãtrəpri. mɛ̃tnã rjɛ̃ nə lez ãpɛʃərɛ də fɛr tu s k ilz orɛ proʒəte. alɔ̃! desãdɔ̃ e la kɔ̃fɔ̃dɔ̃ loer lãgaʒ afɛ̃ k il n ãtãdə ply la lãg lez œ̃ dez otrə.]

8.3.4 Literatur: Berschin/Felixberger/Goebl/ (1978), Klein (1963), Müller (1975).

8.3.5 Aufgaben:

1. Lesen Sie Müller (1975:7-22) und beantworten Sie folgende Fragen: (a) Wieviele und welche Sprachen werden auf frz. Staatsgebiet (ohne Überseebesitzungen) gesprochen? (b) Was bedeutet der Terminus ***Frankophonie***? (c) In welchen Domänen konnte und kann sich das Französische als "funktionale Weltsprache" behaupten? Welche Verschiebungen ergaben sich vom 17. zum 20. Jhdt.?

2. Lesen Sie Christmann, H.H. "Sprachpolitik und Sprachpflege im Frankreich der 80er Jahre: défense, illustration, diffusion". In: *Französische Sprachlehre und bon usage. Festschrift für H.-W. Klein.* Hg. von A. Barrera-Vidal u.a. München:Hueber 1986, 15-31 und beantworten Sie folgende Fragen: (a) Hat sich die frz. Sprachpolitik

unter der sozialistischen Regierung Mitterand gegenüber früher geändert? (b) In welcher Rolle befindet sich das Französische als internationale Wissenschaftssprache heute? (c) Welche Techniken sind angewendet worden, um den Stellenwert der Anglizismen im Französischen zu bestimmen und wie aussagekräftig sind die Ergebnisse?

3. Skizzieren Sie die Geschichte der *Académie Française* bzw. der *Accademia della Crusca* bzw. der *Real Academia de la Lengua Española.*

4. Schlagen Sie in einem zweisprachigen Wörterbuch jene Wörter des Turmbau-Textes nach, die Ihnen nicht geläufig sind.

5. Der bestimmte Artikel des Plurals *les* erscheint in zwei Varianten, [lez] und [le]. Erstellen Sie eine Liste aller Vorkommen und versuchen Sie zu ergründen, wie die Verteilung der beiden Varianten geregelt ist.

6. In der frz. Transkription des Turmbau-Textes sind die einzelnen Wörter wie in den anderen Transkriptionen durch Leerzeichen voneinander getrennt worden, obwohl dies in der frz. Phonetik/Phonologie kaum üblich ist. (a) Lesen Sie Klein (1963:29-34) und begründen Sie, warum unsere Vorgangsweise gerade für das Französische problematisch ist. (b) Welche "mots phonétiques" bzw. "groupes rythmiques" macht unser Sprecher? Kennzeichnen Sie diese in der Art von Klein. (c) Vor welchen Konsonanten werden nach Klein (1963:46-50) welche Vokale lang gesprochen? (d) Welche Bedeutung haben die "groupes rythmiques" für die Vokallänge? (e) Tragen Sie die Quantität der Vokale der letzten Silbe aller "groupes rythmiques" ein und überprüfen Sie anhand dieser Daten Kleins Regeln.

9. Neunte Unterrichtseinheit

9.1 Definitionen

9.1.1 Lexikographische vs. wissenschaftliche Definitionen

Eine Minimalanforderung an eine lexikographische Definition ist, daß sie all das, was mit dem zu definierenden Wort bezeichnet wird, ein-, alles andere hingegen ausschließen soll. Schließt sie mehr ein, nennt man sie ***zu weit***, schließt sie weniger ein, ***zu eng***. So wäre z.B. eine Definition von *Sprache* als 'menschliches Kommunikationsmittel' gleichzeitig zu weit, insoferne es ja auch nicht-sprachliche menschliche Kommunikationsmittel gibt, und zu eng, da man auch bezüglich mancher tierischer Kommunikationssysteme, etwa dem Schwänzeltanz der Bienen, oft von *Sprachen* spricht.

Bei wissenschaftlichen Definitionen sieht die Sache grundlegend anders aus. Sie werden nicht nur verwendet, um einen etablierten Sprachgebrauch zu beschreiben, sondern vor allem auch, um die Bedeutung eines neu eingeführten Begriffs zu erläutern oder anzugeben, daß und wie ein verwendeter Begriff von der herkömmlichen Bedeutung abweicht (vgl. Aufgabe 4).

Diese Funktion wissenschaftlicher Definitionen ergibt sich aus der Natur wissenschaftlicher Forschung. Entgegen der bei Laien sehr verbreiteten Meinung ist ein wissenschaftliches Fachgebiet, etwa die Atomphysik oder die sardische Phonologie, kein System ewiger Wahrheiten, sondern ein oft recht heterogenes Konglomerat von Hypothesen und Theorien, die, wie wir in 10.1 sehen werden, von Natur aus vorläufigen Charakter haben. Begriffe haben dabei nur eine Hilfsfunktion, nämlich das Formulieren von Hypothesen und Theorien zu ermöglichen bzw. zu unterstützen. Deshalb werden wissenschaftliche Begriffe und ihre Definitionen danach beurteilt, wie **fruchtbar** sie für das Formulieren von wissenschaftlich interessanten Hypothesen und Theorien, dem eigentlichen Ziel der Wissenschaft, sind. Sie sind im Gegensatz zu lexikographischen Definitionen also weder richtig noch falsch, sondern nützlich oder unnütz für das Formulieren von Hypothesen und Theorien.

Im Bereich der Chemie hat sich z.B. der Begriff *Phlogiston* als unnütz erwiesen und wurde aus dem Verkehr gezogen. Und selbst ein Begriff wie *Atom* kann sich nur deshalb seit zweitausend Jahren halten, weil er mit dem Wandel der Hypothesen und Theorien über den Aufbau der Materie immer wieder umdefiniert worden ist.

Für die Sprachwissenschaft gilt natürlich genau dasselbe. Auch so alteingesessene Begriffe wie *Subjekt*, *Prädikat* oder sogar *Wort* werden mit dem Wandel der Hypothesen und Theorien immer wieder neu definiert, manchmal sogar gänzlich verworfen.

Aber sehen wir uns dieses Zusammenspiel von Begriffen bzw. Definitionen einerseits und Hypothesen bzw. Theorien andererseits an einem einfachen Beispiel näher an. Den Ausgangspunkt mögen folgende dt. Sätze bilden:

(1) *Der Bauer melkt die Kühe.*
(2) *Die Kühe werden vom Bauern gemolken.*
(3) *Es ist kalt hier.*

Wie man sieht, muß im Deutschen das Verb mit dem Subjekt übereingestimmt werden; das Deutsche weist m.a.W. **Subjekt-Verb-Kongruenz** auf. Dies ist keineswegs in allen Sprachen so, denn es gibt einerseits Sprachen, die keine Subjekt-Verb-Kongruenz haben, andererseits aber auch solche, in denen das Verb (auch) mit anderen Satzgliedern übereingestimmt werden muß. Dieses dem Deutschen eigene Verhalten kann man durch folgende Hypothese ausdrücken:

(4) Jedes dt. finite Verb muß mit dem Subjekt in Person und Zahl übereinstimmen.

Für die Formulierung dieser einfachen Hypothese benötigen wir nicht weniger als sechs sprachwissenschaftliche Begriffe: *finit, Verb, Subjekt, Person, Zahl* und *übereinstimmen.* Besäßen wir diese nicht, so könnten wir nur triviale Feststellungen wie die folgenden, die einen sehr niedrigen Verallgemeinerungsgrad erreichen, treffen:

(5) Nach *Der Bauer* muß man die Form *melkt* von *melken* verwenden.
(6) Nach *Die Kühe* muß man die Form *werden* von *werden* verwenden.
(7) Nach *Es* muß man die Form *ist* von *sein* verwenden.

Von den sechs Begriffen wollen wir hier nur den des *Subjekts* herausgreifen. Er erlaubt uns, auf eine ganze Klasse von unter einem bestimmten Gesichtspunkt gleichen Gegenständen oder Sachverhalten, eine sog. **natürliche Klasse**, Bezug zu nehmen und so einen allgemeinen Satz wie (4) zu formulieren. Und insoweit als (4) als eine linguistisch interessante Hypothese betrachtet wird, erweist sich der Begriff *Subjekt* als fruchtbar. Wie ist nun aber *Subjekt* zu definieren? Hier drei Vorschläge:

(8) Das Subjekt ist jenes Satzglied, das durch *Wer oder was?* erfragt werden kann.
(9) Das Subjekt ist jenes Satzglied, das den Ausführenden einer Handlung bezeichnet.
(10) Das Subjekt ist jenes Satzglied, das im Nominativ steht.

Wenn wir diese drei Definitionen auf (4) anwenden, so sehen wir, daß diese Hypothese nur in Verbindung mit (10) korrekt ist: sowohl *Der Bauer* als auch *Die Kühe* und *Es* sind nominativische Satzglieder. Legen wir (8) zugrunde, so kann Hypothese (4) Satz (3) nicht erklären, da *Es* nicht durch *Wer oder was?* erfragt werden kann. Und bei Zugrundelegung von (9) fallen gleich (2) und (3) aus, denn weder *Die Kühe* noch *Es* sind "Ausführende einer Handlung". Wenn wir (4) als eine linguistisch interessante Hypothese über das Deutsche beibehalten wollen, so folgt daraus, daß (8) und (9) im Hinblick auf die Formulierung der Hypothese über die Subjekt-Verb-Kongruenz keine adäquaten Definitionen von *Subjekt* für das Deutsche sein können.

9.1.2 Zur Form von Definitionen

Definitionen bestehen aus zwei Teilen, dem **Definiendum**, d.h. dem zu Definierenden, und dem **Definiens**, d.h. dem definierenden Teil. Letzteres soll, wie wir schon in 9.1.1 gesehen haben, weder zu weit noch zu eng sein. Es soll auch nicht **zirkulär** sein, d.h. nicht das Definiendum selbst enthalten, sei es unmittelbar oder in einer weiteren Definition, die zur Definition von Begriffen des Definiens nötig sind. So soll man nicht, wie manche dt. Wörterbücher, *Dialekt* durch *Mundart* und zugleich *Mundart* durch *Dialekt* definieren. Das Definiens soll weiters nur Begriffe enthalten, die beim Adressaten als bekannt vorausgesetzt werden können. Da viele wissenschaftliche Begriffe nur mithilfe weiterer wissenschaftlicher Begriffe definierbar sind, ist diese – didaktische –

Forderung nicht immer zu erfüllen. Das Nachschlagen eines Begriffs in einem Fachlexikon wird für den Anfänger daher oft zum Beginn einer Odyssee durch das halbe Lexikon. Schließlich soll das Definiens, wie jeder wissenschaftliche Text, nur klare Ausdrücke enthalten. Ein Beispiel für eine Definition mit unklaren Bestandteilen wäre die folgende: "Ein Kompositum ist eine Verbindung von zwei auch unabhängig vorkommenden Wörtern, die im Geiste des Sprechers ein einheitliches Bild hervorrufen." Das Unklare an dieser Definition ist der Ausdruck *einheitliches Bild,* welcher wohl von jedem anders ausgelegt werden kann. Ruft *Haustür* in Ihrem Geiste ein einheitliches Bild hervor? Und *Fürsterzbischof?*

9.1.3 Literatur: Føllesdal/Walløe/Elster (1986:§ 56), Seiffert/Radnitzky (1989).

9.1.4 Aufgaben:

1. Unter einer **operationalen "Definition"** versteht man ein Verfahren, das es einem erlaubt, durch das Ausführen einiger genau vorgeschriebener Operationen zu bestimmen, ob ein bestimmtes Ding oder ein bestimmter Sachverhalt unter das Definiendum fällt. Die Anführungszeichen sollen anzeigen, daß es sich bei sog. operationalen Definitionen nicht wie bei eigentlichen Definitionen darum handelt, einen Begriff durch andere Begriffe zu beschreiben, sondern darum, einen Zusammenhang zwischen einem Begriff und einer *außersprachlichen* Gegebenheit herzustellen. *Intelligenz* z.B. kann man durch das Definiens 'Fähigkeit, neue Probleme zu lösen' definieren oder aber operational als "das, was der Intelligenztest XY mißt". Ein gutes linguistisches Beispiel für eine operationale Definition wäre (8) in 9.1.1. Versuchen Sie, eine operationale Definition von *Substantiv* aufzustellen.

2. Definitionen sind nicht immer rein beschreibend. In der politisch-ideologischen Auseinandersetzung, der Propaganda und der Werbung werden zu Zwecken der Manipulation oft **Suggestivdefinitionen (persuasive Definitionen)** eingesetzt. Schlagen Sie den Begriff in einem (philosophischen) Fachlexikon nach und erläutern Sie ihn anhand einiger ausgewählter Beispiele.

3. Welche Fehler enthalten die folgenden Definitionen? Warum? (a) Ein Substantiv ist ein Wort, das einen Gegenstand bezeichnet. (b) Ein Adjektiv ist ein Wort, das eine Eigenschaft bezeichnet. (c) Ein Satzglied ist etwas, was zusammen mit anderen Satzgliedern einen Satz ergibt. (d) Unter *Subjekt* versteht man das zentrale Satzglied eines Satzes. (e) Unter *Adjektiv* versteht man ein Wort, das mit dem Substantiv, auf das es sich bezieht, in Geschlecht, Zahl und Fall übereinstimmt.

4. Unter **Explikation** versteht man in der Philosophie das Ersetzen eines Begriffs durch einen ähnlichen, für einen bestimmten theoretischen Zweck jedoch fruchtbareren Begriff. Lesen Sie den Artikel *Explikation* in Seiffert/Radnitzky (1989) und beantworten Sie folgende Fragen: (a) Wie sieht der Autor (nach Karl Popper) das Verhältnis von Theorieentwicklung und Explikation (Definition)? (b) Welche vier Stufen kennzeichnen den Prozeß der Explikation? (c) Wie bewertet man den Erfolg einer Explikation? Illustrieren Sie es anhand der Explikation von *Fisch* durch *Piscis* in der Zoologie. (d) Wie schätzt der Autor die Rolle der Präzision von Explikata/ Definitionen ein?

5. Lesen Sie Mugdan, H.Joachim "Was ist eigentlich ein Morphem?", in: *Zeitschrift für Phonetik, Sprachwissenschaft und Kommunikationsforschung* 39 (1986), S.29-43. Seine Darstellung der Geschichte des Begriffs *Morphem* kann als typisch für viele sprachwissenschaftliche Begriffe gelten. Wie beurteilt Mugdan die Frage "Was ist eigentlich ein Morphem?"?

9.2 Orthographie

9.2.1 Entstehung und Entwicklung von Schriftsystemen

Alle Schriftsysteme gehen letztlich auf eine bilderschriftliche Vorstufe zurück, in der das mitzuteilende Wort einfach durch ein Bild des von ihm Bezeichneten dargestellt wird. So könnte man in einer **Bilderschrift** etwa dt. *Mann* durch ein Strichmännchen wiedergeben und dt. *Schaft* durch das Bild eines Schafts. Da sich Bilderschriften jedoch nicht zur Darstellung von Unanschaulichem eignen, besteht der nächste Schritt meist darin, vorhandene Bilder teilweise auch als Symbole für die Lautgestalt der von ihnen repräsentierten Wörter einzusetzen. So könnten wir z.B. unser Strichmännchen auch als Symbol für die Lautfolge [man] verwenden, was uns erlauben würde, auch das unanschauliche Pronomen *man* wiederzugeben, und den gezeichneten Schaft als Symbol für die Lautfolge [ʃaft], womit wir dann auch die Verbform *schafft* oder die Nachsilbe *-schaft* verschriften könnten.

Mit dieser Phonetisierung der Schrift ist ein entscheidender Schritt getan. In weiterer Folge entwickeln sich häufig **Silbenschriften**, das sind Schriftsysteme, die für jede Silbe ein eigenes Symbol besitzen. So könnte man silbenschriftlich mithilfe unserer beiden Lautsymbole das Wort *Mannschaft* als Kombination eines Strichmännchens und eines Bildes für einen Schaft wiedergeben. Ein einschlägiges reales Beispiel wäre die japanische Schrift, ein Ableger der chinesischen Schrift, die ihrerseits eine Mischung aus einer abstrakten Bilderschrift und einer Silbenschrift darstellt. Wichtig für den abendländischen Kulturkreis war die Entwicklung einer **Konsonantenschrift** durch die Phöniker. Sie hatten für jeden Konsonanten ein eigenes Symbol; die Vernachlässigung der Vokale erklärt sich dadurch, daß das Phönikische eine semitische Sprache war und in den vokalarmen semitischen Sprachen das Konsonantengerüst eines Wortes Träger der Wortbedeutung ist. Auch die moderne arabische Schrift ist noch eine Konsonantenschrift. Bei der Übertragung der phönikischen Schrift auf das vokalreiche Griechische erwies sich die Beschränkung auf Konsonanten als unzureichend, weshalb man sie um Vokalsymbole ergänzte. Damit war die **Alphabetschrift** geboren. Alle nachfolgenden Alphabetschriften, etwa die lateinische, sind letztlich lediglich Anpassungen des griechischen Modells.

Anpassungen sind immer wieder notwendig, da sich ja die Lautinventare verschiedener Sprachen nicht decken müssen. So kennen z.B. die rom. Sprachen Laute, die dem Lateinischen fremd waren und für die das lat. Alphabet daher keine Buchstaben hat. In solchen Fällen haben sich diejenigen, die die rom. Sprachen zuerst verschrifteten, damit beholfen, die neuen Laute durch Kombinationen von lat. Buchstaben oder auch durch die Verwendung von diakritischen Zeichen zu symbolisieren. Zwei rom. Laute, die dem Latein unbekannt waren, sind z.B. [ʃ] und [ɲ]. Tabelle 6 zeigt die Lösungen einiger rom. Orthographien:

Tabelle 6	rum.	it.	frz.	okz.	kat.	sp.	pg.
[ʃ]	*ş*	*sc(i)*	*ch*	*ch*	*x*	/	*ch*
[ɲ]	/	*gn*	*gn*	*nh*	*ny*	*ñ*	*nh*

9.2.2 Das Verhältnis von Laut und Schrift

In einem idealen Schriftsystem sollte jedem Laut genau ein Buchstabe und jedem Buchstaben genau ein Laut entsprechen. Ein solches ideales Schriftsystem haben wir bereits kennengelernt: das internationale phonetische Alphabet. Die Orthographien der europäischen Kultursprachen weichen jedoch alle mehr oder weniger stark von diesem Ideal ab: so hat man gezählt, daß im Italienischen durchschnittlich 104, im Deutschen 112, im Englischen 124 und im Französischen gar 148 Buchstaben benötigt werden, um 100 Laute zu schreiben. Worin liegt die Ursache für dieses Auseinanderklaffen von Laut und Schrift? Wir wollen dieser Frage am Beispiel des Französischen nachgehen.

Als das Französische zuerst verschriftet wurde, stimmten Laut und Schrift ziemlich gut überein, wenn man von den oben erwähnten Buchstabenkombinationen absieht. Ein Grund dafür, daß die Kluft zwischen Laut und Schrift heute beträchtlich ist, liegt darin, daß sich das frz. Lautsystem im vergangenen Jahrtausend stark gewandelt hat, während man, aus welchen Motiven auch immer, an der einmal eingeführten Schreibung im großen und ganzen festgehalten hat. Dieses Auseinanderdriften wird gern am Beispiel des frz. Worts für 'König' demonstriert:

Tabelle 7

	Aussprache	Schreibung
11. Jhdt.	[rεj]	*rei*
13. Jhdt.	[rɔj]	*roi*
16. Jhdt.	[rwε]	*roi*
19. Jhdt.	[rwa]	*roi*

Wie man Tabelle 7 entnehmen kann, richtete sich bei der ersten Verschriftung die Schreibung nach der Aussprache. Als sich die Aussprache von [rεj] zu [rɔj] wandelte, wurde dieser Wandel durch eine Anpassung der Schreibung mitgemacht. Seit dem 13. Jhdt. jedoch ist die Schreibung von *roi* stabil, während die Lautung noch zwei Veränderungen durchgemacht hat.

Daneben gibt es noch einen zweiten wesentlichen Grund für die Kluft zwischen Laut und Schrift im Französischen. Mit dem Aufkommen des Humanismus wurde man sich der lat. Herkunft der meisten frz. Wörter wieder stärker bewußt und versuchte, dies dadurch deutlicher hervortreten zu lassen, daß man Buchstaben des lat. Etymons in der Schrift wieder einführte. Tabelle 8 veranschaulicht diesen Vorgang durch eine Kontrastierung von lat., altfrz. und neufrz. Schreibweisen:

Tabelle 8

lat.	*corpus*	*tempus*	*septem*	*villa*	*herba*
altfrz.	*cors*	*tens*	*set*	*vile*	*erbe*
neufrz.	*corps*	*temps*	*sept*	*ville*	*herbe*
Ausspr.	[kɔr]	[tã]	[sεt]	[vil]	[εrb]

Dabei hatten diese latinisierenden Schreibungen allerdings keinen Einfluß auf die Aussprache. Zur Zeit des Humanismus schrieb man übrigens auch *nuict* statt *nuit* in Anlehnung an lat. *(nox), noctem, faict* statt *fait* in Anlehnung an lat. *factum* u.a., doch konnten sich diese Schreibweisen auf die Dauer nicht halten.

Da im Laufe der frz. Sprachgeschichte viele grammatikalische Endungen verstummt sind, aber in der Schrift beibehalten wurden, führte dies dazu, daß man sich, wenn man Französisch korrekt schreiben will, nicht nur auf das Ohr verlassen darf, sondern in vielen Fällen auch grammatikalische Informationen berücksichtigen muß. [pɔrt] etwa kann *porte, portes* oder *portent* geschrieben werden, je nach Kontext: in der Bedeutung 'Tür' ist ausschlaggebend, ob Singular oder Plural vorliegt (*la porte* 'die Tür' vs. *les portes* 'die Türen'), in der Bedeutung 'tragen' kommt es auf die Person an: *je/il porte* 'ich trage, er trägt', *tu portes* 'du trägst', *ils portent* 'sie tragen'. Angesichts solcher Komplexität nimmt es nicht wunder, daß nur wenige Franzosen zu einer vollkommenen Beherrschung ihrer Orthographie gelangen.

Man mag sich fragen, warum an einem so komplizierten System festgehalten wird, warum man sich zu keiner Rechtschreibreform durchringen kann. Die Gründe hiefür sind mannigfaltig. Erstens wäre es immens teuer, da man viele Bücher und andere Texte neu drucken müßte. Zweitens würde die Literatur vergangener Zeiten noch schwerer zugänglich, als sie es ohnehin schon ist. Drittens müßten all jene, die die Schulausbildung abgeschlossen haben, umlernen. Und schließlich ist eine Beherrschung aller Schikanen der Rechtschreibung für viele der Indikator für Bildung schlechthin, weshalb eine radikalere Umkrempelung Ängste eines Niedergangs der nationalen Kultur wachruft. Von manchen frz. "Linken" wird oft auch der Verdacht geäußert, "das Bürgertum" verteidige die Orthographie so hartnäckig, weil sie eine willkommene Bildungsbarriere darstelle.

9.2.3 Literatur: *dtv-Atlas zur dt. Sprache*, Felixberger/Berschin (1974:101-25), Földes-Papp (1978).

9.2.4 Aufgaben:

1. Zählen Sie anhand der Texte des Turmbaus zu Babel aus, wieviel Buchstaben das Rumänische, das Spanische und das Portugiesische jeweils für 100 Laute brauchen.

2. Welche Buchstabenkombinationen mit dem Wert eines Lautes kennt Ihre rom. Sprache?

3. Welche diakritischen Zeichen kennt die Orthographie Ihrer rom. Sprache?

4. In diesem Abschnitt war immer von "Lauten" die Rede. In 8.2 haben wir gesehen, daß die moderne Sprachwissenschaft Phoneme und Phone/Allophone unterscheidet. Welchen dieser Einheiten entsprechen nun Buchstaben? Begründen Sie ihre Antwort.

9.3 Sprachskizze 7: Okzitanisch

9.3.1 Externe Sprachgeschichte

Die Römer teilten Gallien etwa entlang der Flüsse Loire und Rhône (vgl. Karte 8) in zwei Kirchenprovinzen. Die Diözese Aquitanien entsprach annähernd dem Verbreitungsgebiet des Altokzitanischen, der ersten bedeutenden rom. Literatursprache.

Die frz. Sprachpolitik hat seit den Albigenserkriegen Anfang des 13. Jhdt.s konsequent zum Bedeutungsschwund dieser größten Konkurrenzsprache auf frz. Staatsgebiet beigetragen. Geographisch betrachtet hat sich die Grenze zwischen den beiden hauptsächlichen Sprachzonen der Galloromania, der **langue d'oc** (okz. *oc* 'ja' < lat. *hoc*) und der **langue d'oïl** (= nfrz. *oui* 'ja'), vom Mittelalter bis heute vor allem im Westen zuungunsten des Okzitanischen von der Loiremündung zur Gironde verschoben. Vor allem aber büßte das Okzitanische im Laufe der Zeit alle offiziellen Funktionen ein und entbehrt folglich - trotz einer literarischen Renaissance in der zweiten Hälfte des 19. Jhdt.s - einer allgemein anerkannten und verwendeten Schriftsprache.

Das Sprachgebiet läßt sich in sechs Dialektzonen gliedern (vgl. Karte 9). Am "eigenwilligsten" verhält sich das **Gaskognische**, dem nach dem Kriterium des innerlinguistischen Abstands von den anderen okz. Dialekten gelegentlich der Status einer eigenen "Sprache" eingeräumt worden ist. Das **Languedokische** stellt die konservativste Mundart dar und wird deshalb von einem Teil der Okzitanisten als Grundlage einer okz. Standardsprache favorisiert. ***Provenzalisch*** heißt der südöstliche Dialekt. Es empfiehlt sich daher, diesen Namen allenfalls noch für die mittelalterliche Koiné, nicht aber als Sammelbezeichnung für das gesamte okzitanische Gebiet von heute zu verwenden.

Zwischen langue d'oc und langue d'oïl steht das **Frankoprovenzalische**, dem ein besonderes Substrat (das Burgundische) zugeschrieben und aus diesem Grund eine gewisse Eigenständigkeit zuerkannt wird. Frankoprovenzalisch war nie Amtssprache.

Karte 8: DIÖZESANGRENZE
in der Galloromania, 4.Jhdt.n.Chr.

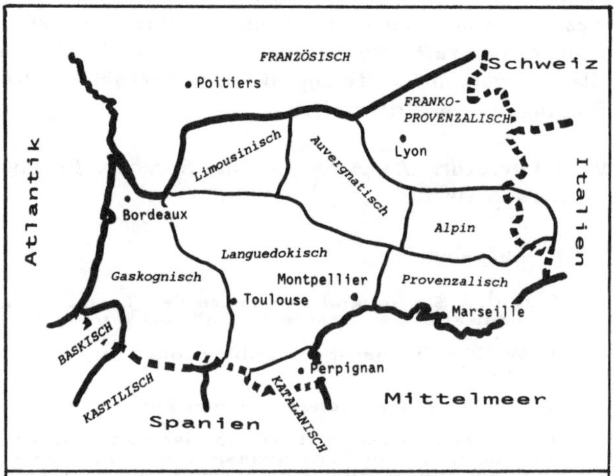

Karte 9: OKZITANISCH
Verbreitung und Gliederung [nach Kremnitz (1981, 12)]

9.3.2 Ein komplexer Fall von Diglossie

Im okz. Sprachgebiet koexistieren mindestens drei formal und situationsspezifisch voneinander zu scheidende Sprachformen:

- Im offiziellen Bereich dominiert das Standardfranzösische, das allen frz. Staatsbürgern durch Schule, Presse, Fernsehen usw. vermittelt wird.

- Weniger formelle Sprechsituationen wie ein Verkaufsgespräch oder eine Gemeinderatssitzung in einem Dorf erlauben den Gebrauch des mit markantem südfrz. Akzent gesprochenen Französisch, des sog. *francitan* (einer Kreuzung aus *français* und *occitan*). Hauptcharakteristika des südfrz. Akzents sind die Beibehaltung des *e muet* bzw. *caduc* an vielen Stellen, wo es im Standardfranzösischen ausfällt (z.B. wird *petite fille* 'kleines Mädchen' [pətitə fijə] gesprochen und nicht [ptit fij]), die schwächere Vokalnasalierung bei Erhalt des Nasalkonsonanten ([pɛŋ] statt [pɛ̃] für *pain* 'Brot') sowie das Rollen des *r*, das allerdings in Südfrankreich nicht überall verbreitet ist und andererseits auch in anderen Teilen der frz. Provinz vorkommt.

- Weitgehend auf den privaten Bereich beschränkt bleibt der jeweilige okz. Dialekt. Er wird heute von den meisten Kindern, wenn überhaupt, nicht als eigentliche Muttersprache erlernt, sondern erst als Gruppensprache z.B. in Jugendclubs oder am Arbeitsplatz.

Sympathisanten des Okzitanischen, die dessen Ausbau engagiert betreiben, sehen sich vor zwei Aufgaben gestellt: zum einen sind die Domänen für das Okzitanische zu erweitern, damit sich der Anreiz zur Erlernung erhöht und eine soziale Aufwertung eintreten kann, zum anderen ist die Schaffung einer überregionalen und allgemein akzeptierten Standardsprache unumgänglich, wenn ein panokz. Zusammengehörigkeitsgefühl erwachen soll, das regionale Empfindsamkeiten und Eigenbröteleien zurückdrängt. Würde dieses Ziel erreicht, so würde sich zwischen das Standardfranzösische und das *francitan* eine vierte Sprachebene einschieben, die man als "okz. Hochsprache" bezeichnen könnte.

9.3.3 Der Turmbau zu Babel: Okzitanisch

La terro, d'aquéu tèms, noun avié qu'uno lengo sus li bouco. E quand li gènt partiguèron dóu levant, trouvèron uno plano en terro de Sennaar, e i' abitèron. E se diguèron de l'un à l'autre: "Venès, fasen de patòu e cousen-lèi au fiò." E 'm'acò se serviguèron de patòu au liò de pèiro e de bitume pèr mourtié. E diguèron: "Venès, fasen-nous uno vilo em'uno tourre que soun cresten toque lou cèu, e renden noste noum celèbre, avans de nous esparpaia dins l'univers."

Mai lou Segnour descendeguè pèr vèire la vilo e la tourre que bastissien li fiéu d'Adam. E diguè: "Vaqui un soulet pople, e que n'an qu'un parla: an coumença de faire acò, e noun auran d'autro pensado d'aquique l'agon acaba. Zóu, descenden, e counfounden-ié sa lengo, pèr que s'entèndon plus l'un l'autre."

E d'aquéu biais, lou Segnour li divisè, lis escampihant d'aqui pèr tóuti li terraire, e cessèron de basti sa vilo. Vaqui perqué l'an noumado Babèl, per-ço-qu'aqui ié fuguè counfoundu lou parla de l'univers, e que d'aqui lou Segnour li dispersè subre la fàci de tóuti li countrado.

La genési, traducho en provençau. (Übers. von F. Mistral) Paris:Champion 1910

[la tero d akɛu tɛ̃ŋ nun avje k yno lɛŋgə sy li buko. e kan li dʒɛn partigɛrõn dou levaŋ truvɛrõ yno plano ɛ̃n tero de Senaar e i abitɛrõ. e se digɛrõn de l yn a l autre: venɛs fazɛn de patɔu e kuzɛnlɛj ɔu fjo. e mako se servigɛrõn de patɔu ɔu ljo de pɛjrə e de bityme pɛr murtje. e digɛrõ: venɛs fazɛn nuz yno vilo ɛm yno ture ke suŋ krestɛn toke lu seu e rendɛn nosde nun selɛbre avan de nuz esparpaja din l yniver.

Maj lu senur desɛndege pɛr vɛjre la vilo e la ture ke bestisjɛ̃n li fju d Adam. e dige: vaki yn sule pɔple e ke naŋ kym parla. aŋ kumɛnsa de fajr ako e nun auran d autro pɛ̃nsado d akike l agɔŋ akaba. zɔu desɛndɛ̃ŋ e kunfundɛ̃j jɛ sa lɛŋgə pɛrke s ɛntɛndõ ply l yn l autre.]

9.3.4. Literatur: Eschmann (1986), Kremnitz (1981).

9.3.5 Aufgaben:

1. Welche Rolle spielte Frédéric Mistral für die Renaissance des Okzitanischen? Welchem Dialekt sind seine Texte zuzuordnen?

2. Lesen Sie Eschmann (1986) und beantworten Sie folgende Fragen: (a) Welcher rom. Sprache steht das Okzitanische so nahe, daß gegenseitige Verständlichkeit vorausgesetzt werden kann? (b) Welches ist das Hauptproblem bei dem Versuch der Schaffung einer gesamtokz. Orthographie? (c) Wer schreibt heute wann, wo und für wen okzitanisch? (d) Welche Verbindungen bestehen zwischen der sprachlichen und der wirtschaftlichen Situation Südfrankreichs?

3. Die Zahl der Okzitanischsprecher wird auf 1,2 Mio bis 14 Mio geschätzt. Warum schwanken die Schätzungen so stark?

4. Interpretieren Sie folgendes Schema aus Nouvel, Alain *L'occitan – langue de civilisation européenne.* Montpellier 1977, S.118 anhand der Lektüre von Kremnitz (1981:59–67). Kommentieren Sie besonders geschlechtsspezifische Unterschiede.

Exemple de l'emploi de l'occitan dans les relations de rôles familiaux (Tarn)

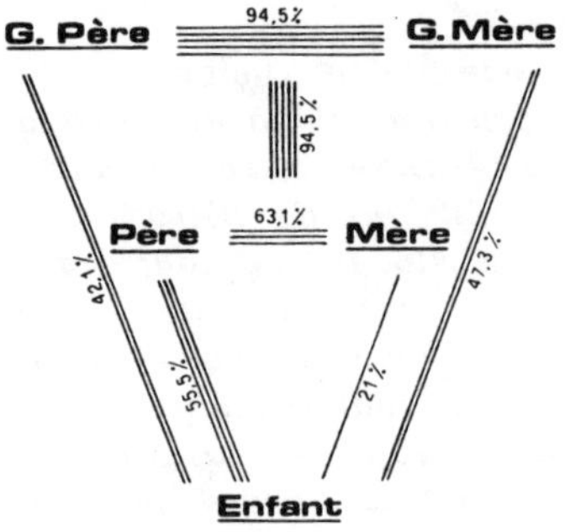

Tableau général (moyenne village-campagne)

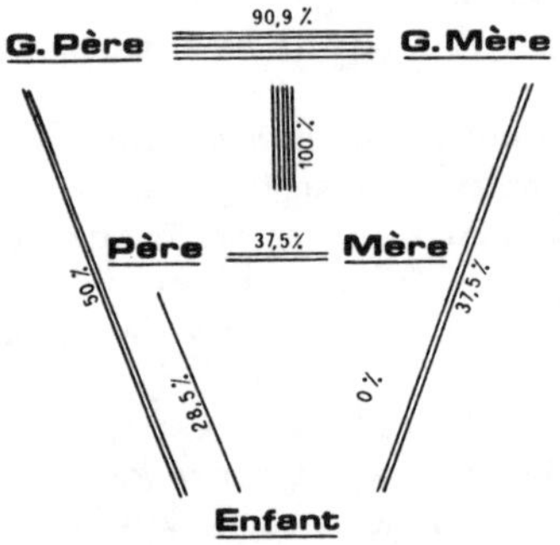

Village (Ambialet)

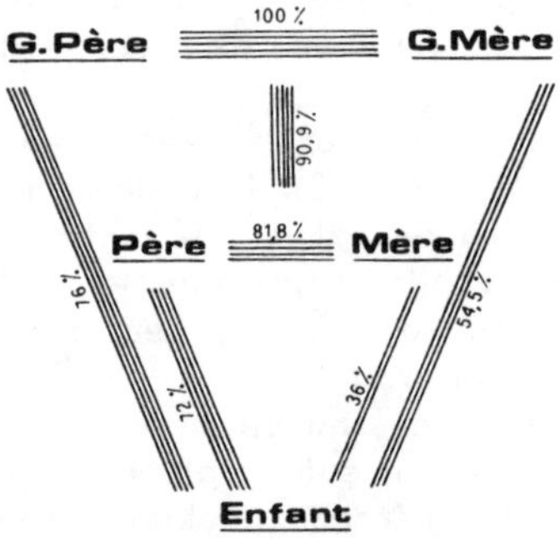

Campagne (La Condamine)

Enquête de Georges Maurand *(1975)*

10. Zehnte Unterrichtseinheit

10.1 Hypothesen und Theorien

In 9.1.1 war schon davon die Rede, daß nicht Begriffe, sondern Hypothesen und Theorien das eigentliche Ziel der Wissenschaft seien und daß diese grundsätzlich vorläufigen Charakter hätten. Diese Andeutungen wollen wir im vorliegenden Abschnitt etwas vertiefen. (Unter *Theorie* verstehen wir, wie allgemein üblich, ein System von Hypothesen.) Der Aspekt der Vorläufigkeit kann nicht genug hervorgestrichen werden, zumal die meisten Studenten mit der landläufigen Vorstellung die Universität betreten, Wissenschaft sei im wesentlichen ein kumulativer Prozeß, bei dem der Wissensschatz von Spezialisten Tag für Tag um eine kleine und alle paar Jahre um eine größere Gewißheit vermehrt werde.

10.1.1 Die hypothetisch-deduktive Methode

Eine wissenschaftliche Hypothese hat die folgende sprachliche Form oder kann zumindest prinzipiell auf diese reduziert werden: *Alle A sind B.* Sätze dieses Typs haben aufgrund der Bedeutung des Wortes *alle* die Eigenschaft, daß sie erlauben, bei Vorliegen von A auf das Vorliegen von B zu schließen. So folgt, um ein "geheiligtes" Beispiel etwas abzuwandeln, aus *Alle Raben sind grün* und *Hansi ist ein Rabe* zwangsläufig *Hansi ist grün.* Diese Eigenschaft können wir uns zunutze machen, um die Richtigkeit eines Satzes von der Form *Alle A sind B* zu überprüfen. Wenn wir nämlich wissen, daß A vorliegt und gleichzeitig wissen, daß B nicht vorliegt, so können wir daraus schließen, daß der Satz *Alle A sind B* nicht wahr sein kann. Weiß ich z.B., daß Hansi ein Rabe ist und Hansi schwarz, nicht grün ist, so muß der Satz *Alle Raben sind grün* falsch sein.

In der Terminologie der Wissenschaftstheorie nennt man eine Widerlegung nach diesem Verfahren **Falsifikation**. Allerdings ist es nicht sinnvoll und üblich, eine Hypothese schon bei Vorliegen eines Gegenbeispiels (technisch gesprochen: einer **falsifizierenden Instanz**) zu verwerfen. Im allgemeinen entschließt man sich zu diesem Schritt erst, wenn eine bessere Alternativhypothese verfügbar ist. Bis dahin wird die ursprüngliche Hypothese oft durch sog. **Ad-hoc-Hypothesen** "gerettet", das sind Hypothesen, die keine unabhängige Begründung haben und eigentlich nur dazu dienen, Einwände gegen eine Hypothese zu entschärfen. Ad-hoc-Hypothesen sind also Notlösungen. Die obige Rabenhypothese könnte z.B. durch die Ad-hoc-Hypothese vor Falsifikation gerettet werden, daß Raben, die *Hansi* heißen, ausnahmsweise nicht grün sind.

Wenn eine Inspektion größerer Mengen von Raben nun aber ergibt, daß sie alle schwarz und nicht grün sind, so wird ein einsichtiger Vertreter der Grün-Hypothese diese wahrscheinlich aufgeben und es mit der Alternativhypothese *Alle Raben sind schwarz* versuchen. Angenommen, weitere intensive Überprüfungen ergeben wieder, daß tatsächlich jeder überprüfte Rabe schwarz ist, ist die Schwarz-Hypothese dann als wahr erwiesen? Nein. Denn es ist ja nicht ausgeschlossen, daß der nächste Rabe eine andere Farbe hat oder daß es einmal nicht schwarze Raben geben/gegeben haben könnte. Sätze mit dem Wort *alle* kann man m.a.W. nicht **verifizieren**, d.h. endgültig als wahr erweisen, sofern *alle* im uneingeschränkten Wortsinn verwendet wird (*Alle Raben in diesem Käfig sind schwarz* ist natürlich verifizierbar). Vielmehr sagt man von einer Hypothese, gegen die keine falsifizierenden Instanzen vorliegen, sie habe sich **bewährt**. Je zahlreicher und strenger die Überprüfungen sind, desto höher ist zwar der Grad der Bewährung, doch kann nie endgültige Gewißheit erlangt werden.

Nun sind wir in der Lage zu verstehen, warum die vorgestellte Methode der Hypothesenbildung *hypothetisch-deduktiv* heißt. *Deduktiv* heißt sie, weil zur Überprüfung aus dem Allsatz Konsequenzen deduziert, d.h. logisch abgeleitet werden, und *hypothetisch*, weil Hypothesen aufgrund des Wortes *alle* prinzipiell nicht verifiziert werden können und somit immer vorläufig bleiben.

Hypothesen implizieren immer auch die Behauptung, daß etwas nicht der Fall sein könne. Wer z.B. behauptet, alle Raben seien schwarz, behauptet implizit zugleich, daß es keine nicht-schwarzen Raben geben kann. Die Gesamtheit dessen, was laut einer Hypothese nicht der Fall sein kann, nennt man deren **empirischen Gehalt.** Der Grund, warum man fordert, Hypothesen müßten einen empirischen Gehalt haben, dürfte mittlerweile klar sein: nur Hypothesen mit empirischem Gehalt sind falsifizierbar. Hypothesen, die keinen empirischen Gehalt haben, also prinzipiell unwiderlegbar sind, nennt man **immun**.

10.1.2 Ein Anwendungsbeispiel

In diesem Abschnitt wollen wir die hypothetisch-deduktive Methode auf folgendes überschaubare Problem anwenden: Mit welchen Adjektiven ist das dt. Gradadverb *höchst* kombinierbar? Ausgangspunkt für diese Untersuchung ist die Beobachtung, daß Verbindungen wie die unter (1) möglich sind, nicht jedoch solche wie die unter (2):

(1) *eine sehr/höchst eigenartige Geschichte*
ein sehr/höchst interessantes Buch
eine sehr/höchst angenehme Überraschung

(2) *eine sehr/*höchst süße Torte*
*eine sehr/*höchst gute Pastete*
*sehr/*höchst viel Geld*

Welche Regelmäßigkeit steckt da dahinter? Versuchen wir es mit Hypothese 1:

H 1: Alle mehrsilbigen graduierbaren Adjektive sind mit *höchst* kombinierbar.

Anm.: Die Silbenzahl soll sich auf das unflektierte Adjektiv beziehen und die Graduierbarkeit als 'Kombinierbarkeit mit *sehr*' definiert werden. Die Akzeptabilitätsurteile sind die der Autoren und stehen natürlich auch zur Diskussion (vgl. Aufgabe 4 (c)!).

Was kann man aus H 1 deduzieren? Worin besteht ihr empirischer Gehalt? Darin, daß sie behauptet, es könne kein mehrsilbiges graduierbares Adjektiv geben, das nicht mit *höchst* kombinierbar sei. Damit wissen wir, wie eine falsifizierende Instanz aussehen müßte. Falsifizieren die Daten in (1) H 1? Nein, denn alle drei Adjektive sind ja mehrsilbig, graduierbar und mit *höchst* kombinierbar. Und wie steht es mit (2)? Auch diese Daten falsifizieren H 1 nicht, da H 1 über einsilbige Adjektive ja keine Aussagen macht. Ist H 1 somit also verifiziert? Natürlich nicht, denn das nächste mehrsilbige graduierbare Adjektiv könnte ja mit *höchst* unverträglich sein. Alles, was wir sagen können, ist, daß sich H 1 bewährt hat. Ein Mangel von H 1 ist jedoch, daß sie über manche relevanten Daten, etwa die in (2), keine Voraussagen macht, also unvollständig ist. Versuchen wir, diesen Mangel zu beheben, indem wir H 1 folgendermaßen umformulieren:

H 2: Alle mehrsilbigen graduierbaren Adjektive und nur diese sind mit *höchst* kombinierbar.

H 2 hat einen höheren empirischen Gehalt als H 1, da sie auch ausschließt, daß ein Adjektiv zugleich einsilbig, graduierbar und mit *höchst* kombinierbar sein könnte. Da sich auch H 2 an den Daten (1) und (2) bewährt, ist sie somit vorzuziehen. Ist H 2 aber korrekt? Sehen wir uns weitere Daten an:

(3) *ein sehr/*höchst bitterer Tee*
*ein sehr/*höchst dunkles Zimmer*
*ein sehr/*höchst schmutziges Kind*

Die Adjektive von (3) sind graduierbar und mehrsilbig, aber dennoch mit *höchst* unverträglich. Somit falsifizieren sie H 2 (und auch H 1). Jetzt könnte jemand auf die Idee kommen, H 2 durch folgende Ad-hoc-Hypothese zu retten:

Ad-hoc-H 1: Manche mehrsilbige graduierbare Adjektive sind ausnahmsweise nicht mit *höchst* kombinierbar. Dazu gehören u.a. *bitter, dunkel* und *schmutzig.*

Ad-hoc-Hypothesen sind jedoch, wie wir gesehen haben, Notlösungen. Ad-hoc-H 1 ist zudem recht unplausibel: warum sollten gerade *bitter, dunkel* und *schmutzig* Ausnahmen sein? Bei weiteren Überprüfungen stellt sich außerdem heraus, daß es noch viele andere "Ausnahmen" gibt, z.B. die unter (4):

(4) *eine sehr/*höchst lockere Schraube*
*eine sehr/*höchst wackeliger Stuhl*
*ein sehr/*höchst haariger Unterarm*

Es ist daher sicher angebracht, sich nicht an H 2 zu klammern, sondern neue Hypothesen zu formulieren und zu überprüfen. Vgl. Aufgabe 6.

10.1.3 Literatur: Føllesdal/Walløe/Elster (1986:Kap.III), Seiffert/Radnitzky (1989).

10.1.4 Aufgaben:

1. Lesen Sie den Artikel *Deduktion* in Seiffert/Radnitzky (1989) und beantworten Sie folgende Fragen: (a) Was versteht man unter **Deduktion** und **Induktion**? (b) Welches der beiden Schlußverfahren erlaubt, von der Wahrheit der Prämissen auf die Wahrheit der Konklusion zu schließen? (c) Welche Eigenschaft gültiger Deduktionen liegt dem Begriff der Falsifikation zugrunde? (d) Zeigen Sie anhand eines klaren eigenen, strukturgleichen Beispiels, daß es sich bei folgender Deduktion um einen **Fehlschluß** handelt: Prämisse 1: *Wenn es regnet, dann ist es naß.* Prämisse 2: *Es ist naß.* Konklusion: *Es regnet.*

2. Lesen Sie den von Karl Popper verfaßten Artikel *Falsifizierbarkeit, zwei Arten von* in Seiffert/Radnitzky (1989) und beantworten Sie folgende Fragen: (a) Wie definiert Popper *Falsifizierbarkeit?* (b) Welche beiden Arten von Falsifizierbarkeit unterscheidet Popper? Wodurch unterscheiden sie sich? (c) Welche zwei Legenden bzgl. der Falsifizierbarkeit gibt es nach Popper? (d) Ist die Hypothese *Languages can vary in infinite and unpredictable ways* - die in den fünfziger Jahren sehr beliebt war - falsifizierbar?

3. Lesen Sie den Artikel *Wissenschaftlichkeit* in Seiffert/Radnitzky (1989) und beantworten Sie folgende Fragen: (a) Wer ersetzte wann in welchem Werk das Verifizierbarkeitskriterium wodurch? (b) Für welches Kriterium der Wissenschaftlichkeit plädiert Popper? (c) Kann eine wertlose Theorie nach diesem Kriterium wissen-

schaftlich sein? Warum? (d) Worin sieht der Autor die praktische Hauptbedeutung von Poppers Abgrenzungskriterium?

4. Die in 10.1 "landläufig" genannte Vorstellung von Wissenschaft bzw. wissenschaftlichem Fortschritt ähnelt der Auffassung des **Positivismus**. Lesen Sie das Stichwort *Positivismus* in Seiffert/Radnitzky (1989) und beantworten Sie folgende Fragen: (a) Was versteht man unter *Positivismus* im fachlichen und was im **pejorativen**, d.h. abwertenden, Sinn? (b) Von wem und in welchem geistesgeschichtlichen Klima wurde der Positivismus begründet? (c) Zu den Grundannahmen des Positivismus gehört, daß es sichere Einzeltatsachen gebe, auf denen die Wissenschaft aufbauen könne. Was meint Karl Popper dazu? (d) Welche in 1.2 besprochene sprachwissenschaftliche Schule war am stärksten vom Positivismus beeinflußt?

5. Lesen Sie in Føllesdal/Walløe/Elster (1986:54-60) die Darstellung der Semmelweisschen Entdeckung der Ursache des Kindbettfiebers und verfassen Sie eine sehr knappe Zusammenfassung davon.

6. Nehmen Sie den in 10.1.2 abgebrochenen Versuch, das Problem der Kombinierbarkeit von Adjektiven mit *höchst* zu lösen, wieder auf und gehen Sie dabei nach der hypothetisch-deduktiven Methode vor. Verwenden Sie auch die einschlägige wissenschaftstheoretische Terminologie aus 10.1.1.

7. Wissenschaft passiert nicht im luftleeren Raum. Lesen Sie den Artikel *Wissenschaftssoziologie* in Seiffert/Radnitzky (1989) und beantworten Sie folgende Fragen: (a) Welche Folgen ergeben sich aus den unterschiedlichen materiellen Bedürfnissen von Geistes- und Naturwissenschaften? (b) Welche sozialen Faktoren sind für eine wissenschaftliche Karriere maßgebend? (c) Was versteht Kuhn unter "normaler" und "revolutionärer" Wissenschaft? (d) Gibt es objektive Kriterien für Qualifikation?

10.2 Morphologie

10.2.1 Einige Grundbegriffe

Unter *Morphologie* versteht man die innere Struktur von Wörtern oder auch diejenige Teildisziplin der Linguistik, die diese Strukturen einer Sprache studiert.

Ein Wort wie *Bäcker* ist, im Gegensatz etwa zu *Dieb* oder *König*, in kleinere Einheiten mit eigener Bedeutung zerlegbar, nämlich *Bäck-* und *-er*. Solche "kleinste bedeutungstragende Einheiten" heißen in der Linguistik gewöhnlich **Morpheme**. Manchmal werden sie auch als **Morphe** bezeichnet, um den Begriff *Morphem* für eine Klasse von bedeutungsgleichen und formal ähnlichen Morphen zu reservieren, z.B. die Klasse {*back-, bäck-*}. In ihrer Eigenschaft als Realisierungsvarianten eines Morphems werden solche Elemente auch **Allomorphe** genannt.

Kommen Morpheme in derselben Bedeutung auch als unabhängige Wörter vor, so nennt man sie **frei** (z.B. *Dieb, er* als Pronomen), sonst **gebunden** (z.B. *-er* in *Bäcker*). Gebundene Morpheme sind entweder gebundene Stämme, sofern sie lexikalische Bedeutung haben (z.B. *back-*), oder **Affixe**, wenn sie wortbildende oder grammatikalische Funktion haben. Affixe unterteilt man in Abhängigkeit von ihrer Stellung in **Präfixe** (z.B. ***Ur**zeit*) und **Suffixe** (z.B. *zeit**lich***). Morpheme, die durch dazwischenliegendes "Material" getrennt sind, nennt man **diskontinuierlich** (z.B. ***Ge**lach**e***).

Morpheme, die zwar keine eigentlichen Affixe sind, aber phonologisch mit einem Wort eine Einheit bilden, nennt man **Klitika** (Sg. *Klitikon*), z.B. die umgangssprachlichen Formen ***S'**geht* und *Geht'**s**?* für *Es geht* und *Geht es?*

10.2.2 Konstituenten

Die Aufgabe der Morphologie erschöpft sich nicht im Isolieren von Morphemen, vielmehr muß sie auch beschreiben, in welchem Verhältnis die Morpheme eines Wortes zueinander stehen. Obwohl ein morphologisch komplexes Wort wie *Plastikmülltonne* auf den ersten Blick aussieht wie eine Aneinanderreihung von drei Substantiven, nämlich *Plastik, Müll* und *Tonne,* sieht man nach kurzer Reflexion, daß diese drei Morpheme hierarchisch organisiert sind: in der Lesart 'Mülltonne aus Plastik' bilden *Müll* und *Tonne* eine Einheit, die durch *Plastik* näher bestimmt wird, während in der Lesart 'Tonne für Plastikmüll' *Plastik* und *Müll* eine Einheit bilden, die *Tonne* näher bestimmt. Die hier angesprochenen Grund- und höheren Einheiten nennt man in der Linguistik **Konstituenten**: so besteht *Plastikmülltonne* in der Bedeutung 'Mülltonne aus Plastik' aus den Konstituenten *Plastik, Müll, Tonne* und *Mülltonne,* während *Plastikmüll* oder *Plastiktonne* keine Konstituenten sind.

Die Hypothese einer hierarchischen Organisation in Konstituenten erlaubt uns, einige Eigenschaften von morphologisch komplexen Wörtern zu erklären. Wenn wir annehmen, daß sich die Bedeutung morphologisch komplexer Wörter schrittweise von einfacheren zu komplexeren Konstituenten fortschreitend aufbauen läßt, so erlaubt sie, die Doppeldeutigkeit von *Plastikmülltonne* zu erklären. Auch für die Erklärung der möglichen unterschiedlichen Betonung der beiden Lesarten spielt sie offensichtlich eine Rolle. In vielen Fällen erlaubt uns unser Wissen über die **Distribution** (d.h. die Kombinationseigenschaften) von Konstituenten Aufschlüsse über die anzunehmende hierarchische Struktur: da sich z.B. das dt. Präfix *er-* nur mit Verben, nicht aber mit Adjektiven verbindet (vgl. *ersitzen* vs. **erschwierig*), wissen wir, daß *erlernbar* nicht die Struktur [*er*[*lernbar*]] haben kann, sondern nur die Struktur [[*erlern*]*bar*], was übrigens auch durch die Bedeutung bestätigt wird. In der Umschreibung der Bedeutung von *erlernbar* kann man nämlich zwar *erlernen,* kaum aber *lernbar* unterbringen.

10.2.3 Wortbildung

Die Verfahren zur Bildung morphologisch komplexer Wörter teilt man traditionell in zwei Bereiche, die Wortbildung und die Flexion. Die Grenze zwischen diesen Bereichen ist fließend. Grob gesagt rechnet man zur **Wortbildung** all jene Verfahren, die zur Bildung neuer Wörter dienen, während der **Flexion** jene Morpheme zugerechnet werden, die grammatikalische Funktion haben.

Die Wortbildung zerfällt wieder in zwei Bereiche. Der **Komposition** zählt man Wörter zu, deren unmittelbare Konstituenten selbst Wörter sind (z.B. *Plastikmülltonne*), der **Derivation** hingegen solche, die aus einem Wort als Basis und einem gebundenen Wortbildungsmorphem bestehen (z.B. *erlernbar*). Die dazugehörenden "Produktnamen" sind **Kompositum** und **Derivat.** Wird ein Wort ohne explizites Morphem gebildet, so spricht man von **Konversion** (z.B. *ernst > der Ernst*). Unter **Rückbildung** versteht man die Ableitung eines neuen Wortes aus einem morphologisch komplexeren (*nahversorgen < Nahversorgung*) oder gleich komplexen (*Volkszähler < Volkszählung*) Wort.

10.2.4 Flexion

Innerhalb der Flexion unterscheidet man **Deklination** und **Konjugation**, je nachdem ob die Basen Substantiva/Adjektiva/Pronomina oder Verben sind. In den rom. Sprachen ist die Verbalflexion reicher ausgebildet als die Nominalflexion: neben den **infiniten** Verbformen Infinitiv, Gerundium und Partizip gibt es für fast jedes Verb ca. 100 **finite** Verbformen, die verschiedene Kombinationen der Kategorien Aspekt, Tempus, Modus und Person ausdrücken.

Die größten Schwierigkeiten für Lerner mit Deutsch als Muttersprache bietet die Kategorie Aspekt, die im Romanischen nur bei den Tempora der Vergangenheit ausgeprägt ist und leider in vielen Gebrauchsgrammatiken nicht von der Kategorie Tempus abgehoben wird. Durch ein **Tempus** wird ein von einem Verb ausgedrücktes Ereignis auf der Zeitachse situiert, im Sinne eines Vorher/Nachher. Der **Aspekt** hingegen dient der Darstellung des inneren Verlaufs eines Ereignisses: so besteht der Unterschied zwischen einem it. Imperfekt wie *leggevo* 'ich las' und einem Perfekt wie *lessi* oder *ho letto*, die ebenfalls mit 'ich las' zu übersetzen sind, nicht darin, daß ein Ereignis vor dem anderen stattgefunden hätte, sondern darin, daß, vergröbert gesagt, mit *leggevo* das Lesen als zu dem besagten Zeitpunkt in der Vergangenheit im Verlauf befindlich dargestellt wird, mit den Perfektformen hingegen als abgeschlossen.

10.2.5 Literatur: Bauer (1988).

10.2.6 Aufgaben:

1. Suchen Sie einige falsifizierende Instanzen gegen folgende Hypothese: "Alle Wörter sind restlos in Morpheme zerlegbar". *Morphem* sei als 'kleinste bedeutungstragende Einheit' definiert.

2. Worin besteht die Parallele zwischen *Phonem/Phon/Allophon* und *Morphem/Morph/Allomorph?*

3. Schlagen Sie die Bedeutung von **Nomen actionis/agentis/instrumenti/loci/qualitatis** nach und suchen Sie je drei Beispiele aus Ihrer rom. Sprache.

4. Schlagen Sie die Bedeutung von **denominal**, **deverbal** und **deadjektivisch** nach und suchen Sie je drei einschlägige Wortbildungen aus Ihrer rom. Sprache bzw. dem Deutschen.

5. Warum sind die dt. Entsprechungen von *Präfix* und *Suffix*, nämlich *Vorsilbe* und *Nachsilbe*, irreführend?

6. Affixe haben immer eine eingeschränkte Distribution, d.h. sie können nie an beliebige Basen treten, sondern nur an Basen eines bestimmten Typs. Suchen Sie zehn nicht übliche, aber mögliche und zehn unakzeptable Bildungen auf *-bar* und formulieren Sie eine Hypothese bzgl. der Klasse von Basen, mit denen dieses Suffix verträglich ist.

7. Im Deutschen bestimmt die rechte unmittelbare Konstituente die semantische Klasse und das Genus eines Nominalkompositums; vgl. *Faßbier* vs. *Bierfaß*. Schlagen Sie die Entsprechung von *Froschmann* in Ihrer rom. Sprache nach und überprüfen Sie, ob dies auch dort der Fall ist.

8. (a) Was versteht man unter **Flexions-, Deklinations-** und **Konjugationsklasse**? (b) Was ist ein **Themavokal**? (c) Welche Konjugationsklassen gibt es in Ihrer rom. Sprache und durch welche Themavokale werden Sie angezeigt?

9. Zwei Erscheinungen, die die Regelmäßigkeit von Paradigmen stören, sind **Defektivität** und **Suppletion.** (a) Was versteht man darunter? (b) Suchen Sie einige illustrative Beispiele aus der Verbalflexion Ihrer rom. Sprache.

10. Beantworten Sie bzgl. der angegebenen dt. Wörter auf *-er* die folgenden Fragen und stellen Sie die Antworten in Form einer Kreuzklassifikation dar. (a) Ist das Wort morphologisch komplex? (b) Ist die Basis ein freies Morphem? (c) Ist die Basis ein Allomorph? (d) Liegt Suppletion vor? (e) Handelt es sich um einen Komparativ, ein Nomen agentis, instrumenti oder loci? (f) Ist die Bildung denominal, deverbal oder deadjektivisch?: *Bruder, Raser, Mixer, Wissenschafter, lieber, Messer, Mörder, Hosenträger, Lastenträger, besser, Kaiser, heller, größer, Muckser, Pfarrer.*

10.3 Sprachskizze 8: Katalanisch

10.3.1 Externe Sprachgeschichte und heutige Situation

Im Spätmittelalter war das Katalanische eine angesehene Literatur- und Nationalsprache, die, wie wir in 6.3.1 gesehen haben, im Zuge der Expansion des Königreichs Aragon im Mittelmeerraum bedeutende sprachliche Spuren hinterließ. Während in Katalonien in der Dichtung noch bis ins 15. Jhdt. Okzitanisch verwendet wurde, waren dem Katalanischen durch Ramon Llull (ca. 1235–1315/6) als erster rom. Sprache die Domänen der Philosophie und der Wissenschaft eröffnet worden.

Nach der Heirat von Ferdinand von Aragon mit Isabella von Kastilien im Jahre 1469 begann der kat. Adel, zum Kastilischen überzuwechseln, womit ein Prozeß eingeleitet wurde, der den Verwendungsbereich des Katalanischen ständig einschränkte und schließlich zur heutigen Diglossiesituation führte. Sehr negativ wirkte sich die zentralistisch-repressive (Sprach-) Politik der Bourbonen im 18. Jhdt. aus, die darauf zurückzuführen war, daß die Katalanen im Spanischen Erbfolgekrieg auf seiten der Habsburger gekämpft hatten.

In der ersten Hälfte des 19. Jhdt.s, als das Katalanische aus allen bedeutenderen Domänen verdrängt und auf einem historischen Tiefpunkt angelangt war, formierte sich allerdings eine Gegenbewegung, die sog. *Renaixença.* Anfänglich handelte es sich um eine literarische Bewegung, die an die große altkat. Tradition anknüpfen wollte, doch nahm sie im Laufe des Jahrhunderts immer stärker auch nationalistische und politische Züge an.

Zu Beginn des 20. Jhdt.s konnten erste konkrete politische Erfolge erreicht werden, und unter der Volksfrontregierung der dreißiger Jahre erlangte das Katalanische sogar den Status einer "kooffiziellen" Sprache in Katalonien. Der einsetzende sprachlich-kulturelle Aufschwung war jedoch von kurzer Dauer, denn nach dem Sieg Francos im Spanischen Bürgerkrieg wurde das Katalanische verboten und sein öffentlicher Gebrauch unter Strafe gestellt. Diese repressive Sprachpolitik lockerte sich erst etwas in den fünfziger Jahren, als Franco nach der Ausschaltung seiner Gegner und der Anerkennung durch die USA seine Macht gefestigt hatte. Dennoch blieb das Katalanische bis zum Ende der Diktatur eine unterdrückte Sprache.

Im Zuge der mit der Demokratisierung Spaniens einsetzenden Entwicklungen hin zu einer größeren Autonomie der einzelnen Regionen erlangte das Katalanische 1979 wieder den Status einer offiziellen Sprache in Katalonien. Seit einiger Zeit ist man dabei, das Katalanische wieder zu einer voll funktionstüchtigen modernen Sprache auszubauen, indem man die Sprache in alle höheren Domänen wie Schule, Medien, Wissenschaft, Verwaltung usw. einführt. Dabei kommt dem Katalanischen zugute, daß es vom kat. Bürgertum nie aufgegeben worden war und somit ein relativ hohes Sozialprestige besitzt, ein Faktum, das bei Minderheitensprachen ziemlich einzigartig ist. Das größte Problem bei diesem Rekatalanisierungsprozeß stellen die zahlreichen vornehmlich andalusischen Gastarbeiter dar, die in den Industriegebieten einen nicht unbeträchtlichen Anteil der Bevölkerung ausmachen. Da das Katalanische in Katalonien jedoch die Sprache des sozialen Aufstiegs ist, dürfte es langfristig wohl auch gelingen, unter diesem Bevölkerungsteil einen kastilisch-katalanischen **Bilinguismus**, d.h. eine einigermaßen ausgewogene Zweisprachigkeit, herbeizuführen.

Besonders gering ist die Anzahl der Katalanischsprechenden, die insgesamt auf ca. 8 Mio zu schätzen ist, in den Vororten von Barcelona und in Valencia (unter 50%), wo noch erschwerend hinzukommt, daß man aus politischen Gründen nicht von Barcelona vereinnahmt werden will. Um sich von Barcelona abzusetzen, sprechen manche Valencianer auch von einer von der *llengua catalana* verschiedenen *llengua valenciana*, obwohl die sprachlichen Varietäten von Barcelona und Valencia nur relativ geringfügige Unterschiede aufweisen. Der Fall Valencia ist ein Musterbeispiel für eine fast nur politisch-ideologisch bedingte Verwendung des Begriffs *Sprache*.

10.3.2 Der Turmbau zu Babel: Katalanisch

Tota la terra era d'una sola llengua i d'unes mateixes paraules. Quan els homes emigraren cap a Orient, trobaren una planura a la terra de Senaar i s'hi establiren. Aleshores es digueren els uns als altres: Au, fem maons i coguem-los al foc! Els maons els serviren de pedra i el betum de morter. Després digueren: Au, bastim-nos una ciutat i una torre, el cim de la qual toqui el cel, i fem-nos un nom perquè no siguem dispersats per tota la terra.

Jahveh baixà per veure la ciutat i la torre que els fills de l'home estaven construint. I Jahweh digué: Vet aquí que tots plegats fan un sol poble i tenen un sol parlar; i això és el començament del que faran! en endavant, ja no s'estaran de fer cap projecte que imaginin. Anem, baixem i confonguem allí mateix el seu parlar, perquè no s'entenguin entre ells.

Jahveh els dispersà d'aquell indret per tota la terra i cessaren de construir la ciutat. Per això s'anomena Babel, perquè és allí que Jahveh va confondre el parlar de tota la terra, i és d'allí que Jahveh els escampà per tota la superfície de la terra.

(*Biblia*. Barcelona:Ed.Alpha 1968)

Das [l] wird in den meisten Fällen als velares [ɫ] gesprochen. Da die Verteilung der Allophone [l] und [ɫ] in unserer Tonbandaufnahme nicht systematisierbar ist und die Angaben in der Literatur widersprüchlich sind, schreiben wir durchgehend [l].

[totə lə tɛrrə erə d unə sɔlə ʎeŋgwə i d unəs mətəʃəs pəraulǝs. kwan əls ɔməs əmigrarən kap ə urien, trußarən unə plənurə a lə tɛrrə də Senaar i s i əstəßlirən. aləsɔrəs əs digerən əls uns əls altrəs: au, fem məons i kugem-lus əl fɔk. əls məons əls sərvirən də pedrə i əl bətun də murte. dəspres digerən: au, bəstim-nus unə sjutat i unə torrə, əl sim də lə kwal tɔki əl sɛl, i fem-nus un nɔm pərkɛ nu sigem dispərsats pər totə lə tɛrrə.

Jəßɛ bəʃa pər beurə lə sjutat i lə torrə kə kə əls fiʎs də l ɔmə əstaßən kunstruin. i Jəßɛ digɛ: bɛt əki kə tots pləgats fan un sol pɔbblə i tenən un sol pərla: i əʃɔ es əl kumənsəmen dəl kə fəran! ən əndəßan ja nu s əstəran də fe kap prujektə kə iməʒinin. ənem, bəʃem i kuŋfuŋgem əʎi mətəʃ əl seu pərla, pərkə nu s əntəŋgin əntrə ɛʎs.]

10.3.3 Literatur: Lüdtke (1984).

10.3.4 Aufgaben:

1. Die Stellung des Katalanischen innerhalb der rom. Sprachen war langezeit umstritten: manche sahen größere Affinitäten zum Galloromanischen, speziell zum Okzitanischen, andere zum Iberoromanischen. In der Tat hat das Katalanische mit beiden Gemeinsamkeiten, weshalb man auch von einer "Brückensprache" spricht. Suchen Sie im Turmbau-Text drei Wörter, die das Katalanische mit dem Französischen gemein hat und die das Spanische nicht kennt.

2. Vergleichen Sie folgende Wortpaare:

ciutat [sju'tat]	*ciutadá* [sjutə'da] 'städtisch'
pla ['pla] 'eben'	*planura* [plə'nurə]
pedra ['pɛdrə]	*pedreta* [pə'dretə] 'Steinchen'
terra ['tɛrrə]	*terrós* [tər'ros] 'irden'
nom ['nɔm]	*anomenar* [ənumə'na]
torre ['torrə]	*torreta* [tur'retə] 'Türmchen'

Wie Sie sehen, ändert sich der Vokal der Basis in der Ableitung. Beantworten Sie nun folgende Fragen: (a) Welche Vokalveränderungen sind zu beobachten? (b) Was ist der all diesen Veränderungen gemeinsame auslösende Faktor? (c) Wie nennt man eine solche Veränderung? (d) Kann man die vielen Schwas der Transkription des Turmbau-Textes als Produkt dieses phonologischen Prozesses ansehen?

3. Lesen Sie Lüdtke (1984:115–17) zur dialektalen Gliederung des Katalanischen und beantworten Sie folgende Fragen: (a) Ist das kat. Sprachgebiet dialektal stark zerklüftet? (b) Welche beiden Hauptdialektgebiete werden unterschieden? (c) Welchem der beiden Dialektgebiete gehört unser Sprecher an? Woran erkennen Sie dies? (d) Warum unterscheidet sich das Rossellonesiche relativ stark von den übrigen kat. Dialekten?

4. (a) Das Katalanische hat, wie z.B. auch das Portugiesische, ein velares [ł], d.h. ein [l], bei dem der hintere Teil des Zungenrückens gegen das Velum angehoben wird. Kennen Sie andere Sprachen oder Dialekte mit velarem [ł]? (b) Lesen Sie den Turmbau-Text ausgehend von der Transkription.

11. Elfte Unterrichtseinheit

11.1 - 13.1 Wie liest man einen wissenschaftlichen Text?

Um den Abschnitten über Definitionen, Hypothesen und Theorien etwas den Charakter der Abstraktheit und Praxisferne zu nehmen, soll in den drei abschließenden Abschnitten den dort dargelegten Prinzipien anhand von einigen konkreten Beispielen nachgegangen werden. Da diese Prinzipien in wissenschaftlichen Arbeiten meist nicht explizit angesprochen werden, obwohl sie - bewußt oder unbewußt - Forschungsaktivität und Feder des Wissenschaftlers leiten, wird es sich im wesentlichen darum handeln, sie sozusagen unter der Oberfläche aufzuspüren und sichtbar zu machen.

Um die Argumentationsstrukturen explizit machen zu können, ist es vorab notwendig, den Text zu verstehen. Ist er in einer Fremdsprache abgefaßt, was bei wissenschaftlicher Literatur sehr häufig vorkommt, so muß man zuerst natürlich die unbekannten Vokabeln nachschlagen. Wenn für die Fachausdrücke ein herkömmliches Wörterbuch nicht ausreicht, hilft das Fachlexikon weiter. Wegen der weitgehenden Internationalität von Fachausdrücken muß dieses nicht unbedingt auch in der Fremdsprache abgefaßt sein: so findet man auch ohne zweisprachiges Wörterbuch von *anaphora* zu *Anapher*, schwerer allerdings von *feature* zu *Merkmal.*

Auch nach der Konsultation von Sprach- und Fachlexika wird nicht alles restlos klar geworden sein. Dies ist speziell bei etwas komplexerer Literatur praktisch unvermeidlich, da sie sich ja an einen mit einschlägigem Hintergrundwissen ausgestatteten Fachkollegen richtet - der übrigens durchaus auch seine Verständnisprobleme haben kann! - und nicht didaktische Zwecke verfolgt, wie etwa die vorliegende Einführung, in der auf dem studentischen Vorwissen aufgebaut wird und die daher nicht als typischer wissenschaftlicher Text anzusehen ist. Man wird jedoch verlangen können, daß die Lehrveranstaltungsteilnehmer so weit in den Text eindringen, wie ihnen das ihr Vorwissen und die zur Verfügung stehenden Hilfsmittel erlauben.

Nach diesen Vorbereitungen kann man sich an die eigentliche Aufgabe machen, die darin besteht, den Argumentationsgang mithilfe der in 9.1 und 10.1 eingeführten Begriffe explizit zu machen. Dabei mag man sich von folgenden Fragen leiten lassen:

1. Welche Hypothesen werden vertreten?
2. Welche logischen Abhängigkeitsverhältnisse bestehen zwischen den einzelnen Hypothesen?
3. Werden Alternativhypothesen diskutiert? Aufgrund welcher Argumente wird die eigene vorgezogen?
4. Haben die Hypothesen empirischen Gehalt? Welchen?
5. Werden die Hypothesen überprüft? Wie?
6. Werden bewährende bzw. falsifizierende Instanzen angeführt?
7. Werden *Ad-hoc*-Hypothesen herangezogen? Worin besteht ihr *Ad-hoc*-Charakter?

8. Werden Definitionen gegeben? Wie wird deren wissenschaftliche Fruchtbarkeit diskutiert?

Einige Texte, die sich als Grundlage für solche Analysen eignen, wären die folgenden (der Lehrveranstaltungsleiter kann natürlich nach Belieben auch andere zugrundelegen):

Herzog, Eugen "Frz. *aveugle*", in: *Zeitschrift für romanische Philologie* 26 (1902), S.732-3

Jakobson, Roman "Why "mama" and "papa"?", in *id. Selected Writings* I: *Phonological Studies.* Den Haag:Mouton, S.538-45

Lyons, John "The origin of language", in: *id.* (1977), §3.5

Ojeda, Almerindo E. "A note on the Spanish neuter", in: *Linguistic Inquiry* 15 (1984), S.171-3

11.2 Syntax

Mit dem Ausdruck ***Syntax*** bezeichnet man die Satzstruktur und auch jenes Teilgebiet der Sprachwissenschaft, das sich damit beschäftigt. Von den mannigfachen Themen, die in der Syntax diskutiert werden, wollen wir nur zwei herausgreifen: die Begründung der Annahme abstrakter Einheiten und Strukturen sowie die Valenz von Verben.

11.2.1 Satzstruktur

Sätze sehen auf den ersten Blick wie Aneinanderreihungen von Wörtern aus. Auch hier gibt es jedoch gute Gründe anzunehmen, daß manche Wörter "enger zusammengehören" als andere, und somit von der Existenz abstrakter Konstituenten und einer hierarchischen Struktur auszugehen ist.

Syntaktische Konstituenten nennt man, je nach Schule und Sprache, **Syntagmen** (Sg.: *Syntagma*) oder **Phrasen**. In Abhängigkeit vom **Kopf** (d.h. dem bestimmenden Glied) des Syntagmas/der Phrase macht man weitere Unterscheidungen durch Zusätze wie *Verbal-, Nominal-, Präpositional-* usw. So ist *der Dieb* eine Nominalphrase/ein N.syntagma, weil der Kopf *Dieb* ein Nomen ist (in neuester Zeit wird allerdings auch die Auffassung vertreten, der Artikel sei der Kopf), *von dem Dieb* hingegen eine Präpositionalphrase/ein P.syntagma, weil der Kopf die Präposition *von* ist usw.

Welche Argumente kann man nun für die Existenz von abstrakten Einheiten oberhalb der Wortebene, wie sie Syntagmen/Phrasen darstellen, ins Treffen führen? Sehen wir uns folgende Sätze an:

(1) a. *[Er]$_1$ klaut [Uhren]$_2$.*
    b. *[Der Dieb]$_1$ klaut [goldene Armbanduhren]$_2$.*
    c. *[Der gestern von der Polizei gefaßte Dieb]$_1$ klaut [goldene Armbanduhren zerstreuter Spaziergänger]$_2$.*

Der Grund, warum wir manche Wortfolgen zu Syntagmen/Phrasen zusammengefaßt haben, ist, daß uns eine solche Hypothese erlaubt, gewisse sprachliche Regelmäßigkeiten einfach zu beschreiben, etwa die in (2) a.-c. dargestellte **Permutation** (Umstellung):

(2) a. *[Uhren]2 klaut [er]1.*
b. *[Goldene Armbanduhren]2 klaut [der Dieb]1.*
c. *[Goldene Armbanduhren zerstreuter Spaziergänger]2 klaut [der gestern von der Polizei gefaßte Dieb]1.*

Ohne den Begriff *Syntagma/Phrase* könnten wir über die Daten in (1) und (2) nur Aussagen der folgenden Art treffen: "*Er* und *Uhren* werden umgestellt", "*Der Dieb* und *goldene Armbanduhren zerstreuter Fußgänger* werden umgestellt". Damit würden wir aber die offensichtliche Regelmäßgkeit verfehlen, die allen drei Beispielen gemeinsam ist. Mithilfe des Begriffs *Syntagma/Phrase* kann man hingegen diese Regularitäten einfangen: "Syntagma/Phrase 1 und 2 werden umgestellt". Damit hat sich der Begriff *Syntagma/Phrase* als fruchtbar erwiesen, denn er erlaubt uns, wichtige Regelmäßigkeiten zu formulieren. Dies ist, wie sich der Leser erinnern wird, das Kriterium für die Bewertung wissenschaftlicher Begriffe.

Die Umstellung in (2) ist natürlich nicht die einzige Regelmäßigkeit, die wir mithife des Begriffs *Syntagma/Phrase* einfach formulieren können. Weitere Beispiele wären:

(3) Syntagma/Phrase 2 kann durch *Was?* erfragt werden.
(4) Syntagma/Phrase 1 kann durch *Wer?* erfragt werden.
(5) In dt. Nebensätzen werden Syntagma/Phrase 2 und das Verb *klaut* permutiert (z.B. *..., wenn er Uhren klaut*).
(6) In einer Entscheidungsfrage werden Syntagma/Phrase 1 und das Verb *klaut* permutiert.
(7) Nach Syntagma/Phrase 1 kann ein mit *der* eingeleiteter Relativsatz eingeschoben werden.
(8) Nach Syntagma/Phrase 2 kann ein mit *die* eingeleiteter Relativsatz eingeschoben werden.

Andere Klammerungen ergeben keine Syntagmen/Phrasen, etwa folgende:

(9) *Der Dieb [klaut goldene]3 Armbanduhren.*
(10) *Der gestern von der [Polizei gefaßte]4 Dieb klaut ...*

Mithilfe der Klammerausdrücke 3 und 4 kann keine einzige Regelmäßigkeit der dt. Satzstruktur formuliert werden.

Damit dürfte klar geworden sein, daß es nützlich ist, abstrakte syntaktische Einheiten wie Syntagmen/Phrasen einzuführen. Über deren Aufbau, Anzahl, sowie über die Natur der Regelmäßigkeiten, die man mit ihrer Hilfe formulieren kann, ist damit noch nichts gesagt. Damit beschäftigt sich eben u.a. die Syntaxforschung.

11.2.2 Valenz

Verben haben die für die Syntax wichtige Eigenschaft, daß sie gewissermaßen mit einem Konstruktionsplan versehen sind, d.h. jedes von ihnen nur eine ganz bestimmte Anzahl und einen ganz bestimmten Typ von "Mitspielern" (technisch, je nach Schule, **Aktanten** oder **Argumenten**) zuläßt. Die Zahl und Art der Aktanten/Argumente ist weitgehend von der Bedeutung des Verbs bestimmt: so ist z.B. Klauen eine Handlung, die einen Klauer und ein Geklautes impliziert, weshalb *klauen* eben zwei Aktanten- bzw. Argumentpositionen eröffnet. Diese von der Bedeutung her notwendigen Aktanten/Argumente sind sogar semantisch anwesend, wenn sie formal nicht ausgedrückt werden: so ist im Satz *Er klaut* zwar nur ein Aktant/Argument realisiert, inhaltlich ist das Geklaute jedoch mitgedacht, was sich z.B. daran zeigt, daß ich durch ein Pronomen darauf Bezug nehmen kann: *Er klaut, gibt* ***es*** *nachher aber meist wieder zurück.*

Neben diesen - zumindest semantisch - obligatorischen Aktanten/Argumenten kann man jeden Satz auch durch sog. **freie Angaben** erweitern, d.h. Satzglieder, die nicht vom Verb gefordert werden. Einschlägige Beispiele wären Zeit- und Ortsangaben, z.B.

in Supermärkten und *knapp vor Geschäftsschluß* in: *Er klaut in Supermärkten knapp vor Geschäftsschluß.* Allerdings können auch Orts- und Zeitangaben echte Aktanten/ Argumente sein, z.B. die Ortsangabe nach *wohnen: Er wohnt* ist kein vollständiger Satz. Die genaue Grenze zwischen echten Aktanten/Argumenten und freien Angaben ist übrigens nicht immer leicht zu ziehen. Solche Zweifelsfälle stellen z.B. der Dativ *einem Freund* oder das Präpositionalsyntagma/die Präpositionalphrase *für dessen Freundin* im Satz *Er stiehlt einem Freund eine Uhr für dessen Freundin* dar.

Wir haben oben gesagt, daß die Valenz eines Verbs, d.h. die Zahl und Art der Aktanten/Argumente, weitgehend von der Bedeutung eines Verbs bestimmt wird. Wesentlich weniger vorhersagbar ist jedoch die genaue Art der syntaktischen Realisierung der einzelnen Aktanten/Argumente in einer bestimmten Sprache. Eine gültige Verallgemeinerung für das Deutsche und viele andere Sprachen ist z.B., daß ein **Agens** (d.h. Handelnder) im einfachen aktiven Aussagesatz als Subjekt realisiert wird. Viele andere Realisierungsarten sind jedoch einfach von Fall zu Fall zu lernen, etwa daß *gedenken* den Genitiv regiert, *gehorchen* den Dativ, *erkranken* die Präposition *an* usw. Dies hat zur Folge, daß beim Erlernen einer Fremdsprache neben der Bedeutung eines Verbs auch immer seine Valenz mitgelernt werden muß.

11.2.3 Literatur: Riemsdijk/Williams (1986), Busse/Dubost (1977), Rall/Rall/Zorilla (1980).

11.2.4 Aufgaben:

1. Lesen Sie Zwicky, Arnold "Arguing for Constituents", in: *Chicago Linguistic Society, Proceedings of the Regional Meeting* 14 (1978), S.503-12 und beantworten Sie folgende Fragen: (a) Welchem der von Zwicky unterschiedenen Argumenttypen ist das in 11.2.1 verwendete Argument zuzurechnen? (b) Welche weiteren Argumente führt Zwicky an? Geben Sie zwei davon, die Sie verstanden haben, kurz wieder (mit Beispiel).

2. Lesen Sie Wode (1988:3.1, S.42-44) und beantworten Sie folgende Fragen: (a) Können Schimpansen und Gorillas Symbole sinnvoll verwenden? (b) Welche in 11.2 besprochene Eigenschaft menschlicher Sprache scheint Schimpansen und Gorillas nicht zugänglich?

3. Zeigen Sie im Geiste von 11.2.1 durch grammatikalische Manipulationen wie Permutationen, **Kommutationen** (s. Bußmann), Fragen, Einschübe o.ä., welche der folgenden Klammerausdrücke Syntagmen/Phrasen sind und welche nicht:
   a. *[Die meisten Studenten] wohnen in Heimen.*
   b. *[Die meisten Studenten wohnen] in Heimen.*
   c. *Die meisten Studenten wohnen [in Heimen].*
   d. *Die meisten Studenten [wohnen in Heimen].*
   e. *Die meisten Studenten [wohnen in] Heimen.*

4. Der Satz *So gewinnt jeder Raum* aus einer Möbelwerbung ist bewußt doppeldeutig. Welche Regularitäten können wir erfassen, indem wir *jeder Raum* einmal als ein Syntagma/ eine Phrase auffassen, und einmal als aus *zwei* Syntagmen/Phrasen bestehend. Suchen Sie möglichst viele solche Regularitäten.

5. Schlagen Sie in Bußmanns Lexikon die Bedeutung folgender Fachausdrücke für Satztypen nach, sofern Sie Ihnen nicht vertraut sind, und bilden Sie zu jedem Satztyp ein rom. oder dt. Beispiel: **Adverbialsatz, Adversativsatz, Finalsatz, Kausalsatz, Konditionalsatz, Konsekutivsatz, Konzessivsatz, Lokalsatz, Objektsatz, Relativsatz, Subjektsatz, Temporalsatz.**

6. Valenzunterschiede zwischen Sprachen sind häufig Anlaß für Interferenzen. Beschreiben Sie die Valenz der folgenden dt. und rom. Verben möglichst detailliert. Gestalten Sie die Kontrastierung so, daß die Unterschiede leicht erfaßt werden können.

dt.	*ändern*	rom.	*changer/cambiare/cambiar*
	genießen		*jouir/godere/gozar*
	fragen		*demander/domandare/preguntar*
	antworten		*répondre/rispondere/contestar*
	sich erinnern		*se rappeler/ricordarsi/recordar*
	spielen		*jouer/giocare/jugar*
	helfen		*aider/aiutare/ayudar*

7. Haben auch andere Wortarten außer Verben Valenzen? Suchen Sie Beispiele aus dem Deutschen und aus Ihrer rom. Sprache.

11.3 Sprachskizze 8: Spanisch

11.3.1 Die "doppelte Romanisierung" der Iberischen Halbinsel

Im Anschluß an den Zweiten Punischen Krieg (218-201 v. Chr.) wurde die Iberische Halbinsel von den Römern in zähem, über zwei Jahrhunderte sich hinziehendem Ringen "befriedet". Vom heutigen Andalusien aus drang das Latein nach Norden, einen zweiten "Romanisierungskanal" bildete das Ebrotal. Spät und gegen ihren heftigen Widerstand wurden die im Nordwesten der Halbinsel im Schutz des Kantabrischen Gebirges siedelnden Stämme der Asturier und Kantabrer unterworfen. Doch gerade von diesem Gebiet aus sollte die zweite Romanisierung ihren Ausgang nehmen.

Im 5. Jhdt. errichteten die selbst bereits weitgehend romanisierten Westgoten ihr Königreich auf der Halbinsel und machten Toledo zur Hauptstadt, wodurch dem Zentrum erstmals politische Bedeutung zukam.

Im Jahr 711 setzten Berber und Araber über die Meerenge von Gibraltar und nahmen innerhalb kürzester Zeit nahezu die gesamte Halbinsel ein (732 standen sie sogar vor Tours und Poitiers). Nur eine winzige Enklave um Oviedo behauptete ihre Selbständigkeit. Sie wurde zur Keimzelle der Wiedereroberung, der sog. *Reconquista*, die erst 1492 abgeschlossen sein sollte.

Das von den mohammedanischen Arabern kontrollierte Gebiet hieß *Al-Andalús*. In diesem Reich entfaltete sich eine blühende maurische Zivilisation. Al Andalús war ein zweisprachiges Reich: Kultursprache war Arabisch, während die anfangs in einem Klima religiöser Toleranz lebenden Christen Mozarabisch sprachen, einen arabisch beeinflußten rom. Dialekt.

Die Reconquista begann bereits im 8. Jhdt.. An der Nordküste bildeten sich kleine christliche Königreiche, die sich kontinuierlich nach Süden ausbreiteten und die Araber zurückdrängten. Um 900 war bereits der Duero die Grenze. Den Kastiliern, deren Heimat sich in der Gegend von Burgos befand, gelang es, die politische und alsbald auch die sprachliche Vorherrschaft zu übernehmen, vor allem nach der Rückeroberung der einstigen Hauptstadt Toledo (1085), die in der Stoßrichtung der Kastilier gelegen war.

11.3.2 Die Auswirkung der Reconquista auf die sprachliche Gliederung der Iberischen Halbinsel

Von den christlichen Mini-Reichen des Nordens aus wurden deren Sprachformen nach Süden getragen: Galizisch, Asturisch-Leonesisch, Kastilisch, Navarro-Aragonesisch und Katalanisch. Parallel zur politischen Expansion Kastiliens schnürte das Kastilische aber die Nachbardialekte nach Süden hin deutlich ein (vgl. Karten 10-12). Die frühe politisch-kulturelle Dominanz des Kastilischen drückt sich u.a. auch darin aus, daß der Verfasser des Cid-Heldenepos (um 1140) sich dieses Dialekts bediente, obwohl er Mozaraber war.

Auf den Verlauf der Reconquista gehen also zwei charakteristische Merkmale der iberorom. Sprachgeographie zurück: die streifenförmige Nord-Süd-Gliederung und die größere dialektale Homogenität des wiedereroberten, politisch-sprachlich kolonisierten Südens.

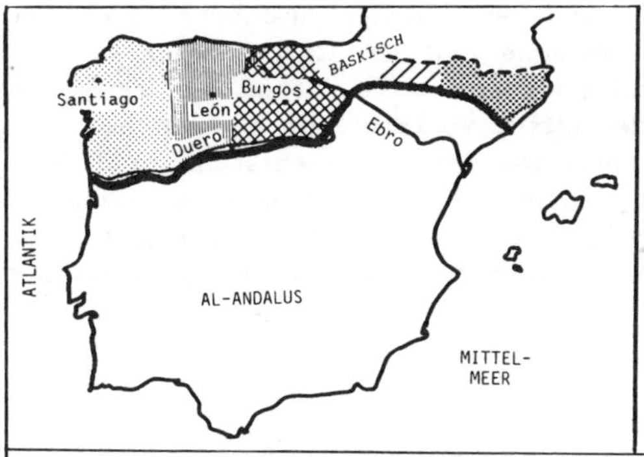

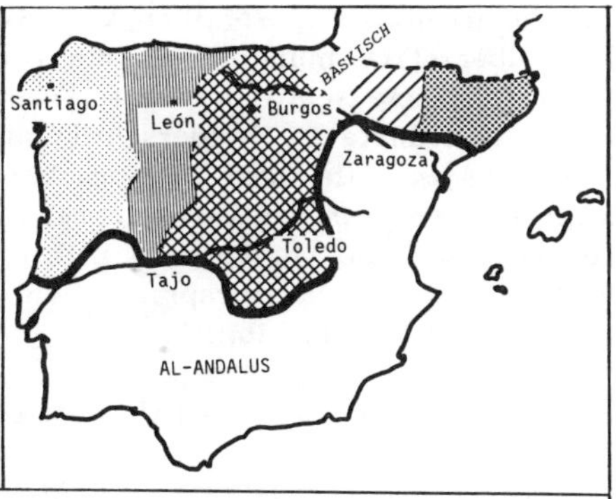

Karte 10 — Karte 11
SPRACHLICHE SITUATION AUF DER IBER. HALBINSEL
um 900 — um 1100

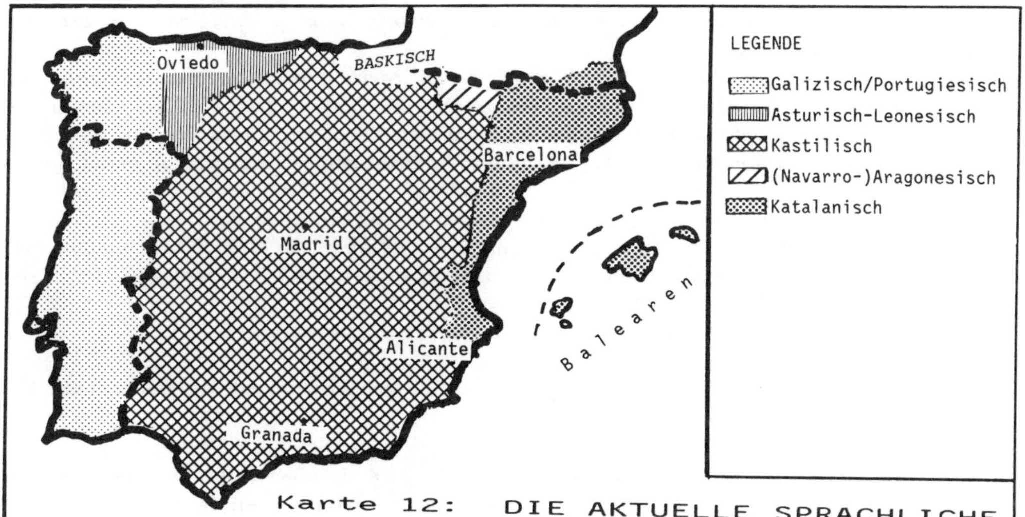

Karte 12: DIE AKTUELLE SPRACHLICHE GLIEDERUNG DER IBERISCHEN HALBINSEL

[Karten 10 - 12 adaptiert und vereinfacht auf der Grundlage von Berschin/Fernández-Sevilla/Felixberger (1987:41 u. 89)]

11.3.3 Übersetzung als Katalysator des Sprachausbaus

In der Frühgeschichte unserer europäischen Kultursprachen spielten Übersetzungen eine entscheidende Rolle. Gewöhnlich handelte es sich um Übersetzungen lat. Texte, die vorwiegend in Klöstern angefertigt wurden. Auch die sp. Sprachgeschichte beginnt mit volkssprachlichen Glossen zu Bibeltexten aus dem 10. Jhdt.. Jedoch führte der enge Kontakt mit der in vielen Belangen überlegenen arabischen Kultur und das rege Interesse an ihr auch zu einer intensiven Übersetzungstätigkeit aus dem Arabischen.

In der in der ersten Hälfte des 12. Jhdt.s gegründeten sog. Übersetzerschule von

Toledo arbeiteten gewöhnlich zwei Gelehrte zusammen: ein des Arabischen kundiger Jude übersetzte mündlich in die rom. Volkssprache, und ein Christ brachte diese Version in eine schriftliche lat. Form. Der bildungsbegeisterte Alfons X. der Weise (1252-84) ordnete die Niederschrift auch in der altsp. Volkssprache an, welche mehr und mehr zur alleinigen Zielsprache beim Übersetzen wurde. So entstand in Toledo nicht nur eine für das europäische Mittelalter beispiellose Enzyklopädie des Wissens, sondern auch die sp. Sprache selbst gewann in dieser Auseinandersetzung mit einer hochentwickelten Kultursprache wie dem Arabischen beträchtlich an syntaktischer Komplexität und Flexibilität.

11.3.4 Der Turmbau zu Babel: Spanisch

Era entonces toda la tierra de una lengua y unas mismas palabras. Y aconteció que, como se partieron de oriente, hallaron una vega en la tierra de Sinaar, y asentaron allí. Y dijeron los unos a los otros: Vaya, hagamos ladrillo y cozámoslo con fuego. Y fuéles el ladrillo en lugar de piedra, y el betún en lugar de mezcla. Y dijeron: Vamos, edifiquémonos una ciudad y una torre, cuya cúspide llegue al cielo; y hagámonos un nombre, por si fuéremos esparcidos sobre la faz de toda la tierra.

Y descendió Jehová para ver la ciudad y la torre que edificaban los hijos de los hombres. Y dijo Jehová: He aquí el pueblo es uno, y todos éstos tienen un lenguaje: y han comenzado a obrar, y nada les retraerá ahora de lo que han pensado hacer. Ahora pues, descendamos, y confundamos allí sus lenguas, para que ninguno entienda el habla de su compañero.

Así los esparció Jehová desde allí sobre la faz de toda la tierra, y dejaron de edificar la ciudad. Por esto fué llamado el nombre de ella Babel porque allí confundió Jehová el lenguaje de toda la tierra, y desde allí los esparció sobre la faz de toda la tierra.

La Santa Biblia. Madrid:Sociedad Bíblica 1931

[s] wird in der spanischen Hochlautung palataler gesprochen als im Deutschen. Es kommt fast in die Nähe unseres [ʃ].

[era entonθes toδa la tjerra δe una leŋgwa i unaz mizmas palaβras. i akonteθjo ke komo se partjeron de orjente aλaron una βeγa en la tjerra δe Sinar i asentaron aλi. i dixeron los unos a los otros: baja aγamos laδriλo i koθamozlo koŋ fweγo. i fweles el laδriλo en luγar δe pjeδra i el βetun en luγar δe meθkla. i dixeron: bamos eδifikemonos una θjuδa i una torre kuja kuspiδe λeγe al θjelo. i aγamonos un nombre por si fweremos esparθiδos soβre la faθ δe toδa la tjerra.

i desθendjo xeoβa para βer la θjuδa i la torre ke eδifikaβan los ixoz δe los ombres. i dixo xeoβa: e aki el pweβlo es uno i toδos estos tjenen un leŋgwaxe. i aŋ komenθaδo a oβrar i naδa les rretraera aora δe lo ke am pensaδo aθer. aora pwes desθendamos i koŋfundamos aλi sus leŋgwas para ke niŋguno entjenda el aβla de su kompaɲero.]

11.3.5 Literatur: Berschin/Fernández-Sevilla/Felixberger (1987), Deutschmann (1971), Kubarth (1987), Niederehe (1975).

11.3.6 Aufgaben:

1. Welcher Zusammenhang besteht zwischen der Araberinvasion und der Etymologie von Gibraltar?

2. Lesen Sie Niederehe (1975:82-97) und beantworten Sie folgende Fragen: (a) Welcher Sprachen bediente sich Alfons der Weise für welche Zwecke? (b) Warum erließ er Landesgesetze nicht in lat. Sprache? (c) Welche Gründe machen die Wahl der Volkssprache für astronomische Zwecke erklärlich? (d) Warum entschied sich Alfons als Geschichtsschreiber für das Spanische?

3. Lesen Sie Wandruszka (1979:115-19) und stellen Sie kurz die Rolle des Lateinischen bei der Ausbildung der althochdt. Schriftsprache dar.

4. Informieren Sie sich in Berschin/Fernández-Sevilla/Felixberger (1987:20f.) über das Spanische in Israel. Welcher Wert wird dem Judenspanischen für die span. Sprachgeschichte zuerkannt?

5. Lesen Sie Deutschmann (1971:87-91) und beantworten Sie folgende Fragen: (a) Warum zersplitterte das lateinamerikanische Spanisch trotz des riesigen Sprachraums kaum? (b) Wie groß ist der Einfluß der Substratsprachen? (c) Wie erklärt man allgemein verbreitete Abweichungen des lateinamerikanischen Spanisch von der kastilischen Norm?

6. Schlagen Sie alle Ihnen unbekannten Wörter in einem sp.-dt. Wörterbuch nach.

7. Tragen Sie in die Transkription durch Abhören der Kassette die Wortakzente ein. Versuchen Sie dann durch einen Vergleich mit dem geschriebenen Text, die wesentlichsten Akzentregeln der sp. Orthographie zu ermitteln.

8. Transkribieren Sie folgende sp. Städtenamen und sprechen Sie sie richtig aus: *Madrid, Zaragoza, Gijón, Santander, Alcántara, Cádiz, Aranjuez, Granada, Huelva, Sevilla, Barcelona, Guernica, Oviedo, Guadalajara.*

9. Die sp. stimmhaften Verschlußlaute [b], [d], [g] und die entsprechenden Reibelaute [β], [ð] und [γ] sind Allophone, d.h. sie bilden keine Minimalpaare. Ihre Verteilung hängt vom lautlichen Kontext ab. Erstellen Sie eine Liste aller Wörter des Textes, die diese Laute enthalten, und versuchen Sie, einige Bedingungen für deren Auftreten herauszufinden.

10. Sp. [s] und [z] sind ebenfalls Allophone. Erstellen Sie eine Liste aller Wörter des Textes, in denen diese Laute vorkommen, und versuchen Sie, den lautlichen Kontext für das Auftreten der beiden Allophone möglichst einfach zu formulieren.

12. Zwölfte Unterrichtseinheit

12.1 Siehe 11.1

12.2 Textlinguistik und Pragmatik

12.2.1 Textlinguistik

Nach der Spaltung der Philologie in Literatur- und Sprachwissenschaft beschäftigte sich letztere vorwiegend mit den kleineren Elementen der Sprache wie Lauten und Wörtern. Selbst der Satz rückte erst wieder in den sechziger Jahren mit der generativen Grammatik ins Zentrum des Interesses. Gegen Ende desselben Jahrzehnts wurde von mehreren Seiten darauf verwiesen, daß auch der Satz nicht die größte Untersuchungseinheit sein könne, da die Verknüpfung von Sätzen zu Gesprächen oder Texten ebenfalls bestimmten Gesetzmäßigkeiten folgt. Obwohl dies außer Zweifel steht, ist es dennoch vorteilhaft, den Satz als Untersuchungseinheit beizubehalten, da die innere Organisation von Sätzen (und Wörtern) durch wesentlich andere Prinzipien, nämlich durch eine hierarchische Konstituentenstruktur, geregelt ist als die Organisation von Texten.

Dem Studium der Organisationsprinzipien oberhalb der Satzebene widmen sich zwei relativ junge sprachwissenschaftliche Subdisziplinen, nämlich die **Textlinguistik** und die Pragmatik. Unter Text ist in diesem Zusammenhang entgegen dem alltagssprachlichen Gebrauch des Wortes auch Gesprochenes zu verstehen: der flüchtige Gruß zweier Bekannter auf der Straße ist genauso ein Text im sprachwissenschaftlichen Sinne wie Musils *Der Mann ohne Eigenschaften*, und zwar ersterer ein abgeschlossener Text, letzterer nicht. Auch andere Wissenschaften wie die Philosophie, die Theologie, die Jurisprudenz oder die Geschichtswissenschaft beschäftigen sich mit Texten. Während in diesen Disziplinen jedoch das Hauptinteresse darauf gerichtet ist, <u>was</u> in den Texten gesagt wird, steht für die Textlinguistik das <u>Wie</u> im Brennpunkt des Interesses.

Die Textlinguistik ist vor allem aus der **Stilistik** hervorgegangen. Diese war lange Zeit auf literarische Texte konzentriert und wurde als Hilfsdisziplin der literarischen Interpretation betrachtet. Seit einiger Zeit pflegt man aber auch nicht ästhetisch bestimmten Texten Stil zuzuerkennen; so spricht man vom *Stil der Sportberichterstattung*, von *Gesprächsstil* u.ä. Je weiter sich der Blickwinkel der Stilistik öffnet, desto mehr fallen ihre Interessen mit jenen der Textlinguistik zusammen.

Ein zentrales Problem beider Sparten etwa ist die Frage, welche sprachlichen Elemente in welcher Weise bei der **Produktion** von Texten verwendet werden bzw. verwendet werden sollen (in elementarer Form wird dieser Gesichtspunkt in der Aufsatzlehre behandelt). Jeder Sprecher weiß aus Erfahrung, daß sich nicht alle sprachlichen Mittel, über die er verfügt, für jede Art von Sprech- bzw. Schreibsituation eignen. Dieses Wissen über die Abhängigkeit der Wortwahl und des Satzbaus von Umstand und Zweck einer Mitteilung bestimmt auch die Vorerwartung bei der **Rezeption** (also beim Hören oder Lesen) von Texten: Die Erwartungshaltung variiert, je nachdem man eine Kabarettnummer oder eine Predigt hört. Verstöße gegen den Erwartungshorizont werden als unangemessenes Sprachverhalten registriert.

Abweichungen erweisen sich als umso auffallender, je rigoroser die sprachlichen Konventionen für bestimmte **Textsorten** sind. Für manche gelten bis zur Stereotypie reichende Vorschriften des Aufbaus und der Wahl der Sprachmittel. Bei Steuerformularen oder Todesanzeigen ist die Variationsbreite so gering, daß es Vordrucke bzw. feste Muster gibt. Einige Charakteristika der Textsorte (Pro-)Seminararbeit bzw. -vortrag haben wir in 7.1 und 8.1 kennengelernt.

Zwei Kategorien, die für jede Texttypologie berücksichtigenswert sein dürften, sind das Medium und der Adressatenkreis.

Je nachdem ob er zum Lesen oder zum Hören bestimmt ist, sollte ein Text anders angelegt und ausformuliert werden. Obwohl man sich gegenwärtig viel mit der Eigenart gesprochener Texte beschäftigt, wird dieser Punkt dennoch, besonders in der Praxis, vernachlässigt. Oft halten z.B. Wissenschaftler einen Text, den sie im Hinblick auf eine schriftliche Publikation konzipieren, zum Mißvergnügen des Publikums auch für den mündlichen Vortrag geeignet. Auch Studenten pflegen in (Pro-)Seminarvorträgen ihre Kommilitonen mit Texten zu konfrontieren, die diesen aufgrund ihrer Dichte (und mangelhaften Struktur) oft unüberwindliche Rezeptionsprobleme bereiten. Man sollte daher erwägen, für das Referat und für die schriftliche Arbeit zwei verschiedene Fassungen zu erstellen.

Einer anderen Differenzierung liegt die adressatenspezifische Unterscheidung in alltags- und fachsprachliche Texte zugrunde. Letztere richten sich nur an Spezialisten und enthalten daher viele Fachausdrücke (vgl. 4.1), teilweise auch grammatikalische Abweichungen gegenüber der Alltagssprache (z.B. *ein Elter, Stähle* u.ä.). Die Quellen für wissenschaftliche Arbeiten im Rahmen der universitären Ausbildung sind fast durchwegs fachsprachliche Texte. Eine der Hauptaufgaben bei Ausführung einer (Pro-) Seminararbeit besteht daher darin, die inhaltliche und sprachliche Darstellungsweise der Ausgangstexte im Hinblick auf das fachlich wenig vorbelastete Publikum so abzuändern, daß die Arbeit von diesem beim Zuhören (!) rezipiert werden kann.

12.2.2 Pragmatik

Die **Pragmatik** deckt eine Reihe verschiedener Forschungsrichtungen ab, die definitorisch schwer auf einen gemeinsamen Nenner zu bringen sind. Das einigende Band könnte am ehesten in dem besonderen Augenmerk gesehen werden, das auf die konkrete Sprachverwendung und die Rolle des Kontexts beim Produzieren und Verstehen von Äußerungen gerichtet wird. In diesem Abschnitt wollen wir uns mit einigen Hinweisen auf die Wichtigkeit des Kontexts begnügen.

Äußerungen enthalten oft eine über die "wörtliche Bedeutung" hinausgehende, ja ihr manchmal sogar entgegengesetzte **Mitteilungsabsicht**. Man sagt *Hier zieht's* und meint 'Mach das Fenster zu!'. Und ein Satz wie *Die Kandidatin kann ausgezeichnet Maschine schreiben* kommt trotz des scheinbar positiven Inhalts einer negativen Empfehlung gleich, wenn er der einzige Satz eines Gutachtens über eine Bewerberin für eine Universitätsassistentenstelle ist. Solche Sprachverwendungen nennt man **indirekte Sprechakte**. Für das Zustandekommen der jeweiligen Mitteilungsabsicht von indirekten Sprechakten ist der **Kontext** von zentraler Bedeutung, wobei unter Kontext Faktoren wie das soziale und persönliche Verhältnis der Sprecher zueinander, die Sprechsituation und jegliche Art von Wissen über die Welt allgemein gemeint sind. Das richtige Verständnis des Maschinschreibbeispiels etwa setzt voraus, daß man über die Anforderungen an künftige Universitätsassistenten und die allgemeine Form von Gutachten Bescheid weiß. Eine wesentliche Aufgabe der Pragmatik besteht genau darin, eine Theorie über unser Vermögen, aus Sätzen plus Kontext Mitteilungsabsichten zu erschließen, zu entwickeln. An dieser Frage ist neben der Linguistik auch die kognitive Psychologie und die Künstliche-Intelligenz-Forschung interessiert, die es sich zum Ziel gesetzt hat, menschliches Verstehen am Computer zu simulieren. Durch die für Computersimulationen notwendige Explizitheit ist die Komplexität des Problems erst in seiner ganzen Schärfe sichtbar geworden.

Am offensichtlichsten ist das Zusammenspiel von Sprache und Kontext im Bereich der **Deixis**. Als **deiktisch** bezeichnet man in der Sprachwissenschaft all jene sprachlichen Elemente, die dazu dienen, eine Äußerung in Raum und Zeit zu verankern, wobei der Sprecher bzw. Schreiber im Zentrum des raumzeitlichen Koordinatensystems steht. Konkret gehören zu den Deiktika Personal- und Demonstrativpronomina, Tempusmorpheme sowie Orts- und Zeitadverbien.

Der genaue referentielle Wert deiktischer Elemente ist kontextabhängig. *Ich* z.B. hat zwar die konstante Bedeutung 'der, der spricht, schreibt', der Referent ändert sich jedoch dauernd und kann nur durch zusätzliche Information identifiziert werden. Manchmal enthalten Personalpronomina noch weitere Information, die die Menge der möglichen Referenten einschränken: die rom. Sprachen beispielsweise unterscheiden bei der dritten Person maskuline und feminine Referenten. Bei der **Anrede** spielt in vielen Sprachen das soziale Verhältnis von Sprecher und Hörer eine wichtige Rolle: die rom. Sprachen unterscheiden im allgemeinen wie das Deutsche eine familiäre und eine höfliche Anredeform, das Rumänische und das Portugiesische haben allerdings ein für zentraleuropäische Begriffe komplexeres System von Anredeformen.

Was die **lokativischen**, d.h. örtlichen Demonstrativpronomina und -adverbien betrifft, so ist für den Romanisten besonders interessant, daß das Lateinische ein dreistufiges System besaß, das in den rom. Sprachen teilweise erhalten ist. Die erste Stufe (*hic*, Pronomen und Adverb) bezog sich auf den Bereich beim Sprecher, die zweite (*iste, istic*) auf den beim Hörer und die dritte (*ille, illic*) auf jenen Bereich, der weder beim Sprecher noch beim Hörer lag.

Tempus und **temporale** Adverbien (Zeitadverbien) dienen dazu, eine Äußerung auf der Zeitachse zu situieren.

Mit deiktischen Pronomina und Adverbien kann man nicht nur einen <u>neuen</u> Referenten in die **Diskurswelt**, d.h. den Weltausschnitt, über den in einer gegebenen Situation gesprochen/geschrieben wird, einführen, sondern auch die Identität eines Referenten mit einem bereits eingeführten oder noch einzuführenden ausdrücken. Man spricht dann von **anaphorischer** Funktion. Die beiden Elemente mit demselben Referenten nennt man **koreferent**. Nach dieser Terminologie ist *er* in Satz (1), das betont sein und sich auf eine anwesende Person beziehen soll, deiktisch, in Satz (2) hingegen anaphorisch gebraucht, wobei es mit *Hans* koreferent ist:

(1) *Er hat uns verraten.*

(2) *Da kommt Hans. Jetzt hat er uns erwischt.*

Anaphorische Funktion können nicht nur Pronomina und Adverbien ausüben. So bezieht sich auch die Nominalphrase *Der Schuft* von (3) anaphorisch auf *Hans*, nicht hingegen *Der Hausmeister* in (4):

(3) *Da kommt Hans. Der Schuft muß Wind von der Sache bekommen haben.*

(4) *Da kommt Hans. Der Hausmeister muß Wind von der Sache bekommen haben.*

Anaphern jeder Art spielen bei der Textkonstitution eine bedeutende Rolle.

12.2.3 Literatur: Beaugrande/Dressler (1981), Garnham (1988), Levinson (1983), Lyons (1977).

12.2.4 Aufgaben:

1. Suchen Sie in einem einschlägigen Sachwörterbuch Definitionen und je ein Beispiel zu folgenden stilistischen Begriffen: **Anakoluth, Chiasmus, Hyperbel, Litotes, Oxymoron, Parallelismus, rhetorische Frage.**

2. Lesen Sie Lausberg (1984:§1-2) und halten Sie fest: (a) den Unterschied zwischen "Rhetorik in weiterem Sinne" und "Schulrhetorik"; (b) in welchem Umfeld die Rhetorik in der Antike entstanden ist.

3. In 12.2 befinden sich drei absichtliche Fehler hinsichtlich der Kennzeichnung von Objekt- und Metasprache. Suchen Sie sie.

4. Suchen Sie fünf verschiedene indirekte Sprechakte für die Mitteilungsabsicht 'Mach die Türe zu' und geben Sie, wenn nötig, die notwendige kontextuelle Information an.

5. Lesen Sie Levinson (1983:47-53), um sich ein Bild von der Komplexität der kontextuellen Information zu machen, die wir beim Sprechen und Verstehen ganz selbstverständlich mitverarbeiten. Fassen Sie den Text kurz zusammen.

6. Lesen Sie Wandruszka (1969:291-311) und beantworten Sie folgende Fragen: (a) Wie sieht W. das Verhältnis von Sprache und "Weltwissen"? (b) Wie ist in Ihrer rom. Sprache das Zeigefeld der Demonstrativadjektive organisiert? (c) Übersetzen Sie die Sätze *Er steigt die Treppe hinauf* und *Er steigt die Treppe herauf* in Ihre rom. Sprache. Welche deiktische Dimension enthalten diese dt. Verben, die in Ihrer rom. Sprache implizit bleiben?

7. Lesen Sie (a) Beyrer/Bochmann/Bronsert (1987:3.2, S.110-12), wie man dt. *Sie* ins Rumänische, und (b) in Hundertmark-Santos Martins (1982:582-8), wie man dt. *Sie* ins Portugiesische übersetzt. Welche kontextuellen Faktoren spielen eine Rolle?

8. (a) Die Personalpronomina unserer Sprachen werden gewöhnlich mithilfe der Kategorien 1./2./3. Person und Singular/Plural klassifiziert. Ist diese Klassifikation konsequent, wenn man die Bedeutung eines Plurals von *x* als 'mehrere x' charakterisiert? Begründen Sie ihre Antwort. (b) Ist es Ihrer Meinung nach Zufall, daß sich eine Genusunterscheidung gerade bei der dritten Person findet?

9. (a) Suchen Sie je weitere fünf Nominalsyntagmen, die sich hinsichtlich der anaphorischen Funktion wie *Der Schuft* und *Der Hausmeister* verhalten. Was ist die definitorische Eigenschaft der Schuft-Klasse? (b) Zeigen Sie anhand des Turmbau-Textes Ihrer rom. Sprache die anaphorische Funktion des bestimmten Artikels auf.

10. Geben Sie an, in welchen Sprechsituationen welche der folgenden Formen angebracht ist: (a) *der Herr Professor Kunze,* (b) *Herr Professor Kunze,* (c) *der Professor Kunze,* (d) *Professor Kunze,* (e) *der Kunze,* (f) *Kunze.* Stellen Sie die Ergebnisse Ihrer Analysen in Form einer Kreuzklassifikation der Formen (a)-(f) und der relevanten Faktoren (z.B. Anrede vs. Nicht-Anrede, An-/Abwesenheit von Prof. Kunze usw.) dar.

11. In Texten zur Pragmatik wird gelegentlich folgende Anekdote erzählt: Der Steuermann eines Schiffes ist ständig betrunken. Eines Tages wird es dem Kapitän zu viel, und er trägt ins Logbuch ein: "Der Steuermann ist betrunken." Als der Steuermann davon erfährt, rächt er sich, indem er ins Logbuch schreibt: "Der Kapitän ist nüchtern." Welche aller menschlichen Kommunikation zugrundeliegende stillschweigende Übereinkunft muß zum Verständnis der Pointe dieser Anekdote vorausgesetzt werden?

12. Das Zusammenspiel von sprachlicher Information und Weltwissen spielt auch im Bereich der Morphologie eine wesentliche Rolle. Die Bedeutung deutscher Substantiv-Substantiv-Komposita wird allgemein mit 'ein N_2, das etwas mit N_1 zu tun hat' charakterisiert, wobei N_2 das zweite und N_1 das erste Substantiv bezeichnet, während die genaue Bedeutung als kontextbedingt angesehen wird. Die Speisekarte des Chinarestaurants neben unserer Universität enthielt einmal die folgenden Abteilungen: *Hühnergerichte, Schweinegerichte, Studentengerichte.* Erklären Sie die Bedeutung dieser Komposita als Zusammenspiel sprachlicher und "pragmatischer" Information. Suchen Sie einige weitere Kontrastbeispiele dieses Typs.

12.3 Sprachskizze 9: Portugiesisch

12.3.1 Galizisch-Portugiesisch und die Reconquista

Die "Wiege" des Portugiesischen liegt außerhalb der heutigen pg. Staatsgrenzen, nämlich in der span. Region Galizien. Der dort im Mittelalter gesprochene rom. Dialekt, das sog. Galizisch-Portugiesische, ist, genauso wie die anderen nördlichen Dialekte der Halbinsel, im Laufe der Reconquista nach Süden getragen worden. Diese kam in Portugal mit der Einnahme von Faro an der Algarve im Jahre 1249 fast 250 Jahre früher zum Abschluß als in Spanien.

Einige wichtige lautliche Eigenheiten, die das (Galizisch-) Portugiesische vom Kastilischen abheben, sind (1) die Nicht-Diphthongierung von *e* und *o*, (2) die Entwicklung von *pl-, cl-, fl-* zu *ch-* (phonetisch [ʃ], altpg. [tʃ]), (3) die Entwicklung von *-cl-* zu *lh* (phonetisch [ʎ]), (4) von *-ct-* zu *-it-*, (5) der Ausfall von intervokalischem *-l-* und (6) der Ausfall von intervokalischem *-n-* bei gleichzeitiger Nasalierung des vorangehenden Vokals (die daraus resultierenden Vokalkombinationen wurden später auf verschiedene Weise umgestaltet):

	vlt.	pg.	kast.
(1)	*terra*	*terra*	*tierra*
	focu	*fogo*	*fuego*
(2)	*plaga* 'Wunde'	*chaga*	*llaga*
	clave 'Nagel'	*chave*	*llave*
	flamma 'Flamme'	*chama*	*llama*
(3)	*oclu* 'Auge'	*olho*	*ojo*
(4)	*nocte* 'Nacht'	*noite*	*noche*
(5)	*filu* 'Faden'	*fio*	*hilo*
(6)	*luna* 'Mond'	*lua*	*luna*
	manu 'Hand'	*mão*	*mano*

Wer Spanisch beherrscht, kann ziemlich problemlos eine pg. Zeitung lesen, den Radionachrichten wird er jedoch kaum folgen können. Dies hängt damit zusammen, daß die pg. Schrift einen älteren Sprachzustand widerspiegelt, d.h. vor allem die für das europäische Portugiesisch charakteristischen phonologischen Prozesse der Vokalreduktion und des Wandels von [s,z] zu [ʃ,ʒ] nicht nachvollzieht (s. 12.3.2). Der Wecker etwa heißt sowohl im Spanischen als auch im Portugiesischen *despertador*, während sich jedoch die sp. Lautung [despertaðor] fast mit der Schreibung deckt, spricht man dasselbe Wort im Portugiesischen im Schnellsprechtempo [dʃprtəðor].

12.3.2 Portugiesisch vs. Brasilianisch

Im Jahre 1500 entdeckte der Seefahrer Cabral das heutige Brasilien und nahm es für den pg. König in Besitz. Wenige Jahrzehnte später begann die Kolonisierung, womit auch die pg. Sprache auf den südamerikanischen Kontinent verpflanzt wurde.

Das Portugiesische und das Brasilianische unterschieden sich heute in einer Reihe von Zügen, ohne daß dadurch die gegenseitige Verständlichkeit wirklich beeinträchtigt wäre. Für diese Differenzierung sind zwei Faktoren verantwortlich. Einerseits hat das Brasilianische sprachliche Entwicklungen nicht mitgemacht, die in Portugal erst nach der Kolonisierung stattgefunden haben, andererseits haben sich auch im Brasilianischen Entwicklungen vollzogen, die das Portugiesische nicht gekannt hat. Das Brasilianische ist also vom Portugiesischen aus gesehen zugleich konservativ und innovatorisch.

Von den konservativen Zügen des Brasilianischen sind vor allem zwei sehr wichtig. Im Bereich des Vokalismus hat das Brasilianische die für das Portugiesische so typische Reduktion der vor dem Hauptakzent des Wortes stehenden Vokale (z.B. altpg./bras. *palavra* [palavra] vs. pg. [pɐlavrɐ]), eine Entwicklung des 18. Jhdt.s, nicht mitgemacht. Nach dem Akzent ist auch im Brasilianischen *o* zu [u] reduziert worden, das aus *e* entstandene *i* hingegen wurde nicht zu einem Schwa wie im Portugiesischen, sondern blieb [i] (Bsp.: pg. *cidade* [siðaðə] vs. bras. [siðaði] bzw. in Rio de Janeiro [siðadʒi]), während *a* unverändert blieb (Bsp.: pg. *uma* [umɐ] vs. bras. [uma]). Was den Konsonantismus betrifft, so unterscheidet sich das Brasilianische vor allem dadurch, daß es den Wandel von [s,z] am Silbenende zu [ʃ,ʒ] nicht mitgemacht hat (Bsp.: pg. *mesmas* [meʒmɐʃ] vs. bras. [mezmas]). In der Orthographie finden diese phonetischen Unterschiede keinen Ausdruck.

Von den innovatorischen Zügen sei nur die Vokalisierung von auslautendem *-l* genannt, wie sie z.B. im Namen des Landes selbst zu beobachten ist: *Brasil* [braziu].

Diese Mischung aus Konservativismus und Innovation ist übrigens auch für andere Kolonialsprachen typisch, etwa für das amerikanische Spanisch oder das amerikanische Englisch.

12.3.3 Portugiesisch in Asien und Afrika

Von den Kolonien, die Portugal in Indien, Südostasien und Afrika besaß, verlor es die meisten 1974 im Zuge der "Revolution der Nelken". Sprachlich hat die pg. Kolonialherrschaft vor allem in Afrika Spuren hinterlassen, wo fünf Ex-Kolonien das Portugiesische als Staatssprache beibehalten haben. Dem Portugiesischen sind in diesen Ländern die höheren Domänen vorbehalten, während im Alltag afrikanische Sprachen oder auch pg. Kreolsprachen (vgl. 13.3) Verwendung finden.

12.3.4 Der Turmbau zu Babel: Portugiesisch und Brasilianisch

Em toda a terra, havia sòmente uma língua, e empregavam-se as mesmas palavras. Emigrando do oriente, os homens encontraram uma planície na terra de Sennaar e nela se fixaram. Disseram uns para os outros: "Vamos fazer tijolos, e cozamo-los ao fogo". Utilizaram o tijolo em vez de pedra, e o betume serviu-lhes de argamassa. Depois disseram: "Vamos construir uma cidade e uma torre cuja extremidade atinja os céus. Assim, tornar-nos-emos famosos para evitar que nos dispersemos por toda a face da terra".

O Senhor, porém, desceu, a fim de ver a cidade e a torre que os filhos dos homens estavam a edificar. E o Senhor disse: "Eles constituem apenas um povo e falam uma única língua. Se principiaram desta maneira, coisa nenhuma os impedirá, de futuro, de realizarem todos os seus projectos. Vamos, pois, descer e confundir de tal modo a linguagem deles que não se compreendam uns aos outros." E o Senhor dispersou-os para toda a face da terra, e suspenderam a construção da cidade. Por isso, lhe foi dado o nome de Babel, visto ter sido lá que o Senhor confundiu a linguagem de todos os habitantes da terra, e foi também dali que o Senhor os dispersou por toda a terra.

Bíblia Sagrada. Lissabon: Difusora Bíblica [5]1973

In der folgenden Transkription gibt die erste Zeile jeweils die pg. "Lesart" wieder, während in der zweiten nur die bras. Abweichungen verzeichnet werden. Bezüglich des [l] gilt dasselbe wie beim Katalanischen.

[ɐ̃j toδɐ ɐ tɛRɐ ɐviɐ sɔmẽnt umɐ liŋgwɐ i ẽmprəɣavɐ̃u s ɐʒ
a a a a a i a a e i az

meʒmɐʃ pɐlavrɐʃ. əmiɣrɐ̃ndu δu urjẽnt uz ɔmɐ̃jz ẽnkõntrarɐ̃u umɐ
z s a as e i a

plɐnisi nɐ tɛRɐ δə Senaar i nɛlɐ sə fiksarɐ̃u. diserɐ̃u ũʃ pɐrɐ
a je a a e a i s a a

uz otruʃ: vɐmuʃ fɐzer tiʒɔluʃ i kuzɐmuluʃ ɐu foɣu.
s s a s o a z a

utəlizarɐ̃u u tiʒolu ɐ̃j veʒ də pɛδrɐ i u ßətumə sərviuʎəʒ də
i z e a e i e ez e

ɐrɣɐmassɐ. dəpoiʒ diserɐ̃u: vɐmuʃ kõʃtrwir umɐ siδaδə i umɐ
a a a e z s s a i a

toRə kuʒɐ ɨʃtrəmiδaδə ɐtĩʒɐ uʃ sɛuʃ. ɐsĩ turnarnuzemuʃ fɐmɔzuʃ
i a e i a a s s a s s

pɐrɐ əvitar kə nuʒ diʃpərsemuʃ pur toδɐ ɐ fasə dɐ tɛRɐ.
a a e e z s e s o a a i a a

u sɨɲor purɐ̃j dɨʃseu ɐfĩ δə ver ɐ siδaδə i ɐ toRə kə uʃ
e o deseu a i a i a i e s

fiʎuʒ duz ɔmɐ̃jz ɨʃtavɐ̃u ɐ əδifikar. i u sɨɲor disə: elɨʃ
z e a e e i es

kõʃtituɐ̃j ɐpenɐz ũ povu i falɐ̃u umɐ unikɐ lĩŋgwɐ. sə
s a a a a a e

prĩsipjarɐ̃u δeʃtɐ mɐnejrɐ koizɐ nɨɲumɐ uz ĩmpəδira də futuru
a a a a e a e i

də Rjɐlizarɐ̃j toδuz uʃ seuʃ pruʒɛtuʃ. vɐmuʃ poiʒ dɨʃser i
i a s s o s a s z deser

kõfũndir də tal mɔδu ɐ liŋgwaʒɐ̃j δelɨʃ kə nɐ̃u sə kõprjẽndɐ̃u
i a es e i

ũz ɐuz otruʃ.]
a s

12.3.5 Literatur: Teyssier (1982).

12.3.6 Aufgaben:

1. Suchen Sie in einem zweisprachigen Wörterbuch alle Ihnen unbekannten Wörter.

2. Suchen Sie durch einen Vergleich der pg. und der bras. Transkription einige Beispiele für jeden Typ von Reduktion vor dem Akzent gelegener Vokale, der das Pg. vom Bras. unterscheidet.

3. Suchen Sie einige Wörter, wo der für das Bras. typische Wandel von auslautendem *e* zu [i] ersichtlich ist.

4. Während im Bras. im Auslaut nur [s] und [z] zu finden sind, erscheinen im Pg. daneben auch noch [ʃ] und [ʒ]. Erstellen Sie eine Liste aller einschlägigen Fälle und versuchen Sie, die phonetischen Bedingungen für das Auftreten der einzelnen Allomorphe im Bras. und im Pg. möglichst allgemein zu formulieren.

5. Welches Wort des Turmbau-Textes zeigt im Bras. *l*-Vokalisierung?

6. Suchen Sie im Turmbau-Text Beispiele für den Ausfall von intervokalischem *l*, für Nicht-Diphthongierung von *e* und *o* und die Erhaltung von anlautendem *f-*. Suchen Sie auch die sp. Entsprechungen.

13. Dreizehnte Unterrichtseinheit

13.1 Siehe 11.1

13.2 Semantik

13.2.1 Die Bedeutung von *Bedeutung*

Die **Semantik** ist jener Zweig der Sprachwissenschaft, der sich mit der Bedeutung von Wörtern, Sätzen und Texten beschäftigt.

In 7.2.1 haben wir anhand des semiotischen Dreiecks die Bedeutung nur vag als jene mentale Entität eingeführt, die zwischen signifiant und Referent vermittelt. Was Bedeutung nun "eigentlich" sei, ist trotz jahrhundertelanger Diskussion in der Philosophie und in der Sprachwissenschaft bis heute umstritten. Manche sahen in der Bedeutung eines Wortes eine Art mentales Photo des von ihm Bezeichneten. Diese Ansicht ist für nicht anschauliche Wörter wie *weil* oder *Gnade* offensichtlich ungenügend, aber selbst bei konkreten Wörtern kommt man mit einem Photo pro Wort gewiß nicht aus. Wie soll der Vogel aussehen? Andere haben vorgeschlagen, nur das als Bedeutung eines Wortes anzusehen, was zur Identifizierung des Bezeichneten notwendig und hinreichend ist. So sei die Bedeutung von *Vogel* kein Photo, sondern eine Minimaldefinition vom Typ 'geflügeltes Tier mit zwei Beinen'. Diese Minimaldefinition sei die eigentliche Bedeutung von *Vogel*, alles andere, was wir gemeinhin mit diesem Tier assoziieren, "enzyklopädische Information". Obwohl diese Ansicht bei manchen Wörtern zu einigermaßen plausiblen Definitionen führt, ist es in vielen Fällen mehr oder weniger unmöglich, wesentliche und unwesentliche Eigenschaften zu unterscheiden. Was sind die wesentlichen Eigenschaften von Wasser oder eines Tigers? Ist gefärbtes Wasser auch noch Wasser, ein weißer, zahnloser Tiger auch noch ein Tiger? Eine andere Theorie besagt, Bedeutungen seien um **Prototypen** herum organisiert: es gäbe sozusagen einen prototypischen Vogel, sagen wir den Spatz, an dem andere Tiere auf ihre Vogelhaftigkeit hin gemessen würden. So wäre die Taube mehr Vogel als die Ente, die Ente mehr als der Pfau, und der Pfau mehr als der Pinguin.

In den sechziger und siebziger Jahren wurde oft die Meinung vertreten, die Bedeutung von Wörtern setze sich aus einer begrenzten Anzahl von atomaren **semantischen Merkmalen** zusammen: *töten* etwa sei die Kombination der Merkmale VERURSACHEN, SEIN, NICHT, LEBENDIG. Extreme Formen dieser Hypothese, etwa daß alle Wörter aller Sprachen restlos in eine begrenzte, universale Menge von solchen Merkmalen zerlegbar seien, haben sich als unhaltbar erwiesen.

Abschließend sei noch auf die weit verbreitete Unterscheidung von denotativer und konnotativer Bedeutung hingewiesen. Unter **Denotation** versteht man in diesem Zusammenhang jene zentralen Bedeutungskomponenten, die einem die Identifizierung des

Referenten erlauben, während mit **Konnotation** eventuell vorhandene emotionale Nuancen bezeichnet werden. *DDR-Bürger* und *DDRler* haben nach dieser Terminologie dieselbe Denotation, aber unterschiedliche Konnotation, ebenso *Amerikaner* und *Ami, Pole* und *Polack, (Nord-)Deutscher* und *Piefke.*

13.2.2 Semantische Beziehungen

Der Wortschatz einer Sprache ist nicht eine Ansammlung isolierter Wörter, vielmehr sind diese durch ein dichtes Netz von Beziehungen miteinander verknüpft.

Manche dieser Beziehungen sind syntagmatischer Natur, d.h. sie betreffen die Kombinationsmöglichkeiten von Wörtern. So wird *bellen* fast immer mit *Hund* und *ranzig* fast immer mit *Butter* kombiniert. Kombinationseigenschaften dieser Art nennt man u.a. **Selektionsbeschränkungen.**

Vielfältiger und wichtiger sind allerdings die paradigmatischen Beziehungen, d.h. Beziehungen zwischen Wörtern, die im Prinzip dieselbe Stelle im Satz einnehmen können.

Von der Sache her zusammengehörige Wörter sind in Form von sog. **Wortfeldern** organisiert. Im Deutschen wird z.B. der Zeitraum von 0^h bis 24^h durch die Substantive *Morgen, Vormittag, Mittag, Nachmittag, Abend* und *Nacht* abgedeckt, wobei das Ende des einen Wortes mit dem Anfang des nächsten zusammenfällt.

Wörter mit (fast) derselben Bedeutung nennt man *Synonyme.* Der Zusatz *fast* ist deshalb nötig, weil es nur sehr wenige Synonyme gibt, deren denotative und konnotative Bedeutung in allen Verwendungen genau gleich ist. Ein typisches Beispiel von Quasi-Synonomie ist das Paar *schwer/schwierig.*

Eine große Rolle spielen bei der Organisation des Wortschatzes verschiedene Arten von Gegensatz. **Komplementär** sind Wörter, die sich gegenseitig strikt ausschließen. Ein Beispiel wäre das Paar *Inländer/Ausländer* (bzgl. eines bestimmten Staates): ist jemand Inländer, dann ist er nicht Ausländer, und ist jemand nicht Ausländer, so ist er Inländer. Bei Antonymen gilt nur eine der Schlußfolgerungen. So impliziert *groß* zwar *nicht klein, nicht groß* impliziert jedoch nicht unbedingt *klein.* Der Satz *Hans ist zwar nicht groß, aber auch nicht klein* ist ganz natürlich, während *Hans ist zwar nicht Inländer, aber auch nicht Ausländer* widersprüchlich ist.

Schließlich ist noch die wichtige Beziehung der **Hyponymie** zu nennen, womit man das "Enthaltensein" einer Bedeutung in einer anderen bezeichnet. Z.B. sind *Rose, Tulpe* und *Veilchen* Hyponyme von *Blume; Pferd, Maus* und *Krokodil* Hyponyme von *Tier.* Da viele Wortfelder in dieser Weise organisiert sind, erhält der Wortschatz einer Sprache zum Teil einen hierarchischen Aufbau.

13.2.3 Wortschatz und Wirklichkeit

Die strukturalistische Sprachwissenschaft hat mit Recht darauf hingewiesen, daß der Wortschatz einer Sprache nicht einfach eine Eins-zu-eins-Abbildung der Wirklichkeit ist. Dieser ist vielmehr bis zu einem gewissen Grad das Produkt der Organisation der Wirklichkeit durch den Menschen. In recht augenfälliger Weise wird dies durch die oft bemühte Tatsache veranschaulicht, daß die Eskimos Dutzende verschiedene Wörter für verschiedene Schneearten haben, aber keinen Oberbegriff (**Hyperonym**), der unserem Wort *Schnee* entsprechen würde. Aber auch zwischen unseren nahe verwandten europäischen Sprachen gibt es zahlreiche Unterschiede in der lexikalischen Organisation der Wirklichkeit. So entsprechen unserem Wort *Straße* im Französischen die Wörter *rue* und *route*, von denen das erste eine von Häusern gesäumte, das zweite eine Landstraße bezeichnet. Dem dt. Wort *Schale* entsprechen im Italienischen u.a. *guscio* (Eier, Nüsse u.ä.) und *buccia* (Äpfel, Bananen u.ä.). Und für das dt. Verb *sein* müssen wir im Spanischen in Abhängigkeit von einer Serie von Faktoren entweder *ser* oder *estar* wählen: *Hans ist zornig* kann mit *Juan es irascible* (Charaktereigenschaft) oder mit *Juan está enojado* (Zustand) zu übersetzen sein. Dies hat zur Folge, daß das Erlernen eines fremden Wortschatzes sich nicht auf das Lernen von fremden Namen für vertraute Bedeutungen beschränkt, vielmehr muß für viele Wörter der Fremdsprache auch eine von der Muttersprache abweichende Bedeutung gelernt werden.

Als unhaltbar hat sich allerdings die Hypothese mancher Strukturalisten erwiesen, Sprachen könnten sich in der Organisation der Wirklichkeit beliebig unterscheiden. Obwohl sie die Freiheit haben, die Wale den Fischen zuzuordnen, faßt keine Sprache Hunde, Bleistiftspitzer, Kniescheiben und Wasserfälle zu einer Laut-Bedeutungseinheit zusammen. Wie wir die Welt kategorisieren, ist offensichtlich unabhängig von der Sprache zum Teil biologisch und zum Teil kulturell bedingt. Dem entspricht auch die Erfahrung, daß der Grundwortschatz einer Fremdsprache in groben Zügen mit dem der Muttersprache übereinstimmt.

Nicht mehr sehr hoch im Kurs steht die Hypothese, daß die unterschiedliche Organisation der Wirklichkeit im Wortschatz bzw. in der Grammatik verschiedener Sprachen Unterschiede im Denken, im "Weltbild" der Sprachgemeinschaften widerspiegle (vgl. 1.2.4). Für zumindest einen Ausschnitt der Wirklichkeit, nämlich die Farben, konnte diese Hypothese widerlegt werden. Ganz allgemein krankt sie daran, daß die Verschiedenheit der Weltbilder nie unabhängig nachgewiesen wurde. Auf die Frage, woher sie wüßten, daß hinter einer anderen sprachlichen Organisation der Wirklichkeit ein anderes Weltbild stünde, pflegen die Vertreter dieser Hypothese in zirkulärer Weise nur mit dem erneuten Hinweis auf die unterschiedliche sprachliche Organisation zu antworten.

13.2.4 Lexikalisierung und Idiomatik

Um einen Satz, ein Syntagma oder ein morphologisch komplexes Wort interpretieren zu können, muß man neben der Bedeutung der darin enthaltenen einfachen Wörter auch die Konstituentenstruktur sowie die relevanten Interpretationsregeln kennen. Manchmal muß zur Auflösung verbleibender Mehrdeutigkeiten auch noch auf unser Wissen über die Beschaffenheit der Welt zurückgegriffen werden. Um z.B. *Plastikmülltonne* die Bedeutung 'Tonne für Müll aus Plastik' zuweisen zu können, müssen wir die Bedeutung von *Plastik, Müll* und *Tonne* kennen und wissen, daß die Konstituentenstruktur [[AB]C] ist und daß in dt. Nominalkomposita die rechte unmittelbare Konstituente bestimmend ist. Die Bedeutungsbestandteile 'für' und 'aus' erhalten wir durch Rückgriff auf unser Wissen über den relevanten Ausschnitt der Wirklichkeit: daß Tonnen kaum aus Plastikmüll, sondern für Plastikmüll sind, ist kein sprachspezifisches grammatikalisches Wissen.

Das hier geschilderte Interpretationsverfahren gilt für die produktive Verwendung von Sprache. Daneben existieren jedoch in jeder Sprache zahlreiche Sätze, Syntagmen und morphologisch komplexe Wörter, deren Bedeutung nicht (mehr) regelmäßig aus den Bestandteilen aufgebaut werden kann. Man nennt solche Wörter **lexikalisiert**, Syntagmen und Sätze **idiomatisch**. Ein Beispiel für ein lexikalisiertes dt. Nominalkompositum wäre *Bahnhof*, das keinen Hof mehr bezeichnet, ein Beispiel für eine idiomatische Wendung *nur Bahnhof verstehen* 'nichts verstehen'. Lexikalisierte Wörter und idiomatische Wendungen sind meist auch sprachspezifisch und somit nicht Wort für Wort übersetzbar, es sei denn, es handelt sich um Entlehnungen (z.B. *den Hof machen* von

Unterrichtseinheiten aus Wolfgang Pöckl/Franz Rainer: Einführung in die romanische Sprachwissenschaft

✓ 1

✓ 2

✓ 3(3.3) Latein S. 27

✓ 4(4.2)

Rumänisch nach dem Scriptum, Italienisch nach dem Scriptum

✓ 6(6.3) Sardisch S. 57

✓ 7(7.3) Rätoromanisch S. 67

✓ 8(8.2,8.3) Französisch S. 76

✓ 9(9.3) Okzitanisch S. 85

✓ 10(10.2,10.3) Katalanisch S. 94

✓ 11(11.2,11.3) Spanisch S. 102

✓ 12(12.3) Portugiesisch S. 110

✓ 13(13.1-2)

frz. *faire la cour*). Die semantische Einheit von idiomatischen Wendungen hat oft auch zur Folge, daß sie nicht all den grammatikalischen Manipulationen unterzogen werden können, die entsprechende nicht-idiomatische Sätze/Syntagmen erlauben (vgl. *der Antrag/?Hof, der ihr gemacht wurde; die Anträge/*Höfe, die ihr gemacht wurden*).

13.2.5 Literatur: Lyons (1977).

13.2.6 Aufgaben:

1. (a) Lesen Sie Wittgenstein, Ludwig *Philosophische Untersuchungen*. Frankfurt am Main:Suhrkamp 1977, §66,67 und charakterisieren Sie, was er unter **Familienähnlichkeiten** versteht. In welchem Verhältnis steht seine Auffassung von Bedeutung zur "Minimaldefinition-Theorie"? (b) Aufgrund welcher Eigenschaft wird der Maikäfer trotz seiner Flugfähigkeit und trotz Wilhelm Busch (*Jeder weiß, was so ein Mai-/käfer für ein Vogel sei)* nicht einmal als wenig prototypischer Vogel klassifiziert?

2. Versuchen Sie in tabellarischer Form, die folgenden Verben mithilfe semantischer Merkmale zu definieren: *töten, ermorden, schlachten, köpfen, füsilieren, erschießen, niederschießen, massakrieren, abmurksen*.

3. Für welche Völker gibt es im Deutschen und in Ihrer rom. Sprache negativ konnotierte Völkernamen, für welche nicht? Haben Sie eine Erklärung für die Verteilung?

4. Sammeln Sie fünfzehn dt. Verben für Tierlaute und schlagen Sie in guten zwei- und einsprachigen Wörterbüchern die Äquivalente in Ihrer rom. Sprache nach. Sind die Selektionsbeschränkungen dieselben?

5. (a) Wo liegen die Grenzen der einzelnen Wörter des in 13.2.2 angeführten Wortfeldes? (b) Wie ist derselbe Zeitraum in Ihrer rom. Sprache organisiert? Gibt es Unterschiede? (c) Wie lauten die entsprechenden Grußformeln? Gibt es hier Unterschiede?

6. Erstellen Sie eine Liste von zehn untereinander möglichst verschiedenen dt. Substantiven, die entweder mit *schwer* oder *schwierig* oder mit beiden kombinierbar sind. Übersetzen Sie dann die einzelnen Verbindungen mithilfe guter zwei- und einsprachiger Wörterbücher in Ihre rom. Sprache.

7. Erstellen Sie eine Liste von dt. Komposita mit *Uhr* als zweiter Konstituente. Übersetzen Sie diese dann in Ihre rom. Sprache. Gibt es für diese Äquivalente in Ihrer rom. Sprache einen Oberbegriff?

8. (a) Worin besteht der Unterschied zwischen frz. *poil* und *cheveu* bzw. it. *gelato* und *ghiaccio* bzw. sp. *pez* und *pescado?* Suchen Sie drei weitere Beispiele aus Ihrer rom. Sprache, wo einem dt. Wort zwei oder mehrere Wörter Ihrer rom. Sprache entsprechen. (b) Erstellen Sie eine möglichst umfangreiche Liste von Verwendungen von frz. *coup* bzw. it. *colpo* bzw. sp. *golpe* und übersetzen Sie sie ins Deutsche. Wieviele Entsprechungen gibt es?

9. Wenn sich ein Wort der Muttersprache und der Fremdsprache phonologisch sehr ähnlich sind, sich aber semantisch unterscheiden, so spricht man von **falschen Freunden** (frz. **faux amis**), da solche Paare häufig zu Interferenzen führen. Ein Beispiel wäre das Paar dt. *Tschau*/it. *ciao*, wovon ersteres nur zur familiären Verabschiedung dient, letzteres jedoch auch zur Begrüßung. Suchen Sie weitere fünf falsche Freunde. (Es gibt auch spezielle Wörterbücher für falsche Freunde!)

13.3 Sprachskizze 10: Papiamentu

13.3.1 Pidgins und Kreolsprachen

Erst in letzter Zeit beschäftigt sich die Sprachwissenschaft verstärkt mit Sprachen, die nicht – wie die bisher behandelten – über eine historisch und kulturell gefestigte Identität bzw. Kontinuität verfügen, sondern aus spezifischen Kommunikationsbedürfnissen entstanden sind und deren (ursprüngliche) Rolle als Hilfssprachen ebenso wie ihre strukturelle Einfachheit und ihr auffallender Mischcharakter jeder Form sozialer

Anerkennung im Wege stand.

Das ältesté belegte Beispiel stellt die im Hochmittelalter zwischen Romanen, Griechen, Arabern und Türken entwickelte **lingua franca** dar, die im östlichen und südlichen Mittelmeerraum als Handelssprache diente. Der bekannteste Fall ist das zwischen Engländern und Chinesen verwendete **Pidgin** (verballhornt aus engl. *business*). Beide Bezeichnungen stehen heute übrigens auch als Gattungsnamen für natürliche wie künstliche Hilfssprachen.

Pidgins bildeten sich typischerweise in vielsprachigen Gesellschaften mit starkem sozialen Gefälle heraus, in denen die sozial benachteiligte Bevölkerungsgruppe zahlenmäßig überlegen, aber sprachlich heterogen war, wie das in den sog. Plantagengesellschaften der Fall war. Weitere Faktoren, die die Ausbildung eines Pidgins begünstigen, sind geographische Isolation, ungesteuerter Spracherwerb und ein geringer Bedarf an Schriftlichkeit.

Werden Pidgins zur Muttersprache, so nennt man sie **Kreolsprachen**. Mit ihnen beschäftigt sich der relativ junge Forschungszweig der **Kreolistik.**

13.3.2 Externe Sprachgeschichte des Papiamentu

Von den Entstehungsbedingungen her gesehen darf Papiamentu als Modellfall einer Kreolsprache gelten. Untypisch ist seine heutige gesellschaftliche Position. Zwar hat das Niederländische auf den Karibikinseln Curaçao, Aruba und Bonaire den Rang der offiziellen Sprache inne, doch fungiert Papiamentu dank seiner Verwendung in Presse, Rundfunk und Literatur *de facto* als Nationalsprache.

Die Inselgruppe blickt auf eine bewegte Geschichte zurück. Sie wurde von den Spaniern entdeckt und 1527 offiziell in Besitz genommen, aber 1634 ohne nennenswerte Gegenwehr an die Holländer abgetreten, die nach der vollständigen Emigration der Indios und Spanier nach Venezuela Curaçao zum Stützpunkt des Sklavenhandels ausbauten. Um die Mitte des 17. Jhdt.s erfolgte ein größerer Zuzug von sp. und pg. Juden. Eine weitere Stärkung des Spanischen auf dem Archipel wurde durch sp. Missionare ab ca. 1700 und durch Einwanderung aus Ländern Südamerikas im 19. Jhdt. bewirkt.

13.3.3 Wesenszüge des Papiamentu

Der charakteristische Wesenszug von Kreolsprachen ist ihre grammatische Einfachheit. Kreolsprachen sind auch Mischsprachen, was in mehr oder minder großem Ausmaß wohl für alle natürlichen Sprachen gilt, bei den Kreolsprachen aber in ganz krasser Form zu Tage tritt.

Das Papiamentu beruht nach herkömmlicher Auffassung auf einer afro-pg. Grundlage, zu der starke sp. und niederländische Beimischungen kommen. Die neuere Entwicklung ist durch eine starke Hispanisierung gekennzeichnet, d.h. eine Angleichung von Wortschatz, Phonetik und sogar Grammatik an das moderne Spanisch.

Das afrikanische Element im Papiamentu wird mit nur 3-4 % veranschlagt, was nicht zuletzt auf die große Verschiedenheit der Sprachen der Negersklaven zurückzuführen sein dürfte. Das Niederländische hat etwa 30 % des Wortschatzes beigesteuert (vgl. im Text z.B. *klenku*), der iberorom. Anteil hingegen beläuft sich auf 65 %, wobei es wegen der großen Nähe des Spanischen und Portugiesischen oft schwer zu sagen ist, auf welche der beiden Sprachen ein bestimmtes Papiamentuwort zurückgeht.

13.3.4 Der Turmbau zu Babel: Papiamentu

Dem Text wurde bewußt keine Interlinearversion beigefügt, um den Lehrveranstaltungsteilnehmern die Möglichkeit zu geben, eine ihnen unbekannte Sprache zu "entziffern". Folgende Hinweise mögen genügen. Verben erscheinen in unveränderlicher Form; Tempus, Modus und Aspekt werden durch Partikeln markiert: lo = Futur, ta = Präsens, a = Vergangenheit, perfektiv, tabata = Vergangenheit, imperfektiv, laga = Hortativ u.a. Der Plural von Substantiven wird durch das Morphem nan afrikanischen Ursprungs gekennzeichnet, das auch als Personal- und Possessivpronomen der dritten Person fungiert. Wenn die Mehrzahl bereits durch ein anderes Wort der Nominalphrase impliziert wird, kann nan unterbleiben.

Den e tempu ei tur hende tabata papia e mesun lenga. Ora nan tabata bai den direkshon ost, nan a hañã un sabana den e pais Sinear, kaminda nan a keda biba. Un dia nan a bisa otro: "Ban traha klenku i hòrna nan bon." Nan a uza e klenkunan pa blòki i breu pa pega e blòkinan na otro. Despues nan a bisa: "Ban lanta un siudat ku toren ku ta yega te na shelu. Asin'ei nos lo bira famoso i nos lo no haña nos plamá riba henter mundu."

Ora SEÑOR a baha pa mira e stat ku e toren ku e hendenan tabata trahando. El a pensa: "Wak, e hendenan aki ta ún pueblo, i nan tur ta papia e mesun lenga. Esaki ta djis e kuminsamentu di loke nan ke logra. Aworó nada riba mundo lo no ta imposibel pa nan. Laga Nos baha anto i brua nan lenga, ya nan no ta komprondé otro mas." Asina SEÑOR a hasi ku nan a plama riba henter mundu. Nan mester a laga trahamentu di e stat para. Einan SEÑOR a brua lenga di henter humanidat. For di einan El a pone nan plama riba henter mundu. Pesei e siudat yama Bábel.

Übersetzt von Bernardino van Baars

13.3.5 Literatur: Stein (1984).

13.3.6 Aufgaben:

1. Lesen Sie den Abschnitt 3 von Stein (1984) und zeichnen Sie auf einer Weltkarte die dort aufgeführten Kreolsprachen mit rom. Basis ein.

2. Ermitteln Sie die Etymologie von *papiamentu*.

3. Versuchen Sie, den Text soweit als möglich zu entziffern und die Herkunft der einzelnen Wörter herauszufinden.

Bibliographie

Albrecht, Jörn *Europäischer Strukturalismus.* Tübingen:Francke 1988

Allen, William S. *Vox Latina. A Guide to the Pronunciation of Classical Latin.* Cambridge:University Press 1965

Aitchison, Jean *Words in the Mind. An Introduction to the Mental Lexikon.* Oxford: Blackwell 1987

Arens, Hans *Sprachwissenschaft. Der Gang ihrer Entwicklung von der Antike bis zur Gegenwart.* Freiburg-München:Alber 1955, ^{2}1969

Basbøll, Hans "Phonological Theory", in: *Linguistics: The Cambridge Survey. I: Linguistic Theory: Foundations.* Hg.v. Frederick J. Newsmeyer. Cambridge:University Press 1988, S. 192-215

Bauer, Laurie *Introducing Linguistic Morphology.* Edinburgh:University Press 1988

Beaugrande, Robert-Alain de/Wolfgang U. Dressler *Einführung in die Textlinguistik.* Tübingen:Niemeyer 1981

Berschin, Helmut/Josef Felixberger/Hans Goebl *Französische Sprachgeschichte.* München:Hueber 1978

Berschin, Helmut/Julio Fernández-Sevilla/Josef Felixberger *Die spanische Sprache. Verbreitung, Geschichte, Struktur.* München:Hueber 1987

Billigmeier, Robert *Land und Volk der Rätoromanen.* Frauenfeld:Huber 1983

Busse, Winfried/Jean-Pierre Dubost *Französisches Verblexikon.* Stuttgart:Klett-Cotta 1977

Camartin, Iso *Nichts als Worte? Ein Plädoyer für Kleinsprachen.* Zürich-München:Artemis 1985

Christmann, Hans Helmut *Idealistische Philosophie und moderne Sprachwissenschaft.* München:Fink 1974

Coseriu, Eugenio *Die Sprachgeographie.* Tübingen:Narr 1979

Deutschmann, Olaf *Lateinisch und Romanisch. Versuch eines Überblicks.* München: Hueber 1971

dtv-Atlas zur deutschen Sprache. München:dtv 1978

Eschmann, Jürgen "Okzitanien heute", in: *Die Neueren Sprachen* 85 (1986), S. 90-102

Felixberger, Josef/Helmut Berschin *Einführung in die Sprachwissenschaft für Romanisten.* Hueber:München 1974

Földes-Papp, Károly *Vom Felsbild zum Alphabet. Die Geschichte der Schrift.* Darmstadt:Wissenschaftliche Buchgesellschaft 1987

Føllesdal, Dagfinn/Lars Walløe/Jon Elster *Rationale Argumentation. Ein Grundkurs in Argumentations- und Wissenschaftstheorie.* Berlin-New York:de Gruyter 1986

Garnham, Alan *Artificial Intelligence. An introduction.* London:Routledge & Kegan 1988

Gauger, Hans-Martin/Wulf Österreicher/Rudolf Windisch *Einführung in die romanische Sprachwissenschaft.* Darmstadt:Wissenschaftliche Buchgesellschaft 1981

Haarmann, Harald *Soziologie und Politik der Sprachen Europas.* München:dtv 1975

Hall, Edward T. *The Silent Language.* New York:Anchor Press 1959

Hausmann, Franz-Josef "Lexikographie", in: *Handbuch der Lexikologie.* Hg.v. Christoph Schwarze/Dieter Wunderlich. Königstein:Athenäum 1985, S.367-411

Herman, Joseph *Le latin vulgaire.* Paris:PUF 1967

Hillen, Wolfgang/Ludwig Rheinbach *Einführung in die bibliographischen Hilfsmittel für das Studium der Romanistik 1: Französische Sprach- und Literaturwissenschaft.* Bonn:Romanistischer Verlag Hillen 1986, ^{2}1989 (=1989a) *id. Einführung in die bibliographischen Hilfsmittel für das Studium der Romanistik 2: Italienische Sprach- und Literaturwissenschaft.* Bearb. v. Astrid Klapp-Lehrmann und Wolfgang Hillen. Bonn: Romanistischer Verlag Hillen 1989 (=1989b)

Hülshoff, Friedhelm/Rüdiger Kaldewey *Mit Erfolg studieren. Studienorganisation und Arbeitstechniken.* München:Beck 1979

Kiparsky, Paul "Phonological change", in: *Linguistics: The Cambridge Survey. I: Linguistic Theory: Foundations.* Hg.v. Frederick J. Newmeyer. Cambridge:University Press, S.363-415

Klein, Hans-Wilhelm *Phonetik und Phonologie des heutigen Französisch.* München:Hueber 1963

Kontzi, Reinhold (Hrsg.) *Substrate und Superstrate in den romanischen Sprachen.* Darmstadt:Wissenschaftliche Buchgesellschaft 1982

Kremnitz, Georg *Das Okzitanische. Sprachgeschichte und Soziologie.* Tübingen:Niemeyer 1981

Kubarth, Hugo *Das lateinamerikanische Spanisch. Ein Panorama.* München:Hueber 1987.

Lausberg, Heinrich *Romanische Sprachwissenschaft.* 3 Bde. Berlin-New York:de Gruyter 1956-62

id. Elemente der literarischen Rhetorik. München:Hueber 1963, ^{8}1984

Lepschy, Anna/Giulio Lepschy *Die italienische Sprache.* Tübingen:Francke 1986

Levinson, Stephen *Pragmatics.* Cambridge:University Press 1983

Lichem, Klaus *Phonetik und Phonologie des heutigen Italienisch.* München:Hueber 1969

LRL = *Lexikon Romanistischer Linguistik.* Hg.v. Günter Holtus/Michael Metzeltin/ Christian Schmitt. 8 Bde. Tübingen:Niemeyer 1988ff.

Lüdtke, Helmut *Geschichte des romanischen Wortschatzes.* 2 Bde. Freiburg i.Br.:Rombach 1968

Lüdtke, Jens *Katalanisch. Eine einführende Sprachbeschreibung.* München:Hueber 1984

Lyons, John *Semantics.* 2 Bde. Cambridge:University Press 1977

Marouzeau, Jules *Das Latein. Gestalt und Geschichte einer Weltsprache.* München:dtv 1969

Morris, Desmond *Gestures - Their Origins and distribution.* London:Jonathan Cape 1979

Müller, Bodo *Das Französische der Gegenwart.* Heidelberg:Winter 1975

Navarro Tomás/Günther Haensch/Bernhard Lechner *Spanische Aussprachelehre.* München:Hueber 1970

Niederehe, Hans-Josef *Die Sprachauffassung Alfons des Weisen.* Tübingen:Niemeyer 1975

Panagl, Oswald *Aspekte der Volksetymologie.* Innsbruck 1982 (=Innsbrucker Beiträge zur Sprachwissenschaft; Vorträge und Kleinere Schriften 30)

Pfister, Max *Einführung in die romanische Etymologie.* Darmstadt:Wissenschaftliche Buchgesellschaft 1980

Pisani, Vittorio *Die Etymologie. Geschichte-Fragen-Methode.* München:Fink 1975

Pittau, Massimo *Il dialetto di Nuoro.* Bologna:Pàtron 1956

Rall, Dietrich/Marlene Rall/Oscar Zorrilla *Diccionario de valencias verbales.* Tübingen: Narr 1980

Riemsdijk, Henk van/Edwin Williams *Introduction to the theory of grammar.* Cambridge, Mass.:MIT Press 1986

Rohlfs, Gerhard *Historische Grammatik der italienischen Sprache und ihrer Mundarten.* 3 Bde. Bern:Francke 1949-54

Id. Romanische Sprachgeographie. München:Beck 1971

Rossillon, Philippe (Hrsg.) *Un milliard de Latins en l'an 2000. Etude de démographie linguistique sur la situation présente et l'avenir des langues latines.* Paris: L'Harmattan 1983

Schaller, Helmut Wilhelm *Die Balkansprachen. Eine Einführung in die Balkanphilologie.* Heidelberg:Winter 1975

Schroeder, Klaus-Henning *Einführung in das Studium des Rumänischen.* Berlin:Schmidt 1967

Sebeok, Thomas *Theorie und Geschichte der Semiotik.* Reinbek bei Hamburg:Rowohlt 1979

Seiffert, Helmut/Gerald Radnitzky (Hrsg.) *Handlexikon zur Wissenschaftstheorie.* München:Ehrenwirth 1989

Stammerjohann, Harro (Hrsg.) *Handbuch der Linguistik.* München:Nymphenburger 1975

Standop, Ewald *Die Form der wissenschaftlichen Arbeit.* Dortmund:Lambert 1955, [12]1988

Stein, Peter *Kreolisch und Französisch.* Tübingen:Niemeyer 1984

Tamás, Lajos *Einführung in die historisch-vergleichende romanische Sprachwissenschaft.* Gerbrunn bei Würzburg:Lehmann 1983

Teyssier, Paul *Histoire de la langue portugaise.* Paris:PUF 1980 (pg. Übers. Lissabon:Sá da Costa 1987)

Vieregge, Wilhelm *Phonetische Transkription. Theorie und Praxis der Symbolphonetik.* Stuttgart:Steiner 1989

Wandruszka, Mario *Sprachen - vergleichbar und unvergleichlich.* München:Piper 1969

Id. Die Mehrsprachigkeit des Menschen. München:Piper 1979 (Taschenbuchausgabe: München:dtv 1981)

Wartburg, Walther von *Die Ausgliederung der romanischen Sprachräume.* Bern:Francke 1950

Id. Einführung in die Problematik und Methodik der Sprachwissenschaft. Tübingen:Niemeyer [2]1962

Wode, Henning *Psycholinguistik.* Hueber:München 1988

Wolf, Lothar *Aspekte der Dialektologie.* Tübingen:Niemeyer 1975

Index rerum

Die Fachausdrücke sind im Arbeitsheft fett gedruckt, sofern sie nicht in Überschriften erscheinen. Die Zahl verweist auf den Abschnitt, in dem der Fachausdruck eingeführt wird.

1. Sprachwissenschaftliches:

2. Methodologisches